U0274214

# 量子思维

## ——探寻生命觉醒之旅

王玉星　著

清華大學出版社
北　京

## 内 容 简 介

本书把生命、意识乃至社会进化史当作一个觉醒过程，以东西方结合的特殊视角，采用“从顶向底”、从框架到元素的解题思路，通过集物质、能量和信息三位一体的因应概念，导出生物惯性、自适应等生命原始机制，进而解析出意识具有感觉、注意和比对三个核心组成要素；随后将记忆、情感等因素从意识的核心组成要素中剥离出去，并将人类智慧活动归结为“分辨意识”和“工具意识”等。用一些集合级元素的产生机制和集合之间的关系，摸索生命和意识的来龙去脉。

本书像是一部关于对生命和智慧溯源的假说，所提出的观点和问题导向，以及鲜有的解剖方法和令人深刻联想的亮点，对普及知识、启迪思维应有意外之惊喜与裨益，可作为广大读者了解和探寻生命机制的读物。

**本书封面贴有清华大学出版社防伪标签，无标签者不得销售。**
**版权所有，侵权必究。举报：010-62782989，beiqinquan@tup.tsinghua.edu.cn。**

图书在版编目(CIP)数据

量子思维：探寻生命觉醒之旅 / 王玉星著. —北京：清华大学出版社，2022.10
ISBN 978-7-302-61583-5

Ⅰ. ①量…  Ⅱ. ①王…  Ⅲ. ①思维形式－研究  Ⅳ. ①B804

中国版本图书馆 CIP 数据核字(2022)第 144354 号

**责任编辑**：王 定
**封面设计**：周晓亮
**版式设计**：思创景点
**责任校对**：马遥遥
**责任印制**：丛怀宇

**出版发行**：清华大学出版社
网 址：http://www.tup.com.cn，http://www.wqbook.com
地 址：北京清华大学学研大厦 A 座 邮 编：100084
社 总 机：010-83470000 邮 购：010-62786544
投稿与读者服务：010-62776969，c-service@tup.tsinghua.edu.cn
质 量 反 馈：010-62772015，zhiliang@tup.tsinghua.edu.cn
**印 装 者**：大厂回族自治县彩虹印刷有限公司
**经 销**：全国新华书店
**开 本**：170mm×240mm 印 张：14.25 字 数：249 千字
**版 次**：2022 年 11 月第 1 版 印 次：2022 年 11 月第 1 次印刷
**定 价**：59.80 元

---

产品编号：098531-01

# 序

## 量子思维主张

量子力学是20世纪初诞生的令人震惊的科学，由它产生的科学思想与哲学观点同样是一场真正意义的革命。动态的时空一不远人、二不远物，观测者的行为可以影响体系的演化，人的意识对量子的作用以及生命的量子假说刷新了我们对世界的看法。从信息科学的角度来看，能够利用的是量子力学中违反宏观世界日常经验的三大奥义：叠加、纠缠和测量，我用人工智能神经网络的量子计算原理来解读本书作者的“探寻生命觉醒之旅”。

### 1. 自否定叠加

量子的本意是一个数学概念，是离散变化的最小单元。普通计算机中的三位寄存器，在任一时刻仅能存储8个二进制数字中的1个。而在量子计算机中，这里的位叫作“量子比特”，同样的三位寄存器可同时存储这8种状态的叠加状态，称为波函数的概率分布。量子思维建立起的时空是与万物紧密联系的、动态的时空，是本征态建构为叠加态下各种情况的概率。

世间万物，只有人的自由和生命是彻底表现为自否定的，自否定赋予人以自由，让人能面向未来而有所作为，让人能“向死而生”。而其他万物由于只能被“他否定”，而且被封闭在历史当中并被其本质规定下来。只有当万物以人为目的“向人变在”，且“能思维”时才可以被视为自否定的。人因自否定而“开始在”，并且人因在每一瞬间中“开始在”而“持续在”，所以，人就是自否定叠加，历史就是自否定叠加。

### 2. 反身性纠缠

纠缠是一种纯粹的量子现象。也许，正是基本粒子之间的这种深层量子联系将空间和时间连接在了一起。现实世界内部发生的变化并不总是按照固定规律循环往复，而是一种规律与非规律的交织，是必然与偶然的碰撞，只靠简单的运算模型并不能演示出一切变化。任何系统都是由大量微观元素构成的整体，这些微观个体之间会发生局部的相互作用，然而当我们把这些个体看作一个整体的时候，就会有一些全新的属性、规律或模式自发地冒出来，这种现象就称为涌现。

意识就是从无意识的神经元之间的互动当中涌现出来的。不断发展的神经网络研究正在揭开自组织的秘密，通过模拟神经网络的特征映射作用发展起来的人工智能技术带来了一个非常宝贵的参照系，重点从认识大脑各区域的单一活动，转向探索它们与事物是如何互相影响且联网工作的，这个重要的进步导致量子思维将反身性纠缠这些思考和理论推进到心智模式实证研究的方向。

**3. 人文性测量**

与经典物理学不同，量子力学给了心智一个明确的位置——波函数的坍缩。通常所谓的辩证法可以利用量子力学中的测量建立起来，它是“正、反、合”三段式辩证法的源头活水。其不确定性原理可以构成辩证法的客观基础，不仅因为辩证法是在不引入时序向量以及在非连续变化的离散自然状态下做静态的概念处理，而且因为辩证法的各项基元和关系都可以从叠加态各项基元和关系中导出。换句话说，前者只是后者的一种特殊类型。正是为了与“辩证法”相区别，我们将这种基于量子力学、对辩证法展开和补充的思维方式作为量子思维的人文性测量。

在《量子思维——探寻生命觉醒之旅》这本书中，作者揭示了形式的必然性底下的自由的内容，即自否定的内容，使逻辑超越数学而获得了形而上学的生命。所以量子思维又是生命的逻辑，它诉之于人的直接的生命感悟，而不是符号化、数字化的形式所能表达和规范的。量子思维将形式逻辑的自否定推到极端，以诗性智慧说不可说，用形式逻辑无法理解的矛盾命题形式激发人对内容本性的感受力，暗示出自由生命本身的必然要求，以导向行动的意志。从这个意义上讲，量子思维就与认识论的体验和能动的本体论统一起来了。

钟敏博士 清华大学研究员

2022年11月5日于清华园

# 前 言

## 挖掘生命和意识的本质

“生物学是研究生命的科学，它既研究各种生命活动的现象及其本质，又研究生物与环境之间的相互关系”，[1]因此，它是极具综合性的科学。它首先面临的问题就是——生命是什么？

给出生命的定义，一直是一个困难而颇具争议的命题。对此，人类至今并没有得出十分准确的结论，使之成为生命科学接递到 21 世纪的“黑箱”。

生命的本质是什么？“很多时候，特别是从 20 世纪 50 年代到 80 年代，生物学家和哲学家几乎大都避而不谈这个问题。生物学家往往感到这个问题‘太哲学’，因而把它当作是一个哲学问题，而不是一个科学问题。而另一方面，哲学家们可能感到这个问题‘太科学’，因此把它主要当作一个科学问题，而不是一个哲学问题。”[2]例如，独立研究者洛弗洛克(James Lovelock)曾说过，“在存活意义上的生命的理念是我们最熟悉而且是我们所遇到的最难以理解的概念”。另一位学者霍尔丹(J. B. S. Haldane)也说，“哲学家试图定义生命，但是没有任何定义可以涵盖它无限的、自相矛盾的多样性”。

然而，生命定义不仅直接关系生命本质规律的解释，也关乎生命科学应用规律的把握。没有涵盖本质的定义，生命科学就不能成熟。生命科学理论的模糊，也必然导致生命科学实践失去正确指引，进而出现偏差与徘徊。作为“终端用户”的社会公众，对自己的生命养护也会左右为难。

定义生命，其主要难点，不仅要将其与非生命划清界限，阐明生命区别于非生命的特殊性，还要根据所有生命的存在和活动现象高度抽象出带有普遍性的规律，最核心的问题就是生命的原理。这一核心焦点，一直使得哲学界、医学界等诸多学科在激烈争论，并持续吸引着人们的关注。

17 世纪的主流观点是“生命机械论”。其主要成员笛卡尔(René Descartes)认为，人和动物的躯体如同一部复杂的机器，其运动是按机械规律来进行的；

---

[1] 王亚辉. 生物学和人类进步[J]. 未来与发展，1989(1):53-55.

[2] 段勇. 生命的定义和生命起源的充分必要条件[J]. 河海大学学报(哲学社会科学版)，2006，8(4):13-16. DOI:10.3969/j.issn.1671-4970.2006.04.003.

博雷利(Borelli)把动物躯体运动归结为纯物理规律；西尔维乌斯(Franciscus Sylvius )则把消化与呼吸的过程解释为纯化学的过程。这种机械论认为，生命现象根本就是无数理化作用累加的集合，没有什么生命现象是理化原理说明不了的。

18 世纪，唯心主义活力论[1]的出现，使得机械论的情势受到了较大的压制，其代表科学家有约翰内斯·赖因克(Johannes Julius)、杜里舒(Hans Driesch)等。“活力论”认为生命是与物理和化学作用对抗的过程，理化作用是破坏性的，而生命是建设性的，生命有着单纯理化作用不能实现的结构与功能。为了解释生命功能的来源，他们引入了一种力，叫活力。它不同于物理学上的力，而是通过组织性、生殖和心灵等活动表现出的具有强烈目的性的力。还有一种“精神活力论”，主张生命与非生命的区别在于生命含有意识(灵魂)。由于活力论对于刺激、感受和反射作用的分析存在许多令人难以接受的逻辑，且常用肤浅的直觉作为论据，没有从科学的角度说明意识的来源和本质，无奈地陷入了形而上学的和缺乏实用的尴尬境地。事实上，该时期的生物学研究并没让精神作为生命的判据，活力论连同意识问题最终一起都被边缘化了。

19 世纪 40 年代，全新的比较生理学诞生，缪勒(Johannes Peter Müller )的《人类生理学手册》[2]面世，其大量而翔实的生物实验成果，极大地完善了生命机械论理论，得到了科学和社会广泛的认同和应用，生命机械论重新占据了上风。之后出现的细胞生理学、细胞病理学等，更加巩固了“机械论”的基础。直到 19 世纪下半叶，机械论一直确立并坚信，人类和其他动物的生命活动全部受物理和化学规律的制约，都应受到同样的物理和化学“永恒不变规律”的支配。

但是令生物学界费解的是，这位被称为生理学之父的缪勒，在对人的意识和感觉深入研究之后，又出现了向活力论转移的倾向。例如，他提出了一个与自己大量实验和归纳结论相矛盾的观点——感官神经特殊能量说。他在《人类生理学手册》四—六卷中把意识归结为独立的特殊作用。他认为，我们意识到的是感觉，而不是物理实在。按照缪勒的观点，我们意识到的不是物理世界的客体而是各种感觉冲动，也就是说，意识不是客观世界的真实反映。这被列宁和费尔巴哈毫不留情地批判为生理学中的唯心主义。

---

[1] 王立铭. 活力论的兴衰[J]. 科普创作，2018(3):29-31.

[2] LOHFF, BRIGITTE (March 2009). Müller, Johannes Peter (1801－1858) [C]// John Wiley & Sons, Ltd. Encyclopedia of Life Sciences (ELS).Chichester.2001[2019-11-06].http://www.onacademic.com/detail/journal_1000039691788710_d59b.html.DOI：10.1002/9780470015902.a0002428.

20世纪，微电子技术促进了分析仪器的进步，使人类能够进行基因识别和干涉；微观化学和微观物理学使得制剂和药物能够被更加精细地制造，使生命科学真正进入到了分子时代。现代科学为应用医学增加“武器装备”的同时，也不断扩大着“机械论”的光环。这并非说机械论是现代医学唯一的理论支撑，而是说机械论借由大量的理化应用，其理论更有市场，主导地位更加显赫。机械论的光芒彻底遮盖了活力论的身影。

壮大了的机械论，其阵营内有的学者甚至对生命本质的争论出现了傲慢与不耐烦，其观点就是生命定义无用论。有些生物学家甚至认为生命的定义问题无关生命科学发展，他们说，“生物学并不需要一个生命定义来帮助识别他们所思考的东西是什么”。[1]既然生命定义对生物学都不重要了，那么与生命定义有关的心理(意识)问题就更不要再说什么了，这意味着在生命定义的论坛里，机械论者独自休会去了。

接下来的情形更加显示了机械论的霸主地位，其优势甚至强大到足以影响社会意志。其中，仅在国家级学科划分中，其威力所在就能让人叹为观止。特别是心理学，由于其承袭着意识、心灵等未知学说的浓重气味，潜藏着对手活力论的影子，就被远远地踢出了医学范畴(心理学的一个分支生理心理学虽被保留，但它已退化为脑及神经解剖学的辅助和补充)，甚至被请出了自然科学之门。

如下的情况足以让人清楚地看到，直到21世纪初的现代心理学(意识问题的大本营)处境。在日本，文部省对学科的分类有人、社、理、工、农、医、综七大类，心理学被放在人文科学之中，排除在医学、理学之外。在美国，科研常用分类有七大类，分别有生命科学、心理学、物质科学、环境科学、数学和计算机科学、工程科学、社会科学。这是由于美国是一个宗教氛围比较浓厚的国家，心理学虽被单独开设了，但是也被放在了生命科学之外。例如哈佛大学四年制本科中，人类学、生物科学都放在前列，而把心理学与哲学、宗教、政治相并列。在中国，心理学的境况与美国相似。更有代表性的是，联合国教科文组织的学科分类，干脆将心理学列入了社会科学、商业和法律分类之中，其科学类目之下是生命科学和自然科学等。显然，在世界范围内，心理学已经成了生命科学围墙之外的角色。[2]

---

[1] 李建会. 生命是什么？[J]. 自然辩证法研究，2003(4):86-91.DOI:10.19484/j.cnki.1000-8934.2003.04.020.

[2] 易金生. 我国学科划分分析及展望研究[D/OL]. 南京：东南大学，2004:4-26[2019-06-12]. https://d.wanfangdata.com.cn/thesis/Y645263.DOI:10.7666/d.y645263.

由此可以看出，生命观直接影响了医学观，医学观又同化了社会意识，社会意识最终影响了社会形态和学科布局。

心理学和意识问题被请出医学甚至自然科学的大门，对于机械论来说似乎是一招高棋，使得它能够在生命科学领域长期高枕无忧、闲庭信步。

但是，仍然有悄悄撬动机械论基石的动静。

长期以来，生命过程的一些未知现象及意识的不明机制，造成了理论界的困惑，使得有人开始反思生命的基础原理。

从 20 世纪的 30 年代就有人开始以系统论为观点，把反对机械论的声音搞得越来越大。"系统论"认为生命体是纯理化作用不能够完全解释的系统，它还具有特别的性质与功能。例如，路德维希·冯·贝塔朗菲(Ludwig Von Bertalanffy)广泛考察了 20 世纪上半叶物理学、心理学、哲学等领域中的新的思想成果，其中包括量子力学的不确定性原理、量子跃迁理论、耗散结构理论、格式塔心理学、过程哲学等，发现这些学科领域普遍出现了类似于机体论的整体原理、组织原理和动态原理。他提出了称之为"机体论"的理论框架，对细胞学、遗传学、组织学、胚胎学、生理学、进化论、生态学等理论问题提出了新见解。贝塔朗菲主张以精确的方式建立生命界所有层次的组织定律，即系统定律，[1]被 20 世纪科学界称为超越活力论和机械论的第三种生命观——"系统论"。贝塔朗菲断言，生物学决不会"同化为"物理学，它显然处于与物理学相对的"自主性科学"的地位。在《生命问题》著作里，他用歌德的诗做结语说，"如果我们渴望用简洁的语句把握生命的本质，那么河流似乎是生命的直喻，它的波涛永远变化不止，但它在流动中持续存留。"

虽然胜利之门似乎有朝系统论敞开的征兆，但是系统论的先进性还只是体现在笼统的框架和见解上。系统论者总是努力用宏大的阐述来替代生命定义，并提示生命的复杂："生命问题是组织问题。只要我们从整体组织中挑选出个别现象，那么我们就不能发现生命和非生命之间的任何根本区别。""生物学的任务是要确立控制生命过程的有序和组织的定律，应当在生物组织的所有层次上研究这些定律。"[2]它向人们指点存放生命奥秘的遥远山峰，而自己却没有真登上去，也没有更多可供实践的操作指南，陷入了自言自语的境地。而另一方，生命机械论主导的阵营，撇开了生命定义的争论，丝毫不减应用研究势头：分子医学日益深化，观察生命微观结构的基因测序技术和改

[1] 贝塔朗菲. 生命问题：现代生物学思想评价[M]. 吴晓江，译. 北京：商务印书馆，1999:19.

[2] 贝塔朗菲. 生命问题：现代生物学思想评价[M]. 吴晓江，译. 北京：商务印书馆，1999:16，19.

变生命形式的基因拼接技术日臻成熟，临床技术更加智能化和精微化，无论在理论上还是在实践上都建树颇丰，正发挥着不可替代的作用，行使着领袖和帝国职能。因此，说系统论取得了决定性胜利，还为时过早。

种种情况表明，关于生命本质的争论远未结束，生命定义尚无正果。

以上仅从寻找生命本质这单一线索，纵向而简要地回顾了探索生命定义的部分历程。

在这一历程中，有一件非常值得注意的现象，与生命须臾不分的心理(意识)问题，被主流学界情绪化地对待了。在偌大的自然科学领域里，心理学竟然没有固定的立身之地。它一会儿非常重要，一会儿又遭驱赶，至今，它的境况仍然“像个流浪儿，一会儿敲敲生理学的门，一会儿敲敲伦理学的门，一会儿敲敲认识论的门”。[1]为此，使人不禁要问，为什么生命科学的爱、恨、疑惑都纠结在心理(意识)学身上？

当把视线转过来，换一个角度，试作横向切割和观察，从有代表性的不同领域、不同学科、不同层次抽取最深层的疑问以归纳共性时，几乎有着同样交集的发现。例如，当从更广泛的领域考察与生命相关的学说(如各国宗教学、神学，中国的中医学、道学、佛学等)时，会看到它们都把意识或精、气、神当作了至关重要的本原与法宝。

道理何在？

为什么在临床上病人的精神好坏对治疗效果和身体的康复影响巨大？为什么日常工作、生活、保健各方面，社会、政治、经济各领域，都十分强调精神的重要性，并一直靠它发挥巨大作用？为什么那些与生命活动相关的未知原理和神秘现象大都与意识有关？

……

我们似乎看到，一条绵延不断的长线，连接着各学科、各领域最深层的隐秘，且这些隐秘几乎都与意识的本质作用这一核心问题密切相关。对于这些相关的客观存在性，不论是从概率论还是统计学角度，都能够给出一个确切答案：意识问题是生命科学的焦点问题。同时，从以上诸多发问的分量来看，意识问题非同小可。一切情况和迹象表明，心理和意识问题对于生命科学非常重要。

但现实是，意识的本质问题还远未解决。

追根溯源，正因意识的本质问题没有解决，才使得生命定义难以完成。

[1] 崔丽娟. 心理学是什么？[J]. 科学中国人，2003(10):62-63.

事实的提示是，要构建更加完整的生命科学，必须首先破解意识本质之谜。也就是说，无论“科学的交叉滋养(cross-fertilization)”使技术进步多么眼花缭乱，科学的视线最终将不可避免地从纷乱的成果中收敛到人工智能，进而转向大脑机制问题，终极的挑战必将面对“意识的本质”是什么。

可是，当以为找到问题的关键，而把视野聚焦于意识时，人们却发现，这一焦点只是一个方向标。在这一方向标所指之处，是一个建构在若干基础学科和无数应用科学基础之上的抽象王国——哲学。

哲学界早就把意识问题当作认识世界的核心问题来考虑，却始终为意识和物质的谁先谁后吵得不可开交。当试图从哲学那里获得启示时，却发现意识的本质问题在造成生命科学迷惑的同时，也造成了哲学上的痛点。这一痛点引起了19世纪哲学论坛的大辩论，并一直延续至今。其中，关于意识和物质谁决定谁、谁是第一性的问题争论最为激烈，并由此划分了唯心主义和唯物主义两大阵营。

唯心主义认为，意识是先天存在的，意识决定存在。例如，客观唯心主义代表古希腊柏拉图(Plato)的“理念”和德国黑格尔(Hegel)的“绝对观念”，均主张精神或原则是先于物质世界并独立存在的本体；主观唯心主义代表英国贝克莱(George Berkeley)则认为“存在就是被感知”“物是观念的集合”。

唯物主义则认为，意识是后来产生的，物质决定意识。19世纪著名的辩证唯物论者卡尔·马克思(Karl Marx)在考察了当时的自然科学和社会科学后这样概括：意识是大脑的特殊机能和产物，是对客观世界的主观反映。这一结论连同他的全部理论原理，被唯物主义确定为不可动摇的理论基础。

换言之，前者强调活的意识原本就是活的，后者强调是死的无机物产生了活的意识。前者主张有神论，灵魂来自上帝；后者主张无神论，灵魂来自进化和肉体。

但是唯心论者难以正确面对进化论罗列的大量事实，这些事实有力地证明高级动物是由低级生物演化而来的，人和意识也是一样。同时，唯物论者也一直受着另一种折磨，在它的理论宝库里，缺少对直觉和潜能等未知现象的有效解释。

在这场跨越多个世纪的大辩论期间，人类对物质世界探索的广度、深度和精度都有了跨越性的发展。大到宇宙机制，小到夸克原理，科学手段越来越强大，探索和发掘的程度似乎越来越彻底，但对意识本质问题的认知还是老的僵局，一点也没有跟上时代的步伐，它仍旧是个谜。

时至今日，科学界越来越觉得对意识和大脑机制的认识仍是一个大麻烦。

同时对摸不着边的、却占宇宙总量 90%以上的暗物质和暗能量问题备感头疼，这使一贯成熟得体的科学界突然觉得对宇宙的奥秘知之不多，对人类自身的奥秘则知之甚少。为此，有舆论开始猜测和议论：暗能量或是有神的意志，意识或就是暗能量。若对这些议论实施有效的抵制，必须拿出可信的科学见解。

暗物质、暗能量、意识，当把人们疑惑的这些汇聚到一起考量时，不难发现，它们之间有一种共性，即不可见性。那么，有什么理论可以支持这种既存在又不可见的形式，且又与生命过程相关联呢？

一种可能的理论来源是量子论。量子具有显著的波粒二象性，似乎是物与非物的双性体。自从量子力学建立以来，部分物理学家就对量子力学与人类意识的关联性提出理论方案。有科学家认为人脑或是量子计算机，或与量子相关效应有牵连。其中罗杰·彭罗斯爵士是代表之一，他认为大脑意识与微导管中的量子引力效应有关。

但是，科学界主流认为，量子现象只存在于微观物质层次，主流观点一直不认为量子领域中的著名的“薛定谔猫”佯谬适合宏观物质。也就是说，量子态现象只被包裹在“量子包”里面，是层层嵌套的盒子最里面一个盒子中的微观把戏。即使声称已经找到了所谓“上帝粒子”的希格斯玻色子(是 61 种基本粒子中最难找到，且是最后找到的那一个)，但此“上帝”只是一个名头而已，“上帝粒子”与宏观组织的生物活性、意识的灵动性之间可谓有天渊之隔。物理界认为生物从宏观物态到量子态还有若干层级，每一层物质都有一层能量约束，即便生物整体坍塌为一堆回不到以前状态的粒子，也难以形成宏观量子生物。

有人思量，虽然宏观量子生物并不存在，但在宏观生物体中是可以允许有部分自由量子游离的。众所周知，生物电就是量子活动的经典例子。相关的研究也表明：生命活动中量子效应广泛存在，“从植物的光合作用到鸟儿对方向的感知，量子相干或许在自然界中无处不在。”[1]但是，若从量子角度精确解释生命，按照现有的科学方法，必须经过实验室进一步地观察和证实。

现实情况是，对量子现象的周详观察是非常困难的。“量子体系中量子耗散的时间标度(可理解为速度，笔者注)远远大于量子相干的时间标度。人们几乎无法定量地了解量子退相干的全部动力学细节。”[2]这就是说，当观察者

---

[1] 刘霞.量子生物学曙光初现[J/OL]. 今日科苑，2011(22):45-48[2018-10-11]. https://www. zhangqiaokeyan.com/academic-journal-cn_modern-science_thesis/020123593258.html. DOI:CNKI: SUN:JRKR.0.2011-22-022.

[2] 孙昌璞. 薛定谔猫与量子测量——兼谈量子信息的发展[J]. 物理教学，2000(10):2-6.

还来不及获得量子相干到退相干全部指征时，有些指征早又隐藏不见了。甚至观察过程本身成了获得量子指征的障碍。由此，诺贝尔物理学奖获得者尤金·威格纳(Eugene Wigner)认为，意识是量子测量问题的根源。这种测量和观察的艰难，也成了以微观量子力学为手段的生命研究进展困难的原因。

一般的、基础性的量子观察就十分困难的情形，意味着即便意识实际就是量子级的，要实现实验室的意识量子机制“解析”(科学方法主要是逻辑和实验)，距成功还非常遥远。这就使得，若要在现有条件下发掘意识的量子机制，一种采用表观逻辑，先以定性或框架级联系方法取得“半生”的中间结果，再交由实验室细研成熟的路线，势将成为当下的重要之选。

然而，即使这种逻辑路线，也离不开对生命现象的观察与抽象。这些观察和抽象除具有广泛性和实证意义之外，还必须突破这样的困难：这些观察是宏观的、抽象的，原理却必须反映微观机制。只有这样，才能将“中间结果”方便交由实验，进而成为可用数学描述的科学理论。

本书正是试从这样一条困难途径和方法，以描述生物信息机制为切入点，逐渐展开对意识和生命本质的讨论。没有实验，却谈生物信息原理，这种通过间接观察、抽象推理得出的结果，与实际上的信息活动肯定有所不符。但这种含有不确定的假设性的结果，应有推动问题走向确定性答案的功能。一是聚焦作用：如果逻辑足够严密，就可以把漫无边际的议论聚焦到有限的视野之内，从而发挥桥梁和提交实验建议的功能；二是能够优化流程：它像“面向对象”的高级编程语言，如首先确定总体设计，把每一较大的问题作为一个“类”或功能“模块”来描述，再定义模块之间的功能关系，而后进行“模块编译”重组，从而容易地把困难的大问题肢解为可供实验的“具体项目和要素”。这其实是借鉴了“由顶向底”(top-dwon)的设计和理念。[1]本书方法正是如此。这种路线对于探寻包括太多复杂关系，特别是包含可能的量子级生物信息活动在内的生命问题，应该有其特殊优势。

但它将在定量分析方面带有明显不足，从而不确定性成分大为增加。如在没有读完该书之前，会令人产生一些错觉：它像装备不全搜集猎迹的莽汉，顾自穿行于疑惑丛林之间，行迹很不规范，一会儿像是支持了活力论，一会儿又像是支持了机械论和系统论，似乎观点不够一致，必将多有诟病。但笔者认为，生命和意识的全部物质成分及其确定的定量关系怎样，并非框架级

[1] 崔琼瑶，齐从谦. 基于参数化技术的自顶向下设计及其应用[J]. 同济大学学报(自然科学版)，2002，30(9):1087-1090.

推理的使命，只要找到更深层的关系或关键点位就可达成它的任务。笔者期望，这种直白和粗浅的心得或游记式的描述，能够激起学界给予完善的动意和思考。为使作品有所特征，暂且把这些心得起一个也许不太相称的名字，叫作“量子思维”，并阐述生命的觉醒之旅。

本书的主要观点是，一种有量子组分在内的量子级生物信息决定着生命的产生和运动。因此，本书其实是一部关于生物信息和意识机制的假说。

本书主旨和内容有别于其他主要的量子学书籍。一是与量子物理相区别。量子物理研究最基本的粒子现象，是以量子力学、波函数、标准模型为代表的微观物理学，而本书则是把巨量粒子形成的一些宏观作用，当作一个集合来考虑。打个比方，它不注重研究单个士兵问题，而只注重考察各兵种或合成集团军的综合作用机制和效能，像是一种关于生物机制的群论。二是与量子生物学(又称量子生物物理学)相区别。量子生物学直接运用量子力学的理论、概念和方法研究生命物质和生命过程。其研究内容常包含分子间相互作用力、电子结构反应活性、生物大分子构象与功能等，并与凝聚态物理的准粒子、复合粒子及超分子类(如 DNA)研究相交叉。而本书并不研究生命中的这些微观物理细节，它只是对量子生物物理学研究的成果有所借鉴，并在与量子物理和量子生物物理学原理相关照的基础上，从抽象或形而上的角度概略地审视从生命微观功能到宏观功能间可能的过渡或联系，或者说，对生命中可能的与量子机制有关的中观机制做出猜想。

令本书具备勇气和信心的是，来自科学界越来越多研究成果的持续支持。不断来自科研前线的消息，也正在日益印证着本书的一些观点。

本书通过逻辑和例证解析量子级生物信息的形成、属性及其与生命和意识的客观联系，对隐的、负的、不可见的部分，如何决定显的、正的、可见部分的机制做出了概略的联系和“标定”，得出了一些新的线索。通过这些线索，似乎觉得人类原先建立的、涉及生命学、医学、哲学等的一些相互争议的理论或观点，无论是东方的还是西方的，现代的还是古老的，其核心联系几乎都通向了一个根源——量子级生物信息机制。换句话说，人类生命和所有的生物机制或许都是从这一根源出发，分别通向了不同的学说。我们将因此看到，许多矛盾的学说在最深处都植根于同一块基石——意识机制之上。

借助各学科的理论基础，本书试着对生命和活力的发生机制、时间感等感觉的来源、为何不能把情绪等认作意识、文化因何不能被遗传、生命和意识的隐性分机制、年轻和长寿的能量源头、智慧升级的条件和不确定因素等问题做出系列性猜想。

本书的分析和答案是否来得还太突兀，是否还太粗浅，是否还有关键性的疏漏，以及它是否确有道理，是否有些参考意义等，还请更专业的行家俯察与审鉴。

愿本书有以石击水的效应，能引起一些有益的思考，并得到宝贵的批评和指正。也望它为热爱生命问题的同好带来一些别样兴致。

感念和崇敬古人及历代先贤，是他们的智慧给予本书以思路的指引。

感谢清华大学钟敏先生为此书作序，感谢清华大学出版社徐学军先生给予精心指点并为该书冠名，感谢清华大学出版社王定编辑辛苦的修改和补充。

感谢加利福尼亚大学基尔斯特罗姆(John Kihlstrom)教授的认知科学讲座，有些观点受到他的启发。

感谢可汗学院教授萨尔曼·可汗(Sslman Khan)的精彩教学视频，他的生物学讲座提供了可借鉴的知识。

感谢在文章中所有被引用的科学理论、实验报告及各类证据素材的作者、研究者和友人，是他们的研究成果给文章提供了重要坐标和参照。

王玉星

2022 年 5 月

# 目录

# 第 1 章 道在何方

**导读：**生命问题看起来复杂得令人望而生畏，然而，造成众多困境的原因，并非全是因为生命客体过于复杂，还有很多人为的因素。本章试图通过另类的“实验”和逻辑，对道路和方法进行分析比对，探寻阻碍真相揭示的原因，并简述用集合和“框架联系”解析生命本源和机制的重要性，提出：解析生命原理应增加“由顶向底”的辅助道路。

“生命是什么”，这样一个看似简单的问题让众多智者长久辗转反侧、捉摸不定，是因为该问题的背后还有若干机制和相关逻辑环节需要理清。例如：

(1) 生命的活性由何而来，欲望从何缘起？

(2) 意识有哪些基本构成，它们各有什么来路？

(3) 人的“灵感”与创意来于何处？

(4) 是什么为进化提供着持续的动力？

这些问题可归为一种说法：无生命的物质、能量和信息三者，是如何发生和发展出有机、自补充、自组织、自适应、自学习的自主性意识和生命的？

虽然这些目标早已清晰，为何至今走不出困境？

难道还不仅仅是目标的问题？

是的。知道向哪个方向努力固然重要，但如何下手却是关键。也许，正是在理清头绪的路线和方法上出了点麻烦。

如果说之前所行的路没难、方法上没错，也不至于至今在意识原理等问题上还有那么多未知。

如果是有难、有错，那么难在哪里？错在何处？有没有可以借鉴的路线和方法？

## 1.1 难在哪里

### 1.1.1 研究对象特殊，原理错综复杂

生命极其特殊，是特别的矛盾体。其任一局部都关联着整体；其任一环节的物质性，同时兼有能量性和信息性；它的局域和广域交互作用，宏观和微观共享共生；其众多功能几乎都是双向的，诸多方面既互相支持、依托，又相互矛盾、对立。生命体中几乎没有什么简单和初级的器件，人们哪怕是只想弄清一小块组织，或是一个细胞的机制，都会遭遇原理上的“喜马拉雅”。

例如，虽然一些学者为找到20亿年前第一枚真核细胞诞生的基础条件——洛基考古菌群，进而推测出存在一个“复杂的代谢途径网络”[1]而高兴，但科学家们明白，对于生命起源，这还处于推测；尽管神经科学领域为能“完整地”记录只含几千种神经细胞的水螅大脑的神经活动[2]而欢呼，但科学家们清楚，面对人类大脑约 $10^{11}$ 个神经元和 $10^{14}$ 个神经突触，[3]这点进步仅能算作一个新起点，距离彻底弄清其复杂机制还遥遥无期。为此，美国加州科学家拉尔夫·阿道夫(Ralph Adolf)坦诚地说：“现在科学家不了解任何一个单个机体的大脑工作机制，就连只有 302 个神经元的小虫，也没法了解它的神经体系。”[4]

### 1.1.2 涉及学科众多，线索残全不一

仅从信息采集模式上看，生命问题所涉及的学科就非常广泛。选择合适的方式实现对生命信号的取得与分析，比选择适当的工具将大米研碎并鉴定其成分要复杂得多。对生命信号的取得与分析不仅与生命这一客体的众多信

[1] ZAREMBA-NIEDZWIEDZKA K, CACERES E F, SAW J H, et al. Asgard archaea illuminate the origin of eukaryotic cellular complexity[J/OL]. Nature 2017(541):353–358[2018-08-12]. https://doi.org/10.1038/nature21031.

[2] 侯茜. 美首绘水螅活体神经元活动完整图谱[EB/OL]. 中国科学院：每日科学，2017-04-13[2019-12-06]. https://www.cas.cn/kj/201704/t20170413_4596938.shtml.

[3] 谢建群. 大规模类脑模拟仿真计算机体系结构的研究[D/OL]. 广州：广东工业大学，2018：摘要 1.(2018-12-19)[2020-01-21].https://d.wanfangdata.com.cn/thesis/D01524035.DOI:10.7666/d.D01524035.

[4] 郭爽. 透视美国“脑计划”：复杂度超过人类基因组计划[N/OL]. 科学网，2013-05-02[2019-03-12]. https://news.sciencenet.cn/htmlnews/2013/5/277465.shtm.

号模式直接相关，如既有细胞间分布式的化学信号、神经中线性的电信号，还有非线性的脑信号等这些客观层面的联系；此外还与不同学术背景和领域的研究和观察者对探测模式的选择相关，有技术层面的联系；甚至与信号被采集者的行为习惯、爱好及信仰背景等人文和社会意识形态相关，有主观层面的联系。

生命问题涉及领域众多，且相互关系复杂。生命现象可称得上是多领域、多机制、多艺术形式的组合，它几乎不能用单一形式(如单一学科等)来拆分分析和表达。别说是生命和意识本质这样的课题，即便是关于“注意力”这个焦点较为收敛的题目也将涉及现有很多学科。对这种情况，如果采取先用各分学科的语言形式各自表述，而后综合的办法(即先分后合法)，就要涉及学科间大量概念的相互重建和翻译，这将是难以估量的巨大工程。因为每一个学科领域都具有独立而完整的认知体系，拖其一叶，必牵动全株，“相互说明”将极大加码解析生命的信息体量。

另一个不容忽视的事实是，以物质论为基础的生命理论成果，并没有完全反映出生命原理的诸多要素。如情绪这类实实在在的生命现象，并不能从实验室的烧杯和离心机中得到良好解答。

种种情况表明，由物质拆解发展来的信息采集体系，具有某种缺失，或者说具有“瘸腿”性，试图从这种有缺陷的信息采集机制中提取出生命的完整线索，等于让巧妇做出“无米之炊”。

### 1.1.3　简繁矛盾突出，信息熵减困难

一方面，海量信息难统合。即便是经高度现代化信息技术武装的生物工程，在使用最尖端的图像和视频手段，聚焦观察蛋白质这种不算太微观的大分子物质拓扑结构变化(多指不改变物质联系的形变)时，仍会遇到数据带宽不够、时空分辨率不足的困境。这意味着，仅仅在生命某一微观局部也包含着巨量信息。而整个生命体的信息活动，并不是微观局部信息量的简单相加，还有无数的交汇和反馈，要把整个生命的机制从猜测变为明了，不仅需要采集生命微观各环节瞬间“点亮”和“湮灭”的有价值信号，还需要使用种种合适的信号转换模式，再加上多科学浩瀚信源的甄别和对接，将使信息量和信息的熵增呈指数级增长。另一方面，呈现给人们阅读的结论，其信息必须高度凝缩，极尽简要而保真，这需要信息熵(这里特指信息量巨大，包含的不确定成分和相互矛盾成分多而复杂)有指数级的降低。这两方面显然存在对立

性的矛盾。

情况表明，在高度发散扩张的信息熵增与高度收敛简约的信息熵减需求之间找到合适的求解路径，将非常困难，这完全可称得上是一个僵局。对于生命来说，这一僵局的实质是，当把意识机制问题掺和到身体的物质机制当中一起解决时，存在信息来源潮涌和信息解读能力局限相互掣肘或信息十分不对称之瓶颈。

## 1.2 错在何处

### 1.2.1 道路上，有“单行线”之虞

在荆棘丛生的深山里赤手行走的探险者都知道，迷失方向有多么容易，找准出路有多么困难，也知道找对了路线对成功地到达目的地有多么重要。与此类似，若要在解析生命本质问题的过程中少走弯路，也应选择明确的方向。

对于生命本质挖掘路线的错综和曲折，本书的序言部分已给予了讨论和综述，最后的指向是，意识本质解析决定着生命本质的最终揭示。然而，现有对意识本质的解析方略，还存在着一些偏差。

最突出的偏差是，人们总想通过对物的观察得到生命的整体性机制。生命科学几次重大的革命性进步，也与观察能力和分辨率相关：开始是解剖加裸眼视觉观察，分析的对象是整块化石和宏观的生命形态，标志性成果是化石链、物种进化论(其实是形态遗传学)。随着显微观察技术的出现和进步，光学显微镜助产了细胞生物学，电子显微镜催生出分子生物学。但是，接下来，当分辨率超过原子，进入电子层次，人们发现生命的众多功能却似乎不在那里，对情绪、性格、欲望这类东西的实验室观察总是一片模糊。但惯性思维的驱使，使人们仍想延续从前的方法，以期从观察技术进步中获得所有答案。

事实上，人们一直沿用提高分辨率和显像清晰度水平的方式更微观地观察大脑，并以分析大脑各部分物质成分的方式更仔细地寻找意识机制。这些做法实质上是用物质之间的关系来定义意识中的能量关系和信息关系，相当于在用物质化的肯定性和物态的有限性来排除意识能量和信息过程的或然性、广域性(非局域性)和多能性(如用蛋白、基因等分子层次的有限物质性，

来固化生物功能变化的更多可能性等)。这意味着，提高某种观察分辨率的过程，同时也是排他性的过程，它使分析更加细微，但可能更远离了生命的综合性本质。

提高分辨率和显像清晰度的另一目的，往往是为了彻底厘清物质之间的界限，把握事物的轮廓。但科学巨匠薛定谔(Schrödinger)在他的《生命是什么》著作中却一针见血地指出："尽管物理学现在的实验一再地证明主体与客体之间的界限，但主客体仍然是同一个世界，因为它们之间的界限实际上是不存在的。"[1]换种说法，薛定谔是在告诉人们：意识与物质在极端微观的领域，是没有界限的，是混沌在一起的。其潜在的意思是，无论人类发明的用于观察物质的仪器有多先进、分辨率有多高，也不会看清主客体混在一起的意识。事实一再表明，对物质观察的精细并未同时带来对生命机制认识的更加清晰和明了。

诚然，各类考古和对生命研究的学术成就已非常耀眼，但对进化线路所做出的大致指认，基本聚焦于对生命有形物态变化(即生物的结构演化)的追溯。除此之外，对生命无形功能的演化，却似乎仍缺少原理上的寻踪(如那些观察到的众多现象背后的驱动力是什么)，这使得对集结构与功能于一体的生命进化，有不少成分还欠探究。

生命本是由初级的综合态发展而来的高级综合态，它是物质、能量和信息三合一的"和合体"，从来没有欠缺过哪一项，起初如此，如今还是。

也就是说，与物质结构进化同步的，还有难以用肉眼看见的能量博弈和不断为物质进化提供调度的信息进程。那些可见和暂时不可见的相互促进和制约才形成了有机的整体，对隐形进化机制的懵懂，必然导致整体上的不清。时至今日，生命若干重大问题未被解锁的窘境，也许是对伴随生命实体一起演化的无形功能进化(如意识诸元素等)缺乏必要的考证。

### 1.2.2　方法上，"从底向顶"堆砌

著名学者罗宾斯博士(Robbins B D)说："人与自然科学的关系问题，如果有问题的话，是方法问题，而不是对象问题。"[2]

---

[1] SCHRODINGER E. What is Life? With Mind and Matter and Autobiographical Sketches [M]. Cambridge:Cambridge University Press,2013:151. https://www.cambridge.org/9780521427081.

[2] ROBBINS B D. Noam Chomsky Between the Human and Natural Sciences[EB/OL]. janus head. 2001:1[2018-06-12].https://xueshu.baidu.com/usercenter/paper/show?paperid=5676ce12e2e0ae71a71611d0398a6459&site=xueshu_se.

对于生命顶层机制研究，现在的主流方法是先做细分研究再上升到综合研究，可以形容为“由底向顶”的堆砌。例如，先是从内科学角度、外科学角度及神经学角度等这类特殊角度挖掘和分析生命某一方面的属性，然后把从分科角度“观察”生命得来的单科知识或“片状”结果聚合起来解释综合性生命。

将众多学科成果聚合累积似乎也能摸高，但这将使得学者们不能摆脱这样的处境：必须大量使用二手资料做研究。因为不可能一个人同时从事所有学科的一手观察与研究，也不可能所有学科的人同时聚在一起观察与研究；即便有了大量的资料，分割的和片状的知识相加也难以洞悉整个生命体。相信不少科学家遭遇过以上这种情况，并为此苦恼。

雄心勃勃要冲破这一局面的薛定谔，在其《生命是什么》一书的序言中发出了难以穿凿之痛：“近 100 年来，知识的各种分支在广度和深度上的扩展使我们陷入了一种奇异的两难境地。我们清楚地感到……要想把所有已知的知识综合成为一个统一体……也已经是几乎不可能的了。除非我们中有些人敢于去着手总结那些实事和理论，即使其中有些是二手的和不完备的知识，而且还要敢于去冒自己被看成蠢人的风险，除此之外，我看不到再有摆脱这种两难境地的其他办法了，要么，我们的真正目的永远不可能达到。这就是我的意见。”[1]

### 1.2.3 误以为人有一个“囫囵”灵魂

人有灵魂的说法包含两个不实认定：一是大脑里有一个超级主宰——灵魂；二是灵魂是“囫囵”的。

“灵魂说”不只是一个原始的臆造，它还进一步生出种种虚构。对灵魂的“存在”性认知，一直是生命本质发掘的巨大障碍，是一座永远登不上的海市蜃楼。灵魂作为人的隐形化身，让人无从琢磨；也因它太“囫囵”，无法被分解和解析，从而截断了智慧对智慧自身的了悟之路；灵魂的“有，还是没有”，甚至成了科学似是而非之答；它的捉摸不定，吓阻着无数人对意识深究的胆量和念想。

然而，灵魂之说却是一个纵贯古今的臆想。

为什么这样的臆想能源远流长？是历史遗留的多个“常识”性误识为它做着支撑与护航。然而，当这些“常识”被一些特殊的试验和分析所戳穿时，则是子虚乌有，变得滑稽与荒谬。

[1] 薛定谔. 生命是什么[M]. 罗来复，罗辽复，译. 长沙：湖南科学技术出版社，2020：12-13.

### 1. 误识之一：意识“自己”能独自做主

所谓的自己，就是通常说的主观意识。

人们一直认为主观是自己说了算的，它有绝对的权威，是生命的“超级主宰”(灵魂)。然而事实并非如此，“主观”的主宰性并不存在。

“自己不能做主，这怎么可能？我此时不正在做着愿意和想做的事吗？看，我愿意伸胳膊，此时正在伸着呢，岂不是自己在做主？而且我自己想走就走，想说就说，想笑就笑，自己正在打着什么主意，心里也很清楚。”然而，这都是被那些“常识”障目下的“所知障”。

下面两个特殊实验就可证明：对于“自己”，(a)要意识做什么，它偏偏不做；(b)不要意识做什么，它偏偏去做。这两项实验可简称为“双不实验”，从表象层面说明“自己”不听主观的，或“自己”不听自己指挥。

实验(a)：要意识做什么，它偏偏不做。无论受试者有多少，无论是什么身份，只要肃静端坐，让他们在 3 分钟内忘掉自己的鼻子或身体任一部位，将都做不到。这一司空见惯现象的本质是：组成意识的感觉和注意，不能按意愿中止，即不听所谓的“自己”指挥。

实验(b)：不让意识做什么，它偏偏去做。受试者条件同上，肃静端坐，让他们闭上眼睛，预设 5 个场景，如出车门、下河、抬头望天、上岸、再上车，定格它们，然后在脑海里循环播放这 5 个片段，不要“插片”，即不得插入其他任何场景和念想，所有人将不能保持这种不被“插片”的循环播放 5 分钟以上。这一现象的本质是：组成意识的连续性思维，不受自己预设的控制，即不听所谓的“自己”指挥。

“双不实验”看似简单普通，它却能以一种现实存在或“客观角度”反映出“意识活动的核心机制”。所谓“客观角度”，是因为使用了完整实在的人作为实验客体，并用科学实验的方法设计、抽取意识活动的真实碎片(片段、环节)。不论将以上对象、条件、统计结果等做得多么细化、多么严格，该实验也能经得起千百次的自测与他测考验。因此，该实验应能称得上“可重复”且真实可信。所谓反映出“意识活动的核心机制”，是因为以上两个实验的内容，对应的是感觉、注意和思维，三者是构成意识的全部主体要素(见本书第 6、7、8 章)。

实验中意识不听所谓的“自己”指挥的情形，不仅表现于意识的一个环节，而是意识的核心要素都在相当程度上不听所谓的“自己”指挥！这意味着生命中不存在一个绝对权力的灵魂主宰。

那么，是什么在主导生命的主观？接下来的阐述将使我们更加明白。

### 2. 误识之二：意识全在大脑内部

也许有人置疑："'我'还是觉得，在做计划和决定时，还是由'自己'做了主。比如，我要去厕所、我要吃饭、我要睡觉，我要放下电话去开门……我要取消晚上的体育锻炼与儿子一起去参加家长会等，这些分明都是按照我的意愿去做的，难道这些也不是自主行为吗？"回答是"是"。

这些看似的自主，其实都不因大脑有一个独立"自我"在先知和发起。如，上厕所是膀胱和大肠的迫使；吃饭是胃的要求；睡觉是褪黑素等物质的作用。特别是，放下电话去开门，是因开门的事比电话更紧迫；放弃锻炼去参加家长会，是因家长会更重要。而这些所谓的"紧迫"和"重要"等高级需求，也产自于生命中存在的、非意识的物理机制——"权重"竞争。权重与遗传惯性(生化性的)、记忆信息(理化性的)、生物组织的惯性反射性运动(电生理的)等一大堆非主观的信息和能量机制相关。

这些杂七杂八的相关方，形成了某种竞合——类似讨价还价、吵闹喧嚣的"集市"。种种"潜主意"在"集市"按照自然法则，以理化机制的权重"自由竞争"涌现而来，这种权重竞争机制正是一切爱、恨、思想和行为的源泉。对于这些激烈的竞争，我们的主观既难以觉察，也不是其中直接的指挥者。组成意识的"念头"，更像是在一批批竞争中胜出的明星，在主观舞台中自由地轮番呈现。

而"念头"，即意识的一个片段，或是一组活动、或是一个小流程，并不全在大脑。它们一头连着大脑，更大部分在大脑之外，与身体各处组织和器官发生着连接，勾连着那里的习惯性反射。

事实上，当我们静静地坐着，等待和体会念头因何而来、何时来的时候，就会发现，一部分念头是由"当下"不同的触发而产生。如一会儿是因蚊虫叮咬，一会儿是因某种声音，一会儿是因某种气味，它们均不是因主观意愿产生，而是因种种外在扰动，触动了身体，引发一些固定的反射流程；一部分是"历史"惯性的驱使：如当视觉看见表针指在 7 点半触动了奔跑上班的冲动时候，则是那个时刻印合了一个历史警铃，并串连着一系列的行为记忆；到了中午，想大餐一顿，是身体各处那些遗传的、带有本能性生理节奏的组织和内分泌系统以固定反射流程的形式预先驱动了胃转而把食欲传到了主观……那些看起来与当下感触无关的爱的、恨的、纠结的、排浪般而来的念头和梦境，其实也大都是从那些固定的遗传反射流程层层级联而来……

一个个被触发的反射流程，并非全部能变成念头，而是先在各处若隐若现地发生着，等候进入主观。刚才所说的“集市”，正是这样一些反射流程在那里熙熙攘攘，此起彼伏起哄。它们有的靠其信号的格外强大而突入了大脑，被主观所察觉，呈现出不同程度的酸、麻、疼、痒、急迫、舒缓等感受，但绝大部分不被察觉而随波逐流。因此，所谓的主观，其实是成串的念头，是在大脑中按信号强弱和时序涌现或退场的一个个反射流。

在大脑里产生和活动的念头，有着数不清的链路和形式。它们像嗖嗖燃进的引信，一端连着身体，一端在大脑里不断绽放出绚丽的烟花。它们的来路有的是神经、有的是经络、有的是大范围电荷的涨落、运移、跳跃，这些来路又关联着细胞和肌肉运动，关联着基因的结旋、解旋及生物质的正、逆生化相变等。

有人会说：“那些大脑之外的信息和能量运动，不就是感觉过程吗？以上所说的是不是把感觉说成了念头？”有人又会说：“大脑之外的信号只是些电流呀，大脑才是产生理性意识的工厂吧！”之所以有这样的疑问，说明认识的误区就在这里，那就是大脑创造出了原始的“真意”。

认为大脑创造了真意的，相当于在说“感觉中没有真意”；又相当于说有一台电视机，只通上电，不给予信号，电视机就能播放出精彩的画面；或是在说用石头可煮成肉并能冒出肉的香味。这种把理性说成是由没有真意的感性加工而来的认知，实际上过分夸大了大脑的加工作用，从根本上否定了感性中那些原始信息的意义。

大脑虽说是理性的园地，但理性的基础材料是真意。就像上面说到的肉，大脑只是帮助煮了煮，催发了味的散出，肉和味却都不是它“创造”的。

感性作为使者，其实是携带了原始真意的。感性和理性有着类似“农村人”与“城里人”的区别，大脑或只发挥了那种“成衣店、理发馆”的作用，把感觉这个“农村人”稍做修饰和打扮，让它只换了换衣服变成了“城里人(理性)”；或发挥了“募兵站”的作用，把那些散兵游勇(感性)改编成了有番号部队(理性)，而不是把石头变成小鸡那种质变。如此，就不能把感觉——真意的递呈者，排除在意识范畴之外，也就不能把大脑作为唯一的“意识工厂”。也就是说，真正的意识域是宽泛的，大脑里没有绝对独立的意识(或灵魂)。

总之，脱离了外部神经对真意信息的传递，大脑中的意识是不会孤立产生并存在的。意识现象其实是大脑和身体共同形成的动态的“分布式运动”。

一个科学家交叉研究团队在《自然》(*Nature*)杂志以《基于多巴胺的强化

学习中的价值分配码》[1]为名的报告中说，神经元奖励机制是分布式的。他们认为，这一结论与之前科学界一直认为的，人类神经元多巴胺按照固有通道传递的认知完全不同。

分布式，即无中心的信息运动，既是对独立“囫囵”灵魂存在的否定，也相当于对意识不全在大脑产生这一观点的潜在肯定。

### 3. 误识之三：意识为人类所独有

人们对于只在大脑里产生意识的认识，相当于设置了一个伪命题。伪命题只会动员人们琢磨意识是如何在大脑诞生，而放弃注意其他可能的范畴和途径。

例如，这种认识一方面使人们不再让大脑以外的神经与意识扯上瓜葛，从而彻底屏蔽对大脑以外事物意识性作用的关注；另一方面向人们推销只有大脑才有意识的种种路线图和方法论，找出种种“基本符合”这种路线图的机制和理由，并在大脑的具体物质细节联系中找到了意识的固定活动区域，得出被物质化了的意识论：意识藏在大脑高级神经里，大脑神经物质的动态等同于思维。

这种探索意识的路线图和方法论，会导致人们认为意识为人类所独有，动物只有感觉，没有意识。

只有人类才有意识的认知，与古希腊一些哲学家在早期科学背景下得出的“人是理性动物，是理性的负荷者”的观点没有什么根本的不同。该类观点一般会确立两个理论基点：一是把理性和感性(感应)“分家”；二是只把理性过程定义为意识，把感性排除在意识之外。这样一来，凡是没有高级、理性部分的低级生命就被自然归于没有意识的范畴。接着把有语言、会使用工具当作有理性的主要标志，彻底断了想把其他动物纳入有意识之列的念想，从而把“意识为人类所独有”观点打造成了难以被动摇的“真理”。这种早期的结论，否定了感觉环节有原始真意的存在，用粗暴的方式指认了人脑有这样“创生”理性的特殊能力：人脑具有将没有真意的信息加工成真意的功能。但这却是一种荒唐的指认。

事实上，正像前面说过的，大脑加工的来自各种感觉通道传来的粗信息，并不是没有真意的电流，而是一些不可替代的最真实、最原始的意识单元——

[1] DABNEY W, KURTH-NELSON Z, UCHIDA N, et al. A distributional code for value in dopamine-based reinforcement learning[J]. Nature, 2020, 577:671-675.https://doi.org/10.1038/s41586-019-1924-6.

真意，它们在感应、感觉环节就已经产生和存在，大脑只是对来自外部的真意或原始信息起了“挑拣使用”“重新组合”细加工的作用，而不是它凭空造出了真意。真意在感应环节就产生，这意味着，真意在生命体各部位有着巨量而广泛的存在，并时刻在运动与交互。不难想象，这种真意信息的运动，凡是有感觉功能的生命都有，起码不是人类所独有。

由上还可以看出，“意识为人类所独有”的观点，本质上是“意识只在大脑存在”和存在“囫囵”灵魂那些错误认知的延伸。正是那些不符合客观的认知相互支持，共同结成了网，障碍了对意识本质的挖掘。

总之，存在“囫囵”灵魂是一些延续下来的误识。

这些误识来自于意识有绝对自主性的错误认知：它先是让人相信意识全在大脑中，大脑中存在孤立的意识，进而相信有孤立的灵魂，然后就有了灵魂可囫囵成个地“转世”，也就有了转世后的游动之“灵魂”“野鬼”等一系列杜撰。也正是因为这个“囫囵”，一系列荒唐猜测泛滥不息：有人宣扬称出了灵魂准确的重量，有人恐于阴间的责怪而寝食难安，有人则囿于“自由”和“定数”的彷徨和卡顿而不思进取。灵魂说蒙蔽人们视野，甚至使一些苦苦求索的学者深陷由此渲染的迷雾。灵魂说事实上成了“人脑工程”研究的隐形绊索，又像一组巨型漩涡，对生命研究思路的误引至暗至深。

## 1.3　应该的路数

分析的目的在于找病根、寻出径，在于换“药方”、除沉疴，找到更优的方法组合。

### 1.3.1　对于道路问题

“单行线”走得不畅，为何不试试“双行线”？针对切片和精细难以撼动认知生命综合体的窘境，应增加反向推演路线。

“双行线”，即在“由底向顶”的线路基础上，增加“由顶向底”[1]的路线。其中，“由底向顶”是由微观向宏观、由分科知识和“片状”结果聚合起

[1] 刘銮，刘江燕，陈永强. Top-Down 设计在电子结构设计中的应用[C].//2005 机械电子学学术会议论文集：501-505(2006-07-17)[1999-06-12]. https://d.wanfangdata.com.cn/conference/6096699.

来解释综合性生命机制的路线；“由顶向底”是由生命总体、综合的宏观功能出发，分解、求导出微观存在的路线。“双行线”的目的是，以双向合围的方式向目标逼近。

鉴于“由底向顶”一直是主流干道，人们大多是这条方向的“老司机”，这里就不说“由底向顶”，专讲“由顶向底”。

“由顶向底”捋线索的提法，来自苏联先进的飞行器设计理念。它大致有着这样的表述：既然有总功能 $A$，就必然有组成 $A$ 功能的分功能 $a_1$、$a_2$、$a_3$……和各分功能之间的相互关系 $X_1(a_1-a_2)$、$X_2(a_2-a_3)$……要实现以上功能和联系，就必然有更次级的功能和功能联系……直到推导出最末端功能、功能组合和实现这些功能所需用的零部件、材料等。这种开始于某种总功能到最末端元件的设计实现，可最大限度地节省设计的用时、用材和试验周期。当设计理念的各个环节，最终得到旧的证据或可行性概率支持时，就能实现一件合乎设想功能的产品设计。这种以目标为引领得出素材(或得出需要做的实验)，而不是依赖先有素材(如先有实验数据)才可以有结果的思路，需贯彻先有功能后有结构、先有预期结果后有条件和数据的流程。相比“由底向顶”“垒积”策略的不如意和用海量数据综合起来找答案的繁琐，“由顶向底”更易走出最优化的路线。

### 1.“由顶向底”路线便于实现超前研究，辅助作用大

相对于“由底向顶”的聚合组装，“由顶向底”相当于由合到分的“反设计”，是从总体功能向具体功能，再到微观细节的不断推演和验证过程。“由顶向底”设计中大量应用“想定作业”(即用预想的情况进行推演)的形式，受时间和空间约束小，自由度高。由于在实施过程中，所构想出的内容，会得到已有科研成果和科学新发现的不断印证或校正，其路线的把握，既有着自由度的优势，又有着正确性的保障。

如果说“由底向顶”有着从内向外突破的意味，属于用事实证明构想，“由顶向底”则有着由外向内攻击的意味，属于用构想推导出现实；如果说“由底向顶”有从细切到综合之效，“由顶向底”则有从综合达到细切之功；如果将“由底向顶”看作“大部队”的行动，“由顶向底”则是一种“侦察兵”的作为，“由顶向底”试探出的结果，可为“由底向顶”的研究提供新的框架思路。两者结合，就形成了内外夹击、左右逢源的态势，应会加快生命研究目的的达成。

### 2.“由顶向底”路红囊括性强，有着特殊的“保真性”

与“由底向顶”分学科解析生命有很大不同的是，“由顶向底”是将“整体”分级“溶解”而得出部分，能使得出的最终、最小的因素也不失生命那种集物质、能量和信息于一体的综合性；它与排除小概率只采用大概率推导规律的思路相比，能把大小概率兼收并蓄，实现近乎无损的保真。

例如，“由顶向底”可以以不同层级和种类的功能团为目标进行概略性研究。人体内功能团层级和种类众多，加上功能团与人体的物质载体混合在一起，是非常难下手细分的综合性的“堆”。然而，“由顶向底”策略正是从找团与团、堆与堆的宏观关系入手推导出微观关系的，这避免了“由底向顶”那种先剔除“杂质”，再用加大分辨率的形式仔细观察，最终又不得不将各种杂物合进来，实现“先分后合”找规律的复杂流程。虽然“团”和“堆”中的包含物有种类、数量、比例及变化性都不详的情况，是名副其实的大杂烩。但“由顶向底”不怕这些，它能以“团”与“团”之间的关系为目标，实现对“轮廓”级联系的“粗提取”。这或许与现代科学的精确性要求格格不入，但因“由顶向底”有毫不抛弃和完全保留的特性，使其研究的内容更具“原汁原味”的客观性:“由顶向底”毫不避讳正现象与负现象、实场与虚场、物质与意识等那些既矛盾又复杂的事物，甚至那些观察仪器束手无策的感觉和情绪，也可被纳入其中做通盘考量。当“由顶向底”用这些大杂烩素材整理出团或堆间的规律和关系，并进一步找出形成那些大堆的可能的小堆是些什么时，就达成了它的目的，同时也避免了种种细分观察带来的信息遗漏。

### 3.“由顶向底路红”可绕过一些“战术”障碍，重点解决战略性问题

与“由底向顶”一下手就注重物质域的确定性、实在性和唯一性观念相比，“由顶向底”是暂且不讲求分辨率或暂且绕开数据的综合性解析路线。“由顶向底”可以跨分辨率的功能团为轮廓作问题的先导性探索，可容易地跳出分辨率带来的庞大数据桎梏，也能更容易达到先细分难以达到的精简和收敛。像功能团这样界限模糊的轮廓级对象，近似一组“白描”，其内并无具体的物，但观察者或研究者还是能知道代表了什么；轮廓既没有具体的质量和能量等指标，甚至不能进一步细察，却能够清晰地反映逻辑关系。因此，“由顶向底”探索路线可容易地跨越技术代沟，绕过数据和试验的束缚，更加直接地取得新的结论。“由顶向底”路线中的轮廓级分析，能把对复杂生命机制的“摸底”变成更加主动的“穿插”过程：用轮廓间的关系可找出对立各方的存在可能性、粗略方位，可优先确认生命问题中那些关键因素“在哪里”，而不是先知

道它们“长什么样”，从而更易掌握谜底的大致方向和概貌，避免了不知全貌的“盲人摸象”。

由此不难看出，“由顶向底”路线是一个揭示复杂机制由或然性向确定性逼近的设计过程，且有着为最终的数据化填充提供宏观框架的潜力。

现在，“由顶向底”路线已被一些敏锐的科学家所重视。

例如，关于“由顶向底”中的“粗提取”，清华大学两个合作团队发表的《一种类脑计算系统层次结构》[1]的主要作者张悠慧在接受记者(《科技日报》林莉君)采访时指出，为了从现有过多聚焦于应用和算法、忽略宏观抽象的局面中跳出来，“团队针对类脑计算特性——不像通用计算注重每一个计算过程的精确而更注重结果拟合，提出了对计算过程和精度约束更低的类脑计算完备性概念。”并说，据此设计的软件模型作用更强大。从实践角度证明了低精度粗提取策略的特殊价值。

“由顶向底”这种以粗提取为开端、先粗后细的探索路线不是随意而为，而是紧锁目标；不是远离科学，而是直抵客观。“由顶向底”可从更广泛视野和领域吸收有用线索和资源，这是认识和发掘生命本质的必要之选。

### 1.3.2 对于方法问题

“由顶向底”路线，其实包含着具体方法或要求。在“由顶向底”操作流程中通常需要遵循以下原则。

(1) 从不可分解的综合性上找上游源头。面对每一个小的生命性单元也有不分科特性或有不可分割的整体性，对分功能可能范围和属性的推测，要依照源头的综合性开始推导。例如，先找生命不能分科的综合性源头发生于什么。

(2) 以“功能集合”为框架，找框架级联系或交叉点。面对生命众多跨界的特性，放下以物质边界为依据的套路，改用以功能作为轮廓来定义关系和关系集合。例如，为找出感觉与抽象两种功能的跨界关系与综合关系，以信息涌现程度为功能轮廓，找出功能及形态间的共享和嵌套关系等。

(3) 以“生命中值”为核心坐标，找功能间联系的阈值临界。面对生命存在的稳态保护性和天然“中值”(见第 5.3 节)特性，以生命趋中机制所形成的自适应功能团为采信单元，粗筛信息，求导生命系统中信息联系的边界。

---

[1] ZHANG Y, QU P, JI Y, et al. A system hierarchy for brain-inspired computing[J]. Nature 2020 (586):378–384[2020-03-01].https://doi.org/10.1038/s41586-020-2782-y.

例如，从生命中值性的舒服是怎么来的为坐标，以舒服与痛苦的能量和信息活动为矛盾关系，以求导生命保持系统性“适中”和稳态的信息机制。

(4) 以“生命的目的性”为源头，向微观实现机制逐级摸索。以生命特有的求生自保、欲望驱动的“利益指向性”为指针，求导保障总利益和总欲求实现的相关细分部分和进程。求导素材应不限于严格的理化推理，还应包含不违背理化原理的宏观和中观表象，应不排除使用心理感受、社会环境和自然环境等要素，以满足由生命目的性带来的足够多的关联性。

(5) 兼收虚实和正负过程。为反映生命机制既矛盾又统一的特性，不仅要参考正过程，也要分析负进程和相对于正的负概念，为找出存在于生命中的正与逆、强与弱、虚与实等矛盾机制的“另一方”提供方便；应建立合理的正、逆机制功能团“周期表”，为找出生命从无到有、从虚到实、从宏观到微观的“周期律”提供方便；在建立元素级、模块级、对象级等虚拟对象的过程中，应进行不同层级的反复交叉比对，以提高结论的完备性和可信度。

以上方法中的谨慎性和开放性把握，只面向一个目的：让生命本质的发掘迫近真谛。

# 第 2 章

# 生命或如此萌发

**导读：**无论是生命从无到有的出现，还是智慧由低到高的发展，必然存在一个原始的质变因素，这个问题涉及生命研究的线索。那质变因素是什么，值得深问。本章按“由顶向底”路线设定的“从不可分解的综合性上找上游源头”之方法，阐述了“因应”有着物质、能量和信息的全面包含性和高度复合性的本真，就揭示生命源头和进化原理来说，“因应”有着其他事物不可替代的原始综合性，论述了生命在“因应”“生物惯性”等多重作用中得到了萌发。同时提示了在讨论中多次提到但没有细说的量子级因应机制等，在后面的生命现象形成中有着非常基础的作用。

一切变化都遵循“前有因、后有果”的因果律，生命的发生也不例外。

对于生命的起因，有众多说法。曾有一段时间，更多人认为生命起自于基因。但基因是物质结构，由基因开始的生命起源或者说“基因起源说”，本质上是由物到物的生成说。“基因起源说”是否忽视了外部能量等在生命由无向有跳变中的作用？还有没有其他更具包含性和普遍性的质变缘由？本章由此说起。

# 2.1 基因还不是生命最原始的动因

不仅有基础教材[1]和应用技术文本[2]等知识性资料载有一些从事一线研究的分子生物学家认为:“基因初步确定了生物独有的性状和个性以及和环境相互作用时所有的应激反应。”这句话，而且从事一线研究的分子生物学家也很大程度上认可这一观点其中“应激反应”一词，显然说的就是互动反应机制。这段话的意思则是，基因承载了生命如何互动反应的“全部信息”。因此，有人就坚定地指认基因是生命的“始祖”。然而，这种认识在逻辑上有问题，因为它违背了更顶级的规律——因果律。

试想一下，即便基因在生命形成中起着巨大作用，但它的作用终究只是内在作用，或只是物质构型变化导致的一连串变化所起的作用，难道除了物质之变，就没有其他因素也起着关键作用吗？答案是有，即外界能量和信息。基因之所以能够产生应激反应，终归有着外部的作用，外界能量和信息作用作为应激反应矛盾的另一方，不应被排除在生命产生的因果关系之外。

事实上，任何事物的表观和构型变化，其背后都存在着能量和秩序信息渐进积累的助推。基因作为一种物质构型，其产生和完善也离不开能量和微观秩序信息的变化而自变。即无论本代还是上代及无数上上代的基因信息决不会凭空而来，而是与外界互动中渐进演化而来，基因只是漫长的历史信息收集整理的结果，而不应是最初的因。也就是说，基因的进化，不仅有内部物质、能量和秩序信息在起作用，也有外部能量和信息的作用。

已经有消息在置疑基因的第一动因作用。

2017 年，一项被称为“改写生物课本”的科学发现[3]证实了基因的确不是第一动力。该发现指出，基因的激活与抑制运动由染色质的组装密度，即由 DNA 所处的外环境决定，不是之前所认为的基因运动由自身的高级结构所决定。从而以科学实证置疑了基因是生命第一动因，同时肯定了基因外环境对生命的变化和运动起着更先导的作用。

---

[1] 佚名. 拟核是一种环状 DNA 分子吗？[EB/OL]. 微页高考网：高中生物，(2020-05-22)[2021-06-01]. http://m.weiye.net/gaokao/101/101847.html.

[2] 谢江坤. 纳米修饰 DNA 电化学传感器及其对转基因植物产品特定序列的检测[D]. 山东：青岛科技大学，2008：1-3[2020-05-22]. https://d.wanfangdata.com.cn/thesis/ChJUaGVzaXNOZXdTMjAyMjA1MjYSCFkxNDAwMDA5Ggg1cWZ4N3I5cQ%3D%3D. DOI:10.7666/d.y1400009.

[3] OU, HORNG D, PHAN, et al. ChromEMT: Visualizing 3D chromat in structure and compaction in interphase and mitotic cells[J]. Science, 2017,357(Jul,28 TN.6349):370.DOI:10.1126/science.aag0025.

基因不能决定基因的运动，基因的运动是由包裹基因的稠密环境所决定的，这就很有意思了。因为基因的外部稠密环境 A 也终不能推动和决定自己，因为自己永动不符合能量守恒定律，它得由更外部的环境 B 决定，然后还有 C、D、E、F……慢着，总得有个边界——生命体的边界。依照这个逻辑，边界处的物质、能量和信息交换才是如上连锁变化的最初动因，请注意：边界并不是指主体，而是主体与客体之间的模糊地带。这同时说明了基因不能自产进化性信息，它也只是传递第一信号的导体或受体，只有那个边界，才是让生命这一系统持续运动的信源，即边界那里才是使宏观生命与基因之间不断循环运动的真正的因。

对于边界处的作用，德累斯顿工业大学生物物理学家 Stephan Grill 认为，活性物研究的进步需要处于物理学和生物学研究前沿的科学家的协同努力，“最终的宝藏位于交界处，但你不得不将这两个领域推向它们的极限。”[1]

以上讨论似乎不是在说生命起源，反倒像说现有生命的功能边界，或边界处的功能。没错，我们正是以现有生命机制为线索，并以逻辑的形式去发掘原理的，线索和逻辑的指向是：边界处的活动才是生命一切机制发生的初始源头，环境因素在其中起着主导性作用。

既然如此，那么就该给边界处的发生机制单独起个名字，并好好看看它是如何起到名副其实的作用吧。

## 2.2 最称职的源头是因应

事实常昭示，越是原始粗糙的，往往越是全价的。一种看似混沌不清、界限模糊、无有形之质，却包含物质性、能量性和信息性运动于一体的互动机制——因应，即是蕴含着万物生发之机。

### 2.2.1 因应是生命首发之端

生命起源之时，没有一丝生命迹象，只有某种相遇、互动。互动之处似有相互的边界，那是一个不能用有形的物质来描述的地方。为其包含物质、

[1] 宗华. 探寻生命的物理学[N/OL]. 中国科学报，2016-01-18(3)[2019-02-26]. https://news.sciencenet.cn/sbhtmlnews/2016/1/308491.shtm.

能量和信息这三类生命必有要素着想，为未来的肌体和意识都发端于这同一原始运动形式着想，为其关系着生命由低级向高级的发展进程着想，把边界处的互动机制称之为“因应”则再恰当不过了。

或许有人会说，“因应不就是感觉嘛！”否！那时还无生命呢，没有生命，哪来感觉？

或许还有人会说，“因应应等于‘反射弧’吧？反射弧不就是因应机制嘛，因应机制根本不是什么新东西呀！”这说得还是不对。因为反射弧和感觉几乎是一回事，它是宏观感觉或显感觉的原理或过程。反射弧是生命后来进化出的专门用于采集和反馈信息的功能或机制，它虽说是一种因应机制，但因应却不等同于反射弧。因应不仅包括发达的反射弧活动，还包含量子活动在内的更原始的信息机制，当然这种原始信息也是助推非神经互动反应或反射运动——基因运动的动力源泉。也就是说，因应所包含的信息机制更加原始。

从下面的分析中，我们将会看出，因应不仅是临界处从无到有的“新事物”的开端，是生命的第一决定，还是生命由低级到高级任一台阶的助力机制，它以无形之力持续推动着生命和意识的进化与觉醒。

### 2.2.2　关于因应的一些基本概念和问题

在谈因应概念之前需要说明的是，为顺利走好“由顶向底”路线，我们要先绕开“手永远接触不到手”那种单纯从能量角度考虑问题的思路。所谓“手永远接触不到手”，说的是在压不碎手外层的原子结构之前，手与手接触的永远只是手原子最外层的电子，而同性电子的相斥性使手与手相互间总存在一定距离，即手与手并未真正接触(说得并不错)。从该说法看，包括应激和因应在内的所有事物的相遇，其相遇方或因本身是基本粒子或因事物间有外层电子作用，都属于量子级的因应互动。但是，为了从综合的角度审视因应问题，这里暂且不单说量子的事，先说包含量子级运动并不仅限于量子级运动的综合性的因应是怎么回事。

#### 1. 什么是因应

工人一锤一锤地将钢钎揳入地下，每一次锤下的声爆和钎动都是因应。风吹旗飘、远山回响都是因应，因应无处不在。

因应是事物之间的相遇、相互作用过程，表现为物质和能量形式的相互改变。没有相遇和相互作用便没有因应。任何形式和规模的相遇和相互作用中总是包含着对立的双方，其中，“因”是事物相遇之前的临近双方，互为因，

“应”是相遇时的时空叠加状态，互为果；同时，相遇和参与的不限于单纯的双方，可能是物质、能量、反物质、反能量、熵、负熵……，或是它们的组合。

狭义上的因应，是包括刺激与反射在内的生命与内外环境的应激互动。

广义上的因应，是主体与客体之间能量、物质、信息的相遇与交感。

### 2. 因应的规模

因应的各方总是在一定空间中相遇，并由此导致各自空间的变化，且这种由相遇引起的空间变化具有局限性，即无论是纵向由小到大的变化，还是横向由近至远的变化，都具有一定的范围局限，此范围称为“因应的空域”。

因应各方的相遇总是在一定时间内发生，并改变着与时间相关的进程和节律，且这种由相遇引起的进程和节律变化具有局限性。我们将此范围称为“因应的时域”。

因应的空域和时域是因应的时空规模。

由于有时空规模，在一定时间段内可划分出因应的波次和强度，在一定空间范围内存在因应效应的积累。

### 3.“有生因应”与“无生因应”

从因应发生的主体方看，分为生物性因应，如眼睛对光线的反应等，和非生物性因应，如石头对光线的反应等。前者属于“有生因应”，后者属于“无生因应”，人的感觉属于“有生因应”。

特别是发生在人体这个巨系统中的“有生因应”，所包含的因应类型繁杂到难以计数。不仅存在皮肤与外物、胃与食物、肺与空气等生命宏观器官与客体之间的直接因应，而且存在生命内从宏观到微观之间各层级的因应，还存在生命体与引力、宇宙射线等跨距性的因应等。

### 4.“有感域”与“无感域”

在一定时域和空域内的“有生因应”，一部分可以被生命主观体察到，一部分则不能够被体察到。前者属于因应的“有感域”，后者属于因应的“无感域”。

特别是“无感域”的因应，虽然不能被生命的主观所察觉，但它在生命中的发生却比“有感域”的因应多得多，且它对生命的影响也同样至关重要。如人体与引力的因应，虽然主观觉察不到，但它却关系到生命深层的正常运行；人与核辐射或 X 射线的因应，虽处于“无感域”，却会导致生命单元的破坏或死亡。尤其是发生在人体中一种叫作“静”的无感因应，是一种现有仪器难以检测到的存在，却非常深刻地影响着生命进程。

### 5. 因应的复合性

每一波因应回合，常包含多相、多源、多态时空“因”的复合临近和“应”的复合感应过程。例如，即便是一次简单燃爆中存在的“无生因应”，也具有声、光、热、力、化学能的发出与承受方的复合互感；生命的“有生因应”则更复杂，在它持续的每一瞬间，都有各种生物物质、生物能量和生物信息的交互感应发生，即每一瞬间的因应几乎都是高度复合的。生命因应的复合性还表现为：可见的和不可见的复合，感觉到的和感觉不到的复合，直接作用和间接、跨距作用的复合等。所有这些，大多是综合在一起同时发生的。

同一因应包含多相态、多时态、多维联系的特性，构成了因应的复合性。

因应的复合性，本质上是事物变化中空间和时间上的连续性，这种连续性是形成生命活性的基础。因此，任何拆解或分别观察，都会不同程度地偏离生命活性这种复合性本真。

### 6. 因应概念似有的“缺陷”

因应概念容易被指责的地方可能很多，但被指责的也许正是它的客观性的本真，例如，说因应概念是模糊的。

事实上，因应的概念并不模糊，它真切反映了一种客观存在——“因应模糊”。

所谓“因应模糊”，是指因应中的主、客体及相互的时空环境变化大都是不确定的、无边界的、处于概率中的，但它却是一种本真。例如，量子力学中的波函数就有着不确定、无边界和概率的本征态。

也就是说，“因应模糊”不是它自身不应该模糊。如果说有错，则正是那对“因应模糊”这种原始性的指责。

需要申明的是，作为互动机制的因应并不是绝对的不确定或绝对模糊，它同时还包含着确定性的一面——“因应一定”。也就是说，模糊只表现于局域性中，即模糊是因为观察的空间范围还不够大，时间还不够长，对参与的因素和它们的分分合合不能彻底囊括等原因造成的。简而言之，模糊是因为对参与因应的诸要素不能全部搞清。如果把观察放大到宇宙全域，因应的所有要素或质量和能量总和又是一定的，即“因应一定”。

局域性模糊和广域性一定，使得因应这一概念有着全面的包含性。

尽管对因应属性有了如此多的解释，但复合性的因应与现有科学手段相遇，还是会使后者遇到难以“消化”的僵局。

1) 难以对因应实现彻底的数据化

科学要求将事物数据化，以便比对、分析和鉴别。

但是将生命的因应变为数据会遭遇极大困难。如对同样的声音和色彩，在不同动物的听觉和视觉中会有不同的感觉反应，如人可以看到丰富的颜色、老鼠则不能，即使都属于人类，对同样光源产生的色感也有或多或少的差别；在心理层面，同样的刺激引起的个体情绪反应也是不同的……这些现象本质上是由因应主体的个性化引起的。同一输入条件在不同物种、不同个体中有着不同的个性化反应说明了一个事实：“有生因应”更多存在于不同的感觉反应中，而不呈现在稳定的物理量中，也就是说，感觉这种因应目前还难以数据化。

生命中难以数据化的因素比起容易数据化的因素多得多。不难想象，由于生命与宇宙之间还存在着更深更广的因应联系，要想对生命方方面面的变化因素(如加上引力、辐射等因素)彻底数据化，就最终不得不对整个宇宙数据化，这将是不可能完成的任务。这似乎形成了一种难以破解的僵局。

2) 对因应的“硬性”数据化会形成失真

这里的失真，是指数据化过程的数据忽略、数据替代和数据缺失等缺陷会偏离生命本真。你会发现，这些失真“责任”都不在因应本身。

(1) 简约性数据忽略。在形成科学原理或函数关系的抽象过程中，会对事物进行分离、提纯、简约，只保留特定约束条件下事物的共性因素，忽略和筛除了大量不受特定条件约束的个性和偶然因素。例如，从有限的大概论现象总结归纳出一般性规律，就是排除和忽略特例的抽象过程；在通过有限样本、逼近手段、条件概率等形成简化模型的过程中，也大多事先带有了某种主观决定，得到的模型不同程度上偏离了客观事实，具有不完全真实性；现有仪器检测中的模数转换，也会把生命中很重要且常发生的弱指征忽略掉，如将静态或近静态常当作“零存在”，使最终的数据带有一定的虚假性。

(2) 替代性数据失真。例如，检测大脑的核磁共振，本意是观测大脑或意识功能的健全与否，间接方法是观测血液丰富度，进而用观测血流中的氢元素活动替代血流，结果观测大脑功能或意识问题变成了观测氢，其间的种种替代会使检测结果远离本真。

(3) 领域性数据缺失。例如，一般的观测会把感觉刺激、信号传导、意识活动等更多地归结于常规领域的神经信号、分子级化学信号等的变化，常忽略其中量子的、引力的等非常规领域的信息机制；通常会更注重反映生命中正作用现象，忽略掉其中的负强度、负熵等大量负领域的机制等。

事实上，那些被忽略、替代和缺失排除掉的、不起眼的“弱现象”和“特例”等并非无用，它们是本真的重要部分。特别是，从宇宙的遥远深处发出的那些引力类的扰动，弱到用常规手段难以检测，但发挥的作用却十分巨大和不可抗。

数据化过程中的这类技术性失真，使得向生命高仿真技术及破解生命奥秘的努力都大打折扣。

3) 现有的观念与因应概念存在深层矛盾

现有的认识论中还带有某种主观性。科学数据的主观化常引起哲学层面的讨论，如概率到底是客观的还是主观的？自2001年“量贝模型”发表以来，这一问题一直是频率派(频率概率 frequentist probability)和贝叶斯派(量子贝叶斯模型 quantum bayesianism，简称量贝模型 QBism)争论的焦点。人们在对“量贝模型”的评价中认为：虽然量子系统是客观存在的，但波函数是主观的[1]。这些疑惑透露出，在科学认识的顶级层面，还存在着主观与客观不相适应的状况。

以上讨论的目的不是要去科学化、去数据化，而是提醒我们在发掘生命规律时，要注意统合和平衡人为数据化与本真模糊性之间的矛盾，以使总体上做得更符合客观，或更科学些。

毋庸置疑的是，科学总会以其无穷的发现和创造能力，以不断逼近的方式逐渐化解以上现有的矛盾。正像薛定谔说过的：“今天的物理学和化学在解释这些事件时显示出的无能，绝不应成为怀疑它们原则上可以用这些学科来诠释的理由。”[2]

### 7. 因应概念的意义

无论以上僵局还存在多久，因应概念也应该建立。因为，它反映生命现象本真的意义无法替代。

(1) 因应具有无损的本真性。虽然不如数理模型那么泾渭分明，但因应这一概念保持了没有固定内容、成分和模式的“原汁”和大杂烩般的“原味”，堪称“无损”性概念。相比那些“纯”却“有损”的理想数据模型，因应更

---

[1] 张天蓉. 拿什么拯救你量子力学-浅谈量子贝叶斯[EB/OL]. 科学网，2017-05-10[2019-06-12]. https://blog.sciencenet.cn/blog-677221-1054026.html.

[2] 薛定谔. 生命是什么[M]. 罗来复，罗辽复，译. 长沙：湖南科学技术出版社，2020：4.

符合事物的本真。

(2) 因应具有广泛的涵盖性。作为跨越宏观到微观的、不拘层次的概念，因应可以表达任意多层的能量、物质交互和任意可知与不可知的组合，更符合客观生命的组态；它不拘泥于具体数量、质量等量纲，因而更具普遍性和包含性；它不拘泥于固定的具象，因而更能反映事物的多样性和实时性。

因此，建立因应概念，并未离开科学或与科学相对立，而是因应这一中观的、统合的、原始性的事实，在探索生命逻辑框架级、节点级关系，进而反映生命内在本质联系中，具有不可替代的作用。

因应，为多相生命的造就和完善，为多维智慧的丰富和宏达，为生命和意识的完美匹配，起着最原始的作用，有着最本质的贡献。

### 2.2.3 因应是缔造生命之“祖先”

因应发生于一切人为细分之前，在它之前不存在有生命现象的事物。所以它是最早的祖先性事物，是一切生命的起源。

#### 1. 生命在因应中创生

生命的最初，不是婴儿降生，不是受精卵(diploio)，也不是单倍体(haploio)的生殖细胞，甚至不是基因。生命的初始，远不属于这些经过漫长进化和逐渐昌盛以后的健全生命现象，而是刚刚越过生命与非生命临界处的生命端倪和苗头。

那种生命端倪即便简单至极，也必须具有以下基本性质：

(1) 它是一个主体。

(2) 它应环境所生，与环境互动，能利用环境有利因素，且适应了环境，能抗击环境破坏。

在从环境到跃迁为一个生命主体的过程中，必然存在物质和能量之间的相遇过程，即因应。因应创造了产生原始生物物质的稳定环境，该“原始环境”缔造了生物物质并为生物物质升级所必需的高级化因应提供了发展可能。生命就是在这种稳定与发展的循环中逐步完善进化的。因此可以说，因应创造了生命的原始征兆，是生命活性的原始动因，是一切生命现象的最早“祖先”。

#### 2. 生命在因应中升级

以上说到的“原始环境”先是在哪里存在？这涉及它“最初的地理位置”

问题，对此，人们有着很多思考。其中，主流观点分别是海相和陆相成因说。

现代生物学和进化论学对这两种成因各有着丰富的研究和推理。他们通过从海基或陆基化石和遗迹中搜集证据，得出了一些共性结论，勾画出了较为一致的路线：水、阳光、空气，含碳分子及矿物质是“原始环境”必备的条件，RNA 片段、氨基酸、蛋白质等大分子……是尔后发展的基本路线。但都不认为生命与非生命有严格界限，这反过来又影响了生命“原始环境”的准确定位。

即使这些根据化石和推理出的物质及路线都符合生命进化曾经的真实，但是人们还是开始意识到，至今的物质发现也许只获得了生命消息的一半，还有另一半真实消息，无法通过物质实验和化石挖掘来得到，那就是意识的形成进程是怎样的。而因应机制似乎能更容易地化解这一困难。

原理上，从简单因应到“有生因应”粗略涵盖以上有形生物质的发展路线，也大体囊括了无形意识的萌发与升级。特别是当用后面所介绍的量子级生物信息机制来反观因应的深层作用时，将不难发现，以上所说的“粗略”和“大体”会变得相当清晰与确定。

简单地说，生命的进化是从随机分布性的因应，到有一个中央操控系统(如意识)的演变过程。对此过程的认识，存在两种不同的主流观点：环境选择论和内在决定论。

环境选择进化论(创始人为达尔文)认为，生命进化来自大自然的选择能力，有大量考古发现和遗留物质支持这种决定论；内在决定论(其代表是拉马克)则认为，生物内部也同时存在进化动力，这些动力或能力，来自生命避险求生的欲望，一些生命现象也支持这种观点。

但是，贯穿两种决定论的进化动因——量子级信息因应机制(实际是熵机制)或量子级因应机制，将导致以上两种决定论融合。这种机制的核心是由因应和惯性引发了“造物运动”(见本书 5.2.3，以下均同)：包括“惯性裹挟”、阻尼、秩序涌现和秩序的进阶等。量子级因应机制的存在，既在一定程度上认可了内在决定论的正确性，也在很大程度上肯定了环境选择论的作用。

量子级因应机制将表明，生命是内外因应的产物，进化是内外兼修的旅程。

量子级因应机制还将说明，意识的形成，是伴随有形物质进程同步进行的量子级因应的无形进程，该进程虽然无形不可见，但是它与有形可见的物质进程同样重要。如果说物质决定着生命的“有”，量子级因应机制则决定着生命的“活”。

生命的“有”和“活”的发生学包含很多，如果在后面的讨论中留意因应或量子级因应机制这一线索，将会发现它既是有形的生命肌体产生与升级的动力，也是无形的意识、情绪等生成与进化的来源。

## 2.3 然后是“生物惯性”

因应复合而多能，是不是仅凭一些物质间的因应互动就能直接产生生命？那可就让原始的生命也发笑了，那不等同于有些人宣扬的加入一些物质并赋以足够的比例成分然后一直搅拌和晃荡就可以产生生命了？不，生命的诞生远没如此简单。

虽然因应一直是生命成长的无形伴侣，也是生命的第一动因，但它并不能直接造出生命。它最不可替代的功劳，是在原始阶段助推起了一种联动机制——“生物惯性”。

“生物惯性”是一个非常“有料”的矛盾进程，没有这种惯性就没有生命现象的衔接和持续。善与恶、情与欲，一切欲罢不能和上瘾的源头，也都与“生物惯性”息息相关。

### 2.3.1 “生物惯性”及特性

首先需要声明的是，我们在讨论惯性问题或提到惯性概念时，并不怀有重新定义和解释普通物理学上的惯性概念的意图，更不去追逐与普通惯性运动相关的具体质量、速度、加速度、力，及动量公式等细节，而是生命活动因与之有所联系所不得不做的提及。也就是说，想要关注和弄清的是以上这些东西外在的特殊性——惯性作用“表象”，只有刨去或撇开那些细节，仅用它的“壳”，才能进一步表述与这种“表象”相关的框架级联系和规律。正是基于此，也还是暂且不谈“生物惯性”中实际包含的量子运动及其主量子数、角量子数等量子的本征和本征间关系等细节。

#### 1. 纯的与不纯的惯性运动

相对于现实世界中的复杂运动，物理学中的惯性，属于纯的“简单惯性”。物理学认为惯性运动是在不受外力的情况下，物体保持静止和匀速直线运动，或是当作用在物体上的外力不为零时，惯性表现为外力改变物体运动状态的难易程度。在此，可将这种物理学上描述的惯性称之为“理想态惯性”或“纯惯性”。“纯惯性”是非消耗性惯性，是“永远”不受外来因素干扰的非抵抗性惯性。

但是，在现实世界中，这种纯惯性运动是几乎看不到的，大量看到的，是被各种阻尼所阻止而逐渐慢下来或改变运动状态的情形。

“不纯惯性”运动过程，是物质运动克服阻尼做功的过程，也是惯性与阻尼结合的过程，有时是多种惯性和多种阻尼在相互损益中融合的过程。不纯惯性运动有时看起来也像纯惯性运动那样，有着保持静止和均匀运动的表现，但实质上，它们只是多种惯性和阻尼相互作用的平衡态或算术叠加运动，是多种惯性向量融合的、时刻都有外来能量补偿的复杂惯性系或“不纯惯性”。因此，这里所谓的“不纯惯性”，其实是假的惯性，是被视觉误识的“表观惯性”。

我们正是看中了这一克服各种因素后，仍能保持表观惯性样的“惯性”。事实上，“表观惯性”只用了物理惯性的名头和表观现象。以下提到的惯性，除非特意表明是物理惯性，基本说的都是这种“表观惯性”。

### 2. 生物惯性

有一种运动很特别，它以生物钟为节律，以欲望或目的为指向，以大量不纯的多级惯性运动为动力，通过吸收能量，克服无数环节的阻尼做功，表现出有限抵抗自然的能力，保持总的目标指向基本不变的“惯性”表征。

由以上“惯性”助推形成的生命系统的特点是：越是微观，越具有顺应自然的表现，呈现为纯的简单的物理运动，如固定肌细胞反应、细胞膜离子交换等；越是宏观，越具有反自然的表现，表现为其运动轨迹具有欲望和目的的指向性，如跑步运动、心理活动、科学探索等。这种惯性既可以通过基因编码来继承，也应可通过编码之外的基因外在多级结构的折叠形式上得到继承。后一种继承作为对生命表观性状的继承，其机制在2018年《细胞》杂志发表《亚核小体基因组结构揭示了不同的核小体折叠基序》[1]一文中，通过阐述亚核小体结构的折叠方式、位置、方向、距离等秩序与表观遗传学有对应的关系，给予了潜在说明。

---

[1] OHNO M, ANDO T, PRIEST D G, et al. Sub-nucleosomal Genome Structure Reveals Distinct Nucleosome Folding Motifs[J]. Cell, 2019,176(3): 412-413[2021-07-11]. https://doi.org/10.1016/j.cell.2018.12.014.

总之，由于这种惯性及其引起的情形只有在生命系统中才能发生，故将其称之为“生物惯性”(一种集合概念)或生物惯性运动。

“生物惯性”运动相比自然的物理惯性运动复杂得多，属于“复杂惯性”。

### 3. 支撑“生物惯性”的两个必然机制

生物特质的存在和保持，必须依赖于相关机制的支持，其中最主要的是“阻尼克服”和“惯性裹挟”。

1) 生物要实现“弹性恢复”必然存在“阻尼克服”

生物的惯性运动随时会受到各种阻挠和干扰，本书特将其称之为“生物阻尼”(见本书2.4)。“生物阻尼”作为对“生物惯性”的抑制因素在生命域是普遍存在的。

“生物惯性”要得到持续和继承，必须克服“生物阻尼”。这一克服的过程可称之为“生物阻尼克服”，简称“阻尼克服”。生物运动就是从不断承受阻尼、实现“阻尼克服”达到生物惯性持续的过程。这一过程在宏观上表现为生命的不断持续和组织的“弹性恢复”。

“阻尼克服”是需要消耗额外能量的，所以，生命要实现“阻尼克服”的可持续性，就要不断地进行能量补充。

克服阻尼进行能量补充后的生物运动看起来像是保持了均匀的“一直往前”的惯性，实际上，生物运动初始包含的那些物理惯性并没得到保持，而是被各种阻尼和“弹性恢复”能量“消化”掉了。终期运动着的生命早已不同于初始的惯性组合，它已变成了全新的惯性系(即此时的它已不是过去的它)。

在“它不是原先的它”的进程中，以上被“消化”掉的、先前惯性运动所“包含”的那些物理惯性，其实并没有被消灭，而是以新的形式被分散继承到另一些新惯性运动中去了。惯性的分散继承形成了而后各种各样的因果关系，这一过程完全遵守了质能守恒定律。

为什么生命成了全新的惯性系，它的宏观或者说宏观生物惯性运动却表现出前后如此相同和一致的状态呢？这是因为生物的惯性继承和“阻尼克服”的矛盾斗争发生于不可见的微观层面。

尽管微观层面的斗争和变化非常激烈，但该层面的运动难以一下积累并体现到宏观的可视层，这使宏观生命短期内看上去没有大的改观；另一个使宏观生命没有发生大的变化的是，中间物质层面的“阻止”作用。如基因作为遗传记忆(即生物惯性)的物质承载者，它的保守性会阻止量子层面的不规则运动擅自对其性状的改变。在这种阻止作用中，基因等大分子物质暗暗地与量子层面的能量运动有着重要的交互或“较量”，在生命深层实现着“阻尼克服”。问题是，这些作用都是难以观察到的。

尽管生命中的“阻尼克服”隐性存在，但它们却能以多种形式维护着生命各个层面的组织结构，助力着生命的“弹性恢复”。

由上阐述可以看出，生命宏观的“弹性恢复”就是微观的“阻尼克服”的作用过程。“阻尼克服”在隐性中发生，惯性恢复在不同宏观层面显现，离开了“阻尼克服”，生命的“弹性恢复”不会存在。即“阻尼克服”是“生物惯性”能够持续的必要条件。

2) 生物要实现“阻尼克服”必然存在“惯性裹挟”

以上议论中，谈到了“生物惯性”的保持过程存在能量补充，事实上，“生物惯性”的保持过程不仅存在能量的补充，也同时存在物质补充。这是因为阻尼被克服的同时，承载阻尼的物质会受到“惯性改造”而加入新惯性运动行列，形成“惯性裹挟”，使惯性运动的物质规模不断增大，就像山坡上的草屑阻挡不住山上滚下来的巨大雪球反而被雪球劫走一样。特别是受到持续能量补充的旋转运动，越是中心附近的物质，越受“惯性改造”和“惯性裹挟”的影响，从而形成物质的附加积累。这种由“惯性改造”和“惯性裹挟”引起的能量和物质积聚现象可称之为“惯性吸纳效应”，简称“吸纳效应”。

“吸纳效应”不仅使物质因积累而扩大规模、产生“成长”，而且还是产生包括生命在内的复杂结构的原始动力。

“吸纳效应”的“成长性”得到科学观察的支持。例如，美国科学家在对纳米粒子的动力性观察中发现，给予纳米粒子以简单的惯性动力，就可以形成类生命现象。《科技日报》在援引美国密歇根大学化学工程、材料科学和工程教授莎朗·格洛特兹(Sharon grotz)领导的这项研究中还说：在解决纳米粒子自我组装时发现，如果粒子边朝一个方向移动，边获得能量，它们就会相互影响，形成群体，且旋转起来的粒子会自我组装。[1]很明显，这是一个“吸纳效应”，实现了物质从无序到有序的“自组装”。

以上有能量持续支持的“吸纳效应”可归纳为如下流程：惯性运动—遭遇阻尼—持续能量补充—阻尼受到惯性改造—惯性裹挟—事物在“惯性裹挟”中得到生长。

可以看出，“阻尼克服”导致了“惯性裹挟”，为生命的产生奠定了物质

[1] 佚名. 自旋纳米粒子会自组装成“活着的晶体”[J]. 光学精密机械，2014(1)：9-10.

和能量基础，是生命成因的原始模型。在后面的解读中将会看到，它们也是生命欲望、习惯等的生成模型。

#### 4. 生物性“裹联”与“解裹”

就像将线织成网或缠成团，然后将其松开、散去，这种缠与散的过程在生命中有着类似的发生。

“生物惯性”形成初期，其内在诸事物关联较弱，随着惯性运动的持续，“惯性裹挟”作用会日益显著。习惯性生物化学反应流程会在不断重复中得到深化，表现为惯性系内的物质、能量不断积累，其内部事物的联系会逐渐增强，最终会达到系统性的强关联。由“惯性裹挟”形成的系统性强关联现象数不胜数，有习性的形成，如癖好、成瘾等痼癖习惯的形成；有世界观的形成，如信仰执着、意志强化；有生命和社会形态的形成，如特殊思想和行为的生命、特殊的社会形态等。本质上，当下种种面目的人和种种社会现象，都是由“生物惯性裹挟”引起的强关联现象的产物，这种强关联现象可简称为“生物性裹联”或“裹联”。“裹联”现象在生命域是普遍存在的。

显然，生物性“裹联”所形成的现象不全是有利的。如果发现自身、他人或社会被某种坏习惯带入了不良的惯性，进入了强关联的“裹联”进程，要想改变，就需要从脱离和中止这种习惯开始做起，甚至要与原先的习惯作逆向操作，否则一切努力将都难以达成。这种脱离或逆进程，称之为“解裹”。

“解裹”类似于脱瘾，需要耗费巨大努力。神经学家马克·李维斯(Marc Lewis)说，成瘾是一种病态的学习模式，通过病态学习，大脑中与爱、性、进食相关的区域发生了不可控制的变化，为此他还提供了其所谓的上瘾学习模型。[1]这一上瘾模型显然也是“生物性裹联”模型，而“解裹”或脱瘾就是要从李维斯说的这种病态、上瘾的学习模型中解脱出来，解脱过程不仅需要反向的心理与行为，还需要近乎“病态”的执着与坚持。

#### 5.“惯性裹挟”造就欲望

人没有欲望，就没有任何对生的需求，就不存在获取生存的条件和资源的动因；同时，人没有欲望，就没有对死的任何恐惧，生命就不会在危险面前发生躲避，更不会为延续生命做出任何努力。可以说，没有欲望就没有生命延续，自私的欲望是生命存在和自我升级的原始动因，是欲望催发了生命

---

[1] 林落. 上瘾是不是病？[J]. 科学新闻，2017(12)：40-41[2020-01-15].http://qikan.cqvip.com/Qikan/Article/Detail?id=674324098.DOI:CNKI:SUN:KXXE.0.2017-12-015.

和社会的生机。

然而，欲望又是如何形成的呢？

种种情况表明，欲望作为一种原始需求，并非来自自由意志，而来自客观惯性的衍生，是“惯性裹挟”造就了欲望。

1) 惯性中的“归位势能”是欲望的原始动力

在陀螺的惯性运动中，沿着陀螺旋转惯性的轴向存在离心力和向心力的对立斗争，离心力的脱位势能总是受到“归位”势能的约束，两种势能斗争的均衡，产生或保护着陀螺旋转惯性轴的稳定。与此类似，维护生命自身稳定的欲望指向，也在归位与离心势能的斗争产生，在欲望指向的形成中，主观意愿微不足道。

在生命活动的不同范畴和环节中，“归位”性约束非常普遍。例如，生物组织在做功后电位反极化了，在细胞内外离子活动及库仑力作用下，就又会形成极化的“归位”势能；肌体运动量加速，耗水、耗能和耗氧量超过了一定阈值，就会产生口渴、饥饿、加大供氧等回归需求；宏观上，当世界物质耗费加速，造成了环境破坏和“温室效应”等，整个人类社会性就会产生“回归”调整的欲求……由此可以看出，种种看起来有着“自主性”和“主观性”的调节，都可溯源至“生物惯性”系的离心与回归。

这里所说的离心与回归又分别对应着阻尼和“阻尼克服”，或惯性的“裹挟”与“解裹”。可以说，从简单生物功能到复杂生命功能的形成，从个体的运动到社会运动，其实都是一系列“阻尼克服”和“惯性裹挟”所支撑的生物惯性系维持过程。

由上可以看出，“生物惯性”是造就一切需求和欲望的客观动因。惯性造就了欲望，欲望又催生了主观意识。

2)“惯性裹挟”增强和扩大欲望

某种强大的“惯性裹挟”一旦形成，它就像从山顶滚动而下的巨石，势不可当。附着其上的物质和它们所关联的能量就被一同裹挟顺势而下，显示出一种对其他相关事物的“主导”；被这种惯性势力所挤走、压垮的生物和草木，激起的尘暴、轰鸣和飞鸟，则呈现出对这种“主导”的被动性回应和联动。

“惯性裹挟”能量越大，被裹挟的内容和方面就越多，联动的链条和形式就越长和越复杂多样。对于生命，裹挟内容的扩大、链条的拉长、联动形式的多样化过程，就关联着欲望增强。

在此过程中，与之相关的特有化学反应会发生，化学反应过程会衍生特别的物质和酶；某些特有物质的运动，又会催生特有的感觉和感觉系统，进而生成特有的注意爱好和个性化的逻辑思维……最终“惯性裹挟”导致了众多有特殊欲望的生物惯性体系的形成。

特别是，惯性的感觉、注意和逻辑思维模式会强化高级的社会性欲望。高级的欲望会把持对事物对错的判断，会根据惯性欲望的期待和趋势去取舍，取舍中会遭遇各种阻尼并与其斗争，斗争的难易会衍生出种种个体情绪和社会情绪……

事实上，生命过程中的吃喝拉撒睡、喜怒哀乐愁，都与惯性欲望运动及其取舍难易度相关。生命那些看似自主性的、有秩序的调控与反馈，其实都产自于“惯性裹挟”的强力压榨和驱使。换句话说，“惯性裹挟”的动能挟持和延续了欲望，赋予了欲望的指向和目标，是种种欲望的顶层“意志”和上级，为欲望的增强提供着滔滔不绝的力量。

3) 生物惯性运动的“自建性”为欲望提供反叛自然的动力

石头总是向下滚的，而人却能够逆势往山顶上搬东西。

生命和欲望总表现出对自然进程的反叛，是谁赋予了这种反叛的能力和特性？根源还是生物惯性力量的做功。

欲望对自然最大的反叛是，每条生命都反抗自然对它的消耗和由此带来的死亡。如果说所有这类反叛都是主观的，那么没有意识的原始生命呢？它们是怎么“知道”恐惧和不甘死亡的？如果说原始生命也有恐惧这种高级情感，那就很不符合现代生物学从化石链物证中读取的消息了：生物由低等到高等进化的顺序证明，早期的原始生命，如生物大分子、海藻、三叶虫等，没有情感。

有一种机制似乎能更合理地解释生命反叛能力的来源。这种机制是由“惯性裹挟”引起的“向心自建性”，简称“自建性”，这种“自建性”应该是“自私”倾向的来源，或是原始的自私。因为，“惯性裹挟”使惯性系拥有向自身增加能量、扩大自身物质规模的自建能力，它能使系统处于“自建性”大于“自毁性”的状态。

“惯性裹挟”可从两方面为生命生长发育提供“自建性”。一种是通过基因携带的上代自建的程序性生物惯性势力，产生“遗传性自建”；一种是本代在环境互动进程中的刺激与反射产生的“获得性自建”。

在“遗传性自建”中，生命总能依靠遗传信息作用，以“反相机制”(见本书 5.3.2)对种种刺激实现本能性的反应，且这种反应总是体现出对环境的反相性质的反叛。生命几乎能在它的各个层次和环节发生反相反叛：如遇冷会产生生物热与之反叛(反冷)；遇热它会加速热代谢与之反叛(反热)；还有疼与反疼(如施放内啡肽)、感染与反感染(免疫反射)等。这些都是生命在使用遗传“反相机制”来实现生命系统的稳定和“自建性”。

“获得性自建”则有另一种情形：当生命与外界因应遇到超过原有能量和物质供应能力时，它会加大对能量和物质的调用而新增一些物质和能力。如皮肤经过强刺激后会长出厚厚的老茧；有人通过超强锻炼可把脖子或韧带拉得很长；有的经超强用脑会新生更多脑神经变得更聪明等，这些都是“获得性自建”推动的物质和功能变化。

可以说，整个生命是“遗传性”和“获得性”两种“自建性”行为的建构体。

总之，生命和欲望对自然的反叛来自“惯性裹挟”的“自建性”。

### 2.3.2　生物惯性决定生命总进程

画家会乐于审视色彩和结构搭配，小偷的眼睛喜欢盯着别人的钱包，这些都不是他们的偶然之想。

人们对某种事物的格外喜欢或不喜欢，或者对某种事情的特别不耐烦，都是思维习惯和行为习惯造成的。特有的习惯形成特有的性格，性格和意识均由“生物惯性”产生。

先是惯性生成了原始的生物质，进一步因其“生物惯性”运动，孕育并产生了生命这一巨大系统和它的意识现象，最终，意识活动又引导生命自身开展了反抗自然的社会生产活动和科学创造等，实现了一个大的循环。那么，是否具有了“生物惯性”运动对生命和意识的奇妙塑造，生命就不受环境影响而顾自自由运动了呢？显然不能！

正像河流中的逆流，生命只能用宇宙赐予并储存的有限能量，发挥局域的、短暂的反叛作用，却不能脱离宇宙大势的终极约束。在质能守恒定律的作用下，生命反叛和偏离自然越多，自然给予回弹的压力越大。尤其是远距离的宇宙能量巨大而影响深刻，是最具决定性的力量。

著名物理学家马赫认为，“惯性来源于物体与宇宙其余部分的相互作用，不仅关系质量运动”。他暗示，来自生命本体之外的“宇宙其余部分”比起本体那点反叛作用大无数倍。

那无数倍的能量会按时间进程依次逐渐抵达，持续影响生命的总进程及生命周围的一切，最终，一切将服从那些先后到达能量的约束。

例如，对一个生命旅程形成影响的有：过去作用过的能量、正在因应着的能量和尚未来到的能量。尤其是那些尚未来到的宇宙背景能量，如天体演变形成的量子辐射、引力作用等，它们以光速疾驰，早已行驶在路上，且一定会按它发出能量的大小，次第到来。一切局域存在的事物，必然会屈服于那些宏观宇宙能量的盛威。“人法地，地法天，天法道，道法自然”(老子《道德经》第二十五章)，宇宙惯性之道终不可违。

纵观过去、现在和未来，所有的变化都受控于整个宏观宇宙的掌控；所有现象，都是宏观宇宙整体惯性运动的一个片段。宇宙的总惯性运动决定着包括生命在内所有局部事物的分惯性进程。

## 2.4 当然少不了“生物阻尼”

前面谈到的“生物惯性”，其实已包含了阻尼在其中的作用。之所以再作提及，在于更清晰地看清生命原始成因的概貌。

一般认为，阻尼是本体受到的物质和能量的阻抗、排斥，或者是“阻碍物体的相对运动，并把运动能量转化为热能或者其他可以耗散能量的一种内耗作用”。[1]在消耗动能的过程中，阻尼使汹涌的惯性分化为大小不一的漩涡和“湍流”，把惯性能量通过阻尼的黏滞转化为热能。

然而，本节同前面一样，也还是不讨论“阻尼”内在的包括量子机制的物理细节，只是从综合角度谈阻尼问题，还是只借用阻尼的名头或“壳”以做探讨框架级联系之用。故此处的概念，也不同于物理学上的阻力或阻尼概念，只将其作为“生物惯性”的总“对头”来认识，特指对“生物惯性”不断阻止、抵消和化解的那些生物过程或阻碍势力的总称，称之为“生物阻尼”(这是一个集合概念)。简言之，“生物阻尼”是反“生物惯性”力量。

怎么概略地表述一下阻尼和“生物阻尼”的作用呢？

如果说物理的惯性是宇宙本体的本性，那么物理的阻尼就是通过反作用对本体之用。事实上，包括电灯、雷达、太阳能板等在内的种种有用性无一不是通过阻尼反抗惯性和消耗能量转换成的作用。阻尼作为能的使用方，所呈现出的某一种阻尼形式，必然对应着对某种能的特定方式的“利用”。与物理性阻尼作用类似，“生物阻尼”也是通过与“生物惯性”斗争及对能量的消

[1] 卢小青，王志伟，姜涛. 制振合金材料在核电站运用[J]. 科技创新与应用，2017(11)：9.

耗和利用产生了生命的种种功能。

生物阻尼非常特殊，它不仅有着对多种能的消耗和“利用”，其与生物惯性的对立斗争还引起了一些更重要现象的发生。

### 2.4.1 “生物阻尼”的基本特性

“生物阻尼”现象在生命内部和生命周围是广泛存在的。“生物阻尼”作为“生物惯性”的制约方，无论是在生命的宏观层面还是微观层面都存在着其与惯性之间的对立，表现出冲突与反冲突、渗透与反渗透、极化与反极化、发散与反发散等不同形式的矛盾。可以说，凡是有“生物惯性”运动的地方就一定有着同样普遍的“生物阻尼”存在；同时，作为阻止“生物惯性”持续性的因素，阻尼的作用形式包括直接接触的作用、不直接接触的作用(如宇宙射线和引力等因素)等，显示出阻尼对“生物惯性”具有全方位的对立作用。

宏观阻尼是微观阻尼的积累。一切宏观阻尼所形成的物质和能量关系，都是由无数微观阻尼运动积累形成的。如果没有微观阻尼的支撑，从宏观到微观的物质体系就因失去相互制约而坍塌。

阻尼的本质是量子化的制约关系。各层次对立、制约关系中的微观阻尼是由基本粒子电动势积累形成的。因此，所有阻尼现象本质上都是量子级的比较电动势，即量子级阻尼。由微观量子级运动形成的集团性质的量子级阻尼，属于宏观的量子阻尼。宏观阻尼因能影响物质运动和影响事物的结构，具有少数微观量子所不能实现的对宏观生命物质的组织性。

### 2.4.2 生命及周围事物都是因应、阻尼和惯性的综合运动

生命受周围能量运动的制约和支配，形成了生命特有的惯性系，进而，生命又以自身的生物惯性与外界的自然运动惯性做着不懈的抗争。如在与环境互动中形成并载有特有生物惯性的生命为了维持其体温的稳定又会与自然界四季交替温度变化进行不懈的抗争。在这种斗争中，生命的惯性通过反叛自然又转化了角色，变成了事实上的大自然运动的阻尼。由此可见“生命—自然”系统，已成为多种规模、多种能量转化形式，以及生物惯性与生物阻尼交织与转换的复杂“惯性—阻尼”系组合。

直到现在，该不难发现，前面所谓的因应、生物惯性和阻尼，都是框架，是些放了太多已知、未知和不确定性事物的“容器”，而这些框架或“容器”，

本身也边界模糊，是没有具象的概念性事物。相比分科的“纯”的分析，它们整个及从里往外是多么的综合与不纯。

仔细审视，这些不纯的“容器”曾在众多学科中，经历了无数遍的“切割”“抽取”“分离”，变成了一些确定性的，有具象的事物。例如，当因应被神经医学抽取，会形成具象明显的刺激和反射、兴奋与抑制、传导与反馈等概念；被生物化学和分子生物学抽取，会是受体与抗体、促进与拮抗、甲基化与去甲基化、转录与转录阻断等的关系。

如果再仔细一点，我们还会发现这样的情形：被片状抽取前模糊的“母体”概念包括或涵盖了抽取后全部清晰的子体，如刺激、反射、传导、兴奋、抑制等，但抽取后的子体却不能完全组合出被抽取前的“母体”本真。子体总是在涵盖性上或多或少地欠缺一点，这意味着，分割抽取后的部分难以还原成原始的模糊性的综合。事实上，也正因原始的模糊和不纯，及不纯间的合作运动，才形成了综合的原始生命。

总之，生命在包含量子机制的复合性的因应、生物惯性和阻尼等集合要素的算术叠加、交织运动中得到了发生。

# 第 3 章
# 光量子信息将节奏和时间载入生命

**导读**：时间感是不是一种幻觉？光与时间感有什么关系？这些疑问涉及时间感是怎么来的等问题。本章通过阐述光与生物节奏、心理时间及物理时间等的关系，揭示出一个隐藏较深的秘密：随着时间精度的不断增加，时间的性质会发生质的改变，甚至会断绝与地球和生命节律的“血缘关系”！而这一切改变，是从量子级的自然光对生命节奏的赋予，到人类对光量子性质的认知和利用过程中逐步发生的。

生命在时间中诞生，在与环境因应中刻上时间印记，成为了时间的产物和载体。

生物节奏(或节律)是生命最早的时间功能，它决定着原始生命的兴奋与抑制、生长与休眠。生物节奏又衍生出了时间感。生命节奏的功能和时间感无形中支撑着生命的活动与取向，支持着记忆的清晰和逻辑的条理性……生物节奏与时间感，既是诞生生理时间、心理时间、物理时间等时间家族成员的“母体”，也是助推生命形式由低级向高级过渡的重要源泉。

也就是说，生物节奏与时间感既关系着生命觉醒的过程，也反映着时间与生命的本质，若对其缺乏清晰认知，就难以理清生命进化的脉络。这意味着，认为时间是人类特有幻觉的说法，其实在扰乱着人们对与时间密不可分的生命本质的挖掘。

对于生命的溯源，时间感很重要，生物节奏更原始，为此，我们不得不从生物节奏的形成开始捋捋头绪，并对尔后的时间感及其衍生情况做些大致分析。

## 3.1 生命机器的授时系统——环境光照节奏

生命陀螺一旦启动，其生物惯性便会带来无休止的欲望，世界由此热闹非凡。惯性作为动因，让生命产生并持续运转。然而，新的疑问又由此衍生：既然惯性可以为生命活力提供源源不断的支持，可为什么生命活力时强时弱，早晨和晚上有很大不同？生命的生物惯性运动为什么变得忽快忽慢、断断续续、强弱不一？这种节奏属于什么性质的事物？它又是怎么形成的呢？

不难发现，快慢不同、一张一弛的节奏存在于任何生命的活动过程中，任何生命都具有一定的节奏。常识告诉我们，在质能守恒的宇宙环境中，生命的节奏决不会无缘无故发生。大量的观察和实验表明，生物节奏与环境的自然能量节奏密切相关，生物节奏的规律性来自外界有规律能量的促动，是自然节奏促生了生物节奏。

## 3.2 先是自然光助推了“生长节奏”的产生

阳光对真核生物藻类这种最简单原始的生命的生长具有决定作用，藻类通过直接接收光能或借助水体对光能强吸收后的增温得以生长。阳光充足藻类长得快，不足则长得慢，这是最原始的生长节奏。

从藻类到复杂些的植物，其生长节奏一直与光照节奏正相关。它们都是以接受光能为前提，然后在水和空气的协同下完成捕碳光合作用，实现物理能向生物能的转化，分子生物学称之为“卡尔文循环”，催生有机物如糖、蛋白和基因等的生发。这种由光能带来的受益性，使具有光合作用的植物和微生物有了跟随光能强弱的周期反应，从而使生命产生了与日照周期合拍的生长节奏。

这就是说，生长节奏及其节奏的物质载体都是生物在与特定自然环境节奏(如地球自转周期)的因应中形成的节奏衍生物。或者说，该衍生物是某种生物质与某种物理能量节奏长期“合拍互动”的生物惯性保持和记忆，可简称为“合拍衍生”。说得简洁一点，“合拍衍生”是一种特有环境能量律动在生物质中的等效反映。

“合拍衍生”机制告诉我们，地球光照变化在促成生长节奏产生中起着头号动因的作用，自然节奏孕育生长节奏。“合拍衍生”机制作为一种规律还提示我们，不同物理节律中的生命，其生长节奏一定有所不同。生长节奏只是生物对某种自然节律的响应性“而已”，这种响应没有固定模式，与人们印象中永远均匀流动的“绝对时间”相去甚远。

## 3.3　生理时间和生物钟亦在有规律的光照中发生

光照变化的强烈周期性一直对生命的节奏有着重大影响，且助生了生理时间。

对于后期产生的动物来说，光作为量子级信息比起其他形式的信息能更快地反馈决定存亡的利弊(如远处的食物和危险)，它可在更大程度上决定大自然对后代生命的优胜劣汰选择。与此相适应，生命中与光照强度变化相关的生物节奏物质、光敏性细胞和生理功能会得到优先发育，以光的捕捉与图像识别为目标的视椎细胞及视觉将得以诞生与进化。同时，与获取太阳能为主的动物体内代谢和出没觅食习惯等复杂生理节律得以产生和“定型”。

所谓“定型”，是指虽然一些连续不见日光的日子会对动物已有的生理节律产生暂时的影响，但是，因这种情况占比不大，有规律的日照占着主流，那些受到更长期正常日照节律训练所建立的稳定联系，超越了短时间的影响，仍保持了与原先地球运行规律“合拍”的稳定习性，仍能按“日—地”运转规律启动其生理节律和相关活动。如雄鸡会按时报晓，各类动物会如期饥饿、觅食、疲劳、睡眠和苏醒。这些习性使动物们在残酷的环境中能得到更好的生存和传承。因“合拍”而得到保留和传承的，不仅有表观上宏观的生命体，也有其内在微观的生化反应流程及节律性的物质载体，如节律细胞和载有节律的基因片段等，还有与地球自转“合拍”的有规律行为和习性，这些保留和传承都在不断强化生命的生理节律。

生理节律对各种生命现象有着广泛的作用。不仅生命体的睡眠、苏醒、心率、月经、内分泌周期等受生理节律的支配，而且，对于某种动物，其细胞成长和运动的速度、感觉和反应的速度等，也都受生理节律的支配。由生理节律支配的反应速度也是形成生物链的重要因素，如猫比老鼠反应速度快得多。生命内在生化反应速度等生理节律决定了动物行为节奏，行为节奏决定了捕捉动物与躲避危险的反应速度，最终，行为节奏和反应速度既决定了某种生命特定的生存方式，也确定了它在生物链中的位置。生理节律还促成了社会形态的形成，从原始人的各种劳作、祭祀活动到今天人们的工作起居，时时处处呈现着生命运动与日地(光照)规律所形成的生理节律的合拍。

由上分析不难看出，主导了生命生理活动的生物节律，其实是与地球运动规律这种时间周期相统一的时间节律。也就是说，该节律是生理对时间的反映，即生理时间。

与生理节律一起产生的是生理节律物质，生理节律属于生理时间的宏观表现，生理节奏属于生理时间的物质载体；前者常被人们称之为“生物钟”现象，对于生理节奏，人们也因从微观层面发现了生物钟蛋白，而找到了生理时间的物质依据。

例如，1984 年，三位诺贝尔奖获得者杰弗里·霍尔(Jeffrey C Hall)、迈克尔·罗斯巴什(Michael Rosbash)、迈克尔·杨(Michael W. Young)成功分离出了 period 基因。接下来，杰弗里·霍尔、迈克尔·罗斯巴什发现了被 period 基因编码的蛋白质 PER，它会在黑夜累积，在白天分解。这使得 PER 的水平在 24 小时内呈现周期波动，与昼夜节律同步。[1]

其实，对生命中时间节律和生理时间机制的探索成果，并不限于以上提到的诺贝尔生理学或医学奖获得者对 period 蛋白的发现，还有一项伟大的发现同样值得全人类的自豪：它是两千多年前由中国古人发现并建立的生物节律理论——“子午流注”。[2]《黄帝内经》等医学典籍不仅详细记载了人体经络的循行路线，而且用“子午流注”阐明了经络中能量峰值运动与日地运转规律的紧密联系，“子午流注”学说，完全称得上是对人体生物钟功能和载体的重大发现。

以上谈到的是生理节律与自然光照规律的“合拍”以及“合拍”物质载体的生成，共同赋予了不同的生命的生理节奏，使生命载有了“生理时间”。但这些只是讨论了地球光照与生理上的联系，还远不是生命与时间关系的全部，接下来将探讨涉及其他时间成员的产生机制，请注意生命在摆脱这种生理时间联系中做了些什么。

[1] 宋婷. 2017 年度诺贝尔生理学或医学奖[J]. 生命科学，2017，29(12): 4. DOI:10.13376/j.cbls/2017161.

[2] 杨美娜，韩金祥. 试论中医“子午流注”的科学内涵[J]. 中医学报，2014，29(11):1596-1598.DOI:10.16368/j.issn.1674-8999.2014.11.041.

## 3.4　心理时间在继承光照节律中发生

生命的“时间感”(请注意，这里说的是时间感，而不是时间)是同步于生物节律的，即“时间感”是与生物节律同步形成和出现的。“时间感”关系到环境能量、生物节律等一系列事物，是解析时间家族诸问题的门径。

心理时间与生理时间对光照周期有着强烈的依赖不同，是超越生理层的意识层面的时间感。心理时间可通过回忆将时间感拉到很久以前，也可以通过瞻望将时间感推送到未来；可能因为正在经受痛苦的折磨而感觉度日如年，也可能因为享受快乐而对时光流逝浑然不觉。因此，心理时间是脱离外在光照变化、超越地球自转参照的时间感。

心理时间感的特点是，速度不定，方向不定，以一个虚拟的“当前”为参照，在此基础上能或加或减，或加速或减速，并能实现该感觉的累积。

心理时间感是心理虚拟的感觉，其强度与虚拟它的生物物质多少、密度正相关。心理时间感涉及的经历、对象、内容越多，所耗费的能量和记忆物质就越多，心理中的“时间账本”就越厚，回顾起来就越觉得时间漫长；反之，心理时间感就短。例如，儿童的心理感觉系统灵敏，记忆能力强大，对周围事物感受丰富，单位时间内形成的记忆物质很多，心理上的“时间账本”很厚，当他们回顾过去一年的经历时，大量的章节历历在目，意识检索过程会因记忆物太多而变得缓慢，从而在心理上感觉一年的时间很漫长。与其形成鲜明对比的是，由于老年人感觉系统钝化，形成的记忆物质逐年减少，心理上的“时间账本”逐年变薄，当他们在回顾和检索过去一年的经历时，可供意识“翻阅”的内容寥寥无几，心理上的一年时间就像弹指一挥。

虽然心理时间一定程度上超越了生理时间和“日—地”物理节奏即光照节奏的约束，有了一定的发散度和自由度，但心理时间并不能彻底脱离身体感受。也就是说，心理时间不能离开生理时间节律形成真实、独立、稳定的感觉体系。例如，虽然心理上“觉得”时间过得很长或很短，但很快就会被生理物质实在性的“锚定”作用，拉回现实。又如，虽然刚刚在心理上“神移”到了童年，但并没有真正得到生理上的稳定稚嫩感受。

从以上分析可以看出，无论生理时间还是心理时间，都是主体与环境因应中的孕育，都不是独立于生命之外的事物和幻觉。德国哲学家马丁·海德格尔(Martin

Heidegger)以研究存在论著称，他的著作《存在与时间》被称为最具特色亦最具意义的贡献，在他的时间观中“时间不在人们之外，时间与生活不可分离”。其意思是，时间就是人类对存在经历的感受，时间不能脱离于感受而单独存在。

## 3.5 抹掉“地球味”，产生量子级物理时间

然而，确有衍生于感受而又有独立存在意味的时间在产生，扰乱了人们对时间本质的认识。

如果说，前面的生物节奏、生理时间和心理时间等来自生命与自然光的因应互动，是地球光照周期直接孕育出的一手的、有生命味的时间感，后面的时间则是二手的，与生命气息相去遥远的“冰冷时间”。后面的时间是怎么来的，将怎样影响生命的进程？这关系生命智慧觉醒的深度。

### 1. 物理时间在对量子的认识和利用中产生

生理时间产自于生理节奏，心理时间是以生理时间为参照的时间感，两者都与生命的感觉强烈关联，或者说，这两种时间还都属于感受性时间。

感受性时间属于原始性的感受。之所以原始，是因它与原始的光照节律相“合拍”。在阳光暴露晚一点的地区，花儿开放、动物出巢、人类原始活动等也会晚一点。这种原始时间感不甚精确，是“粗糙的时间感”，原始的生物节奏，或者说不同层次的生物钟物质支撑了这些粗糙时间感的存在。

随着人类智能的提高，另一种摆脱了感受性的时间，越来越深刻地渗透到人类的各种活动中，并逐渐占据了支配地位。这种从“有机时间(特指与人的感受相联系)”向“无机时间(特指与人的感受不相联系)”分离的进程，是从一些科技发明和应用开始的。

几千年前或者更早，火把和油灯的发明及其大规模使用，部分地解除了黑暗和夜间的困扰，使人们的活动规律发生了从日光支配型，向不依赖日光就可以社交和劳作的非日光或人工光照支配型活动的转变。这事实上是不遵守生物钟规律的开始。后来，各类光源、各类显示器和各类影源的相继发明和使用，使得人类在球场、道路、家中等时空位置不分昼夜地行为、响应。这些行为日益深刻地扰乱、侵蚀着由日出日落作息规律发育来的生物钟功能，人们开始发生时差反应，睡眠失调……不过，这些都还是对生理时间和生物

钟依赖的部分摆脱。

对生理时间的大幅度摆脱，开始于对不断追求时间精确度的各类计时仪器的发明，如日晷(浑天仪)、沙漏、机械钟、石英电子钟、原子钟、全光学原子钟、脉冲星钟……这些发明，使时间的计量单位变得越来越小、时间精度越来越高。目前时间的精度已达到了阿秒级(1 阿秒=$10^{-18}$ 秒)，时间性质由此发生了质的变化，或者说纯物理时间的出现似乎取决于这些仪器。

秒，既是地球角度的一个分量，也是与感觉紧密联系的一个分量。在秒以上，时间还有分、时、日、月这些量级，时间既与地球上的光照周期相关，也很紧密地联通着人的生理和心理感受。随着仪器对时间的分辨单位越来越小，时间单位远远超越了人类感官能够感受到的极限。人能感受到 60 进制的分和秒，往后 1000 进制的毫秒(1 秒=1000 毫秒)就感受不到了。当时间分量小于人能分辨的范围时，它们虽然“精确”，却在实质上已与地球转动的光照周期失去了联系，或说失去了地球性，同时失去了与此紧密联系的生理性和心理性，也就等于失去了时间的生命感受性，生命既感受不到这些微观时间量度的数量级变化，甚至也感受不到它的指数级变化。

用物理时间支配生命活动，人类并未察觉到有什么不好，反而悠然处在被“仪器时间”支配的方便之中，人类越来越相信和依赖没有生理性的“仪器时间”，越来越不相信“自己的生理时间”。人类倒班生产或跨越洲际活动倒时间差，实际是改变生理时间去适应“仪器时间”，尽管这些“反向适应”带来越来越多的生理紊乱，但是人们还是努力去做，越来越甘心做机器时间的奴隶。

摆脱了感受域的时间，在精密仪器的助力下，时间的分辨率继续不断细化，以适应在航天探索、微观观察及各种高速网络活动的需求。这些需求实质上是机器对机器之间的同步需求——一种无生命联系的“冰冷”需求！

时间会继续细分，越来越趋近一个常量。这种常量一般是 1 秒与微观量子级物质，如铯原子、铷原子等的量子级振荡频率的比值。也就是说，在时间分辨率不断细化的过程中，时间内涵已经悄悄经历了根本性地改变！时间已经从生命与自然界光照互动的节律现象，蜕化成为没有感性介入的量子振荡“常数时间”，这种常数时间表现为单纯的频率之间的比率关系，即“频率关系”。实质上是一种独立于直接感觉之外的客观时间，即“物理时间”。

### 2. 时间内涵被抹去“地球味”，诞生了量子级时间

容易令人忽视的是，时间日益精确化的进程，不仅是远离感觉域的过程，

而且是其悄悄抹去“地球味”的过程。

抹去地球味其实是一个大事件。这一进程的表象变化是：时间单位发生了逐渐趋向于无穷小的量变。这一进程带来的质变是：时间概念从生理性过渡到了纯物理性，产生时间的基础或“祖先”也由来自地球自转周期变成了与地球毫无关系的原子或量子振荡周期，于是时间与地球失去了“血缘”关系。

是什么促进了这种质变？一个隐形机制偷偷造成了这一切：时间的计量依据由角速度转换成了线速度！

起初的生理节奏和生理时间诞生时，时间主要与光照的强度、角度和周期相联系，被切割成时分秒的原始时间，实质都是用地球自转周期一昼夜的24小时切割得来的，每一个时间单位本质上对应着地球的一个角速度。但是，到了物理时间阶段，时间的内涵却舍去了角度，成了速度与频率的关系，这种变化非同小可！

用光速定义时间的事件，似乎与真空光速不变理论和普朗克时间理论同步发生。

在光速不变理论中，主要使用了观察者、参照物和光运动速度三者之间的关系。当参照物与光速同向同速运动时，若参照物就是观察者，他将感觉不到时间的流动，或者说时间速度为零。这一将时间与光速紧紧联系在一起的认识，几乎轻而易举地令所有人相信“时间等于光速”。

普朗克时间进一步强化了时间等于光速的概念。在普朗克时间=普朗克长度(量子尺度)/光速的计算公式中，将光速作为常量进行了引用。简单来说，普朗克是用光速计算出光子经过一个量子所用的时间的，用光子的自身长度除以它自身的速度，从而成功确立了宇宙中的这一最小时间单位——普朗克时间。然而，普朗克得出这个$10^{-43}$秒普朗克时间的前提是，他把光子的大小假设为了定值、把光速速度当作了常量。普朗克所引用的光速背后隐藏着的那个秒，只和光速紧紧联系在一起，与地球自转已没有瓜葛。普朗克时间既是时间概念，也同时是一个距离概念，是“光速不变”“时间等于光速”基础上的衍生物。

但是，如果换一个角度重新审视这一“时间等于光速”的假设，将会发现等于光速的时间与地球生物节律时间不仅是不同，而且是非常大的不同！

时间等于光速，我们称之为“光速时间”，包含了速度，包含了视觉，却没有包含生命当时形成生理时间的有“地球味”的光照周期和强度的感觉。

“光速时间”悄悄置换了三样东西：①将光速替代了“地球味”的光周期，实际上是用速度替代了角速度；②用光速替代时间，甩掉了适应地球周期的那种生理性周期感；③用光速替代时间，实际是把“光速时间”中所使用的观察者偷偷等同了视觉。

而实际上，视觉并不是观察者感受时间的唯一信息通道。除了视觉，生命对重力场变化、磁场变化等感受，对体内生化进程及各种能量交换进程的感受等，都联系着人的时间节律感，即时间感。这意味着，失去视觉，生命(如盲人)利用其他感受照样可以感觉到时间。这些视觉之外的“其他感受”，是地球运动周期赋予生命的时间节拍，有着对时间的“心算”功能。而用视觉替代观察者，则是将观察者其他形式的时间感作用统统抹掉了。

正是通过以上那些替代，时间内涵发生了质的变化，时间变成了光量子的速度常量——光速。而这一时间速度，又通过其广泛应用过程，被反复解析、演化，成为与光的波长、光子运动的性质密切关联的事物。时间的取值方法，已改为了与原子振荡相关或与光的直线运动相关，而不是与地球自转规律或其转动的角速度相关。当人类用光速得来的各种精确度反过来测量生命时(如测量基因等)，实际上是在用光的线速度作标准去反测生物时间。就在此过程中，时间被彻底抹去了“地球味”，人类把完全脱离了地球关系的“光速时间”当作了唯一可依的、标准的“科学时间”，实际上是纯物理的“量子时间”。

虽然，这种通过仪器间接得到的时间，将为人类征服宇宙提供更强力的支撑，也代表了人类认识的深度，但时间冰冷了，它的内涵变了。

纵览时间与生命的进化发展史，先是由量子级的阳光照射节奏支配生命，向生命载入了生物钟，产生了生命特有的时间感功能，后来生命又用时间感功能反过来认识时间并改造时间内涵，将时间的律动赋予他所支配的工具和仪器，未来可能还会直接操纵时间的变化。这一巨大的循环升级，正是生命智慧发展的重要标志性内容，是生命觉醒中不可替代的一股历史进程。

在这一历史进程中，形成时间感和定义时间关系的是自然光的量子级作用及对光子量子特性的认识和利用。从地球日夜更替的阳光，到生命时间感的涌现，再到精确授时信号的传递，都是量子级信息的多重作用在做功。离开量子级信息的作用，则不存在时间的产生。

事实上，融信息、能量和物质三者为一体的量子信息，不仅决定了时间的产生，还决定着生命活性和智慧的升级，推动了一系列生命进化的浩繁进程。对于量子信息和由此产生的生物量子机制，我们应给予最深切的关注。

# 第 4 章
# 量子机制是生命的重要信息机制

**导读：**灵魂样的现象靠什么信息机制支撑？形成生命灵敏反应的信息是什么性质，该种信息来源于哪里？对于这些问题，本章按“由顶向底”路线设定的“先找生命不能分科的综合性源头发生于什么”之方法，从能形成高速反应，具有超越物质的统御性、通配性等角度，审视形成生命信息机制的综合性源头，认为只有集物理、能量和信息于一体的量子级生物信息方具有以上特性，同时从多个角度和方面畅想了量子级生物信息的成因、来源和属性。并表示，以后各章将以量子级生物信息机制为原理或线索，讨论和分析更多生命现象的成因和机制。

有智者说：“无论我们考察动物的行为，还是细胞中复杂的物理和化学过程，或是有机体结构和功能的发育，我们总会得到相同的答案——正是某种灵魂似的东西隐藏在这些生命现象背后，操纵着生命活动。”[1]没错，这种“灵魂似的东西”时时刻刻支撑着整个生命的活性，勾连着生命的内外世界，主宰着生命的一切。日益清晰的是，与生命共生了亿万年的、隐藏在生命现象背后的“灵魂似的东西”，似乎是一个巨大的量子部落。

---

[1] 贝塔朗菲. 生命问题：现代生物学思想评价[M]. 吴晓江，译. 北京：商务印书馆，1999：12.

## 4.1 逻辑上，只有量子机制方可胜任生命信息的处理

### 1. 生命间的“群协同”运动现象离不开量子信息机制

人们见过数千只鸽子在空中盘旋，或见过成千上万条鱼齐刷刷地群体行动，当它们突然转向时，似乎有着某种默契：角度、方向、间距、速度、加速度一样，花样整齐、从不失序，行动优美和谐，场面壮观。

不仅鸽子和鱼，细菌的同步行为更让人叹为观止。科学家们发现，没有视觉和听觉的细菌竟然也能够“心灵一致”地实现同步“快闪”变幻[1]。

是什么向这些生命群喊着统一的号令？是什么让它们互不妨碍地整齐行动？虽然没有发现常规的调度指挥，但在它们之间一定有口令。人们不得不考虑，在整齐行为或“群协同”现象的背后，或许共享着一种近似 Wi-Fi 样的信息场或者是“近场通信(near field communication)”机制。

而原理上，形成“近场通信”，多与量子级的电磁波及量子级的相干和纠缠等量子级机制相关。

### 2. 人体内的信息处理离不开量子信息机制

当教师走进教室，在同学们随着口令礼貌地起立和坐下的瞬间，每个同学的身体内部会不可避免地发生信号风暴。例如，听觉会实现从声波到神经信号的转换，其信号会冲击有固定反射的遗传模块小程序并激发出对应的生物信息，信息反馈转化成控制信号，又经神经和遗传模块小程序传递到肌肉和各肌肉群对动作信号做出相应的理解和响应……在这样一次次常见的神经反射周期内，人体中会不可避免地发生风暴潮般的信息运动。

在以上响应中，每条肌肉纤维和每个细胞一边精确行动，一边接收、反馈和发出指令；不同的受体(这里是泛指，可能是人体细胞中 6000 左右种受体中的多种)和配体交互运作，DNA 快速解旋，各种酶、激素、神经递质飞速运动，从而实现着从有机大分子到无机物质的精确调度。就在这起与坐的一瞬间，成千上万甚至数十亿条不同的指令会在宏观到微观之间分解汇合、解析递呈。

---

[1] 佚名. 细菌也有“快闪”行为[J]. 广州医科大学学报，2017，45(1)：44.

如果把以上简单的起立和坐下动作换作羽毛球竞赛的一组抢球动作，所发生的数据将更加惊人。在一个瞬间要完成判球、移步、挥拍；腰、腿、手要以适当的角度、力度配合，需要与此相对应的信号机制作保障。身体内部各微观组织、微观生化反应、各层级间的信息传递接转、翻译解析、效应反馈等都要精当匹配；尤其是要做到从宏观到微观处处调控得准确、及时、恰到好处……其内在信息运动的数据量和数据风暴强度又要翻上几番。这意味着，要想达到从获得羽毛球信息到动作反馈之间毫秒级反应，其“大数据”流的传输和运算，单靠神经反射弧那种仅有 0.3～120 米/秒的线性传递能力，显然是不能胜任的。

而事实上，人类显然又是极其胜任的。人类从无到有、从古至今延续下来，且后代存活得很好。这会使我们想到，严酷自然环境的优胜劣汰只是人类活下来的表观逻辑，只有其内在信息的反应速度远超侵害方的速度，才是它们生存立足的内在依据。

也就是说，在人体对信息的处理能力上，需一部分达到神经传递速度，另一部分需远超神经传递速度，如量子级的“近场通信”方可满足其生存之需。即只有具备量子级别的信息处理能力才可以实现动物的生存。

人体有量子化信息活动的逻辑还有很多。如大脑通信只有量子化，才可以应对超过数亿信息单元瞬时并发的交互；只有量子化的机制才可以实现身体内部信息所必需的低延迟、高带宽、高通量；只有量子化映射机制才可以迅速得到概率化的运算结果；只有量子化机制才可以完成每秒远超 T 级容量的大脑信息检索、写入和读出。即便单纯完成视觉反馈，要在 1/24 秒的视觉辨识速度内完成信源与记忆本底信息比对，判断三维移动物体的性质、动量和速度，实现实时的测距和焦点调整，没有量子级别的信息机制支持也是难以办得到的。

以上逻辑构成了一个多维的约束集，可以把人体信息机制大概率地锁定在量子机制的框架之中。

量子有什么特性？宏观的量子级生物信息与微观的量子有着怎样的不同？这太深奥了。让我们借着科学前辈提供的泳圈，一起慢慢去试水吧！

## 4.2 量子有什么特性

如果说实验室的量子技术让我们觉得深冷而高远，那么阳光、电流、红外线这些量子级的事物就不再陌生了吧？事实上，量子现象无处不在。

量子既是最小的能量单位，又是最小的物质单位。量子是一个非常特殊的概念，特殊在不能仅用一个单独的“是什么”来描述，必须用一对相反的“是什么”来描述。例如，量子具有物质的颗粒性，同时又具有非物质的波动性，即波粒二象性，而且有一种叫“叠加态”的存在形式。

通俗地说，所谓“叠加态”，是指在某一时刻，量子总是在这儿呈现一个概率，剩下的概率在其他地方呈现。例如，同一时间，一个量子可能在 A 处存在有 36%的概率，在 B 处有 18%、在 C 处 9%，其他的无数处合计起来有 37%。这与宏观物体在空中运行(如抛石头)的任一位置总是 100%的存在有着完全的不同。如果不把那些零散的分布表现“加起来”表述，就无法完整说清一个量子的特征。“分散态的相加”这一表述，能让人更容易理解“叠加态”的原意。

以上谈到的分散概率，并不是因为量子速度很快，而一会儿跑到这里呈现一个概率，一会儿跑到另一处呈现另一概率，而是中间不花时间的“同时”，在各处有着分散的呈现，即状态不连续。

为了实现对量子的完整表述，人们只好用量子在某一物质域或能量域的出现可能性来描述。可能性就是概率，也就是量子只能用概率来描述，或者说量子是概率事件、概率函数、概率波、波函数、“离散变化的最小单位(数学专用)”等。这些名词都是对同一量子事物本真的外延表达，就像一个人同时有乳名、学名、曾用名等一样。但总的来说，微观量子在某一局域是一个“不确定性”事物。人们会说：“量子叠加态这种既存在又不存在的不确定性的确非常神奇，那么，宏观的物体及生命体能否呈现量子的叠加态或不确定性呢？”不能。

量子力学创始人之一薛定谔在其 1935 年发表的《量子力学的现状》第 5 节(变量是否被抹去了？)[1]中，用一个佯谬思想试验否定了既死又活的、宏观的叠加态猫的存在性，说明了叠加态是量子层面特有的现象，宏观的物体是不会存在叠加态那种不确定性的。

人们又会问：“生命中的生物信息有确定性吗？”有的。因为生命中的生物信息具有明确的指向性，明确的指向性就是确定性。

生物信息中有量子活动吗？如果有，生物信息的确定性又是怎么回事呢？

回答这些问题，需要先从量子级生物信息说起。

---

[1] SCHRÖDINGER E. The Present Status of Quantum Mechanics[J]. Die Naturwissenschaften.1935, 23(48):8[2021-11-12]. https://homepages.dias.ie/dorlas/Papers/QMSTATUS.pdf.

# 4.3 量子级生物信息

然而，说量子级生物信息，还需要从信息是什么说起。

## 1. 信息是什么

说生物信息的事，似乎是惹了个大麻烦。因为仅仅在"信息是什么"这种最基础问题的理解上，就非常不统一。

例如，对于信息的概念，有的从定性角度说，信息是对不确定性的否定，[1]那显然是确定性的意思；有的从信息有用性角度说"信息是事物及其属性标识的集合"[2]"信息是音讯，消息，通信系统传输和处理的对象，泛指人类社会传播的一切内容"；[3]有的干脆说，"信息就是信息"[4]而不是别的；除此之外，还有更多。繁乱的概念，让人莫衷一是。问题出在哪里呢？

之所以对信息有那么多不同定性式的认识，或只从信息的作用角度而不是从实质角度去解释，这便造成诸多矛盾，这显然与当时对信息的物理本质还没有理清有关。

实验物理科学家们观察到了实实在在的信息。

实验物理学家观察到的那些信息是什么呢？是量子。他们用量子来进行信息传输、进行信息处理……未来还将用量子机制解释一切。量子为何有如此全能的作用？因为量子是信息的最小单位、信息计量的最小信息位，也是物质、能量和信息相统一的集合；量子可反映所有事物的信息储存、交换和传递过程；量子是信息从量到质的代表，可以说量子就是信息本体。

其实，电子邮件和纸质及其他物品上承载的、可以眼观的所谓的信息，在各种线缆和设备上传递和转换的信息，及听觉、视觉、味觉等经换能转换为神经电信号的信息，其最基本的活动都是量子级的。用量子的属性来反观以上对信息定性式的概念，都有着更深、更实质的契合。

量子的基本特性可反馈性地让人对信息概念做出统一性的认知：信息是

---

[1] 张汶静，陈振宇. 信息的确定性对否定表达的制约[J]. 语言教学与研究，2016(5)：76-87.

[2] 邓宇，邓非，邓海，等. 信息定义的标准化[J]. 医学信息，2006，19(7)：1143-1146. DOI:10.3969/j.issn.1006-1959.2006.07.016.

[3] 何贵宝. 论新媒体的信息传播特征[J]. 信息周刊，2019(37)：219.

[4] 布隆伯格. 信息就是信息[M]. 北京：工商出版社，1998：1-12.

兼具可被有序存储、有序传递、有序交换等属性的量子级现象。例如纸上的文字是油墨或其他物质，属于静态性的物质，但还不是量子运动。所以，纸上的文字还不算是真正的信息，否则任何物质都将被定义为信息，而使信息无法单独被定义。只有在文字经光的反射或发射能被人看见、被物接收到(如被仪器探测到)时，才能形成信息和信息交换。扩大一点说，不能经电子、光子等量子的有序性载流，不能实现事物之间量子级信息传递和交换的，都不宜称之为“具有基本性的”信息。

有了以上认知，我们就可以进一步了解量子级生物信息等。

### 2. 量子级生物信息

简单地说，所谓量子级生物信息，就是按生命模式有序运动的量子级信息。

量子级生物级信息，是一个综合性概念，是包含量子活动在内的、多信息成分的、有规律的信息单元协作运动。

因为没有不包含量子运动的生物信息，所以量子级生物信息亦可简称为生物信息。

量子级生物信息是由生命产生的、联系和调控生命自身物质和能量的信号或信息，有着能被储存、传递与交换的属性，是复杂信息成分的信息集合。量子级生物信息集物质、能量和信息于一体，包含量子级活动组分，但不全是量子成分，是能够实现量子样迅速运动或跨距运动的信息，是与生命体内的各种生物质和能量协作，主掌生命的秩序、活性与功能的信息。

从能够被发射性传递且能够被交换的角度看，量子级生物信息可能包含着电子、光子、质子、中子、电荷等量子级信号物质，也可能包含离子、原子和自由基等比量子大且与量子级活动比较直接、能够实现穿越或跨越式传递的微观物质。但不应包括那些不能离开“原位”或不能被发射、传递和交换的大颗粒性物质。

由以上说明可以看出，基因、络合物及大尺度的生物物质(如细胞和神经等)和生物组织(如肌肉等)虽然有传递、承载和发出生物信息的作用，但因它们自身不能被发射出去，只能说它们是信息的载体，而不是信息本身，更不能称为量子级生物信息。如基因之所以能实现各种分子层次的变化、编组、表达等，是因其内部和外部都有量子级信息活动推动；基因尺度的信息之所以能被人类所读取，科学家之所以能用基因编组来存储信息，也是通过光或电量子等作为媒介如将光子打向基因经反射才可实现。而在这些过程中，基因本身并不能像量子级信息一样被发射与交换，这使得基因属于信息载体的范畴。

量子级生物信息具有海量的信息位，且其中的信息组分具有协同性。相比单个量子信息位的不成规模，量子级生物信息中参与协作的信息位则不可胜数。事实上，生命的大尺度性状、宏观的生物功能及微观基因的运动等均由这种复合性且有序的量子级生物信息所操控，没有海量信息位的有序性运动，生命的活性将难以达成。

量子级生物信息只与生物现象相关。例如，量子级生物信息运动与生命能量和物质的输运、积累及耗散相关，与生命情绪的紧张与放松、兴奋与抑制相关，与生命和智慧进化等生物级现象相关。量子级生物信息可产生和助推起各种各样的生物属性和机制，远远不同于单个量子那样与生命属性和机制毫无关联或关联甚少。

量子级生物信息具有复杂组分，能形成综合性的生物特征。与总的量子数可以计数的纯的同态宏观量子运动相比，量子级生物信息是包含同态和不同态量子的复合运动，其不同种类、数量和规模的量子级信息位与相应生物质载体相联系，可直接呈现出生物活性等综合性生物特征。

量子级生物信息能以成批、成组、成规模性的集团形式运动，这种形式的运动能助推起生命的智慧性活动。量子级生物信息可呈云状、簇状、束状及杂合状态，还可以聚散、定向、穿越等形式做运动，这种成组成团的量子级生物信息运动有助于形成智慧运动。例如，视神经按每秒不大于 24 帧截取光媒信号会形成视觉，注意按字节或意群读取信息可形成理解，意识对身体的反馈性操控也是按组、按阶段进行的。总之，量子级生物信息总是成组、成团的形式对应或反映着生命某一智慧现象。

量子级生物信息可通过“涌现”过程助推形成生物功能。与单个量子在某一局域的极不确定性概率相比，量子级生物信息具有显著确定的大概率现象。比方说，有一只蚊子在一定时间内一间屋子里飞，它在其中某一立升空间呈现的概率是低的、不确定的。但是，成万、上亿只蚊子在里飞，那么一立升空间中蚊子的存在就有了确定性和大概率实在性了。这一比喻也适用对量子级生物信息的描述：虽然单个自由量子的位置信息具有不确定性概率，但当无数量子位和量子簇及承载它们的信号分子被生命的某一局域所约束，做有限制性的运动且信息位增大到了一定规模时，就达到了信息的有效性或确定性，即成为了量子级生物级信息。大概率性的量子级生物信息能量密度高，其与生命物质的互动，可“涌现”为可观的生物特性和某种生物功能。

例如，从基本粒子运动到温度感的形成，从电子运动到生物电和对肌肉组织运动调控，其功能的形成都是在量子级生物信息与生物质互动中“涌现”的。

### 3. 为什么要引入量子级生物信息概念

量子级生物信息或生物信息作为一个集合概念，与生命和意识深层机制相契合。换句话就是，一旦脱离集合概念，将难以反映生命和意识运动的真实情况。

例如，在讨论感觉、比对、注意等意识级活动，分析与意识活动相关的记忆、情绪和情感等信息特性时，都不能绕开量子级生物信息参与智慧活动这种假定，同时也很难用其他概念更方便、直接地反映这种参与假定。

### 4. 量子级生物信息的主要特性

(1) 宏观性。是指有大量信息单元参与的、总是以集团形式起作用的、规模性信息运动。

(2) 多组分性。是指参与协作运动的信息成分具有不固定的类型和比例、参与时的协作程度不同、各自的疏密程度和能量强度也有着不同等。

(3) 有序性或协同性。生物信息的有序或协同性规范着生命从宏观呼吸到细胞呼吸、从抑制到兴奋、从意识机制到遗传机制的一切生物节律和有规律的生物性运动，决定着生命物质空间的结构序和能量变化的时间序，是生命活性和内在秩序的支撑。协同性包括生命与环境和宇宙总秩序的信息互动。

(4) 共享性或通用性，即多用、多能性，包括多域共享性和跨级通用性。一是多域共享性：同一组生物信息既是生命能量域中重要能量组分，又是生命信息域的重要组分，同时还在物质结构的形成与变化中扮演角色。二是跨级通用性：生物信息可单属于生命的某一级，也能随时属于生命多个级别中的一部分，它参与各类组织、化合物、分子团等的聚散和相变，它在所谓的“精、气、神”不同层次生命能量和信息形式转化中充当着核心角色。

如果说 ATP(即三磷酸腺苷，是生命活动的能量载体)能被喻为生物体的“能量货币”，那么集信息、能量、物质性为一体的量子级生物信息，则比 ATP 更底层、更基本、更具通用性。量子级生物信息以一当万的共享性和通用性，使它在生命中能以最基本的形式，发挥着最广泛的统配性作用。

(5) 功能“涌现性”。是指当量子级生物信息的密度、分布及能量强度等达到一定规模或程度时，能助推某种生物功能或现象的发生。例如，量子级生物信息不同的能量密度、分布和强度，可催生不同程度的疼、麻感觉等。

(6) 有模糊的中心和边界。是指在一定的空域和时域内，量子级生物信息虽无严格确定的边界，但有模糊的中心和模糊的边界，如由它形成的感觉和注意等，范围是有限的，中心和边界是模糊的。

生命中有量子信息吗？ 如果说有，属于什么样的物理形式，可能产自于生命的哪些活动呢？

## 4.4 生命中存在多种形式的量子信息

有许多观察和研究表明，在生命域存在着不同形式的量子信息。

### 1. 生命存在“电子基的”量子信息

不仅细胞、基因、酶、乙酰胆碱的动力源自电荷运动，几乎所有生命运动的动力都可以归结为电化学、电生理运动。中国著名的脑科学家张香桐深有感触地说：“归根到底，神经系统最基本的或者说是唯一的直接表现形式是电变化，离开电变化就无法进行直接观察。”[1]而电变化、电生理、电化学过程，都是失去和得到电子的活动，都可以归根为量子级的活动，意味着那些试验和观察其实也属于量子领域的工作。

长期以来，生物界和医学界，在以电学理论和方法对生命电生理现象的研究、观测和操控中，针对的目标是集群电子对生命的作用或生命中的量子现象，其技术手段也是对海量的电量子的应用，本质上就是量子级生物信息理论和技术的范畴。

例如，有的通过观察视交叉上核(SCN)放电变化研究生物节律；有的通过观察海马体神经元放电变化研究学习和记忆机制；有的通过观察下丘脑神经元放电变化研究体温调节机制；有的将电机理应用到人脑的芯片植入、语意翻译、智能应用等领域；甚至有的科学家们直接观察到了电架构崩溃引起组织死亡的神秘过程，说细胞凋亡“每分钟 3 微米(0.003 毫米)的速率像波纹一样触发连锁的级联反应。”[2]形形色色的电机理研究和应用涵盖了对大脑的状态评估、功能定位、损伤定位、变异鉴别(如癫痫、中风、肿瘤等病灶)、指

[1] 孙久荣. 脑科学导论[M]. 北京：北京大学出版社，2001：11.

[2] CHENG X R, FERRELL J E, JR. Apoptosis propagates through the cytoplasm as trigger waves[J]. Science, 2018, 362(Aug.10 TN.6402):607-612. DOI:10.1126/science.aah4065.

征鉴定(觉醒、麻醉、昏迷、脑死亡)等各个方面。

请注意：①以上这些用生物电为原理的观察、翻译、介入和利用，事实上都属于量子级的手段；②以上观察和应用涉及的目标，其实都是一些量子现象。尤其第②点，说明生命中广泛存在着“电子基”的量子信息。

### 2. 生命存在与“磁”关联的量子信息

磁现象与量子现象紧密联系。

磁现象不仅与基本粒子之一电子的量子态，如量子数、角量子数、磁量子数和自旋量子数等 4 个量子数密切相关，而且与基本粒子之一光量子(简称光子)紧密联系。如光子被标准模型理论认为是传递电磁相互作用的基本粒子，光子直接参与多种基本粒子代际间的分解与组合过程，在组成所有物质的电子、上夸克、下夸克、中微子等第一代粒子中，在高能量实验中创造第二及第三代粒子的过程中，及第二、三代粒子在短时间内衰变成第一代粒子的过程中都有光子参与。同时，磁还与电相互作用生成电磁现象，这些实质性的联系都使磁与量子现象密不可分，使得磁现象成为与量子机制共存的现象，甚至可以说磁现象就是量子现象的一种反映。

实验和观察表明，人体是一个生物磁非常活跃的场所。

一篇名为《生物磁受体蛋白 MagR/IscA 研究进展》的文章称：“体内实验表明通过外磁场刺激活化 MagR 能调控相关磁基因表达，影响神经活动及行为定位。”[1]另一篇来自北京大学与清华大学作者合作的报道《磁遗传学：使用磁受体蛋白，用磁刺激手段远距离非侵入地激活神经元的活性》[2]，阐述了磁对蛋白的遥距离作用。与以上主要是接收机制有所不同的是，目前肌体遥控技术中实现的弱磁感应“肌电信号采集”，[3]显然利用了生命的磁发送机制。

基于生物磁活动与量子机制有着本质上的联系，以上所发现、应用的磁和磁受体相互作用，说明了生命中存在与磁相关的量子机制或有“磁基的”量子信息。

---

[1] 汪红霞，向远彩，张义国. 生物磁受体蛋白 MagR/IscA 研究进展[J]. 生物化学与生物物理进展，2016，43(12):1115-1128. DOI:10.16476/j.pibb.2016.0190.

[2] LONG X Y, YE J, ZHAO D, et al. Magnetogenetics: remote non-invasive magnetic activation of neuronal activity with a magnetoreceptor[J].Science Bulletin,2015,60(24):2107-2119[2020-03-12]. https://www.sciencedirect.com/science/article/pii/S2095927316302407?via%3Dihub.DOI:10.1007/s11434-015-0902-0.

[3] 杨瑞. 肌电信号采集与分析系统的研制[D]. 华中科技大学，2009:1-6[2020-02-12]. https://kns.cnki.net/KCMS/detail/detail.aspx?dbname=CMFD2011&filename=2010212056.nh. DOI:10.7666/d.d085963.

### 3. 生命存在“光基的”量子信息

光量子的活动场景很多，不仅微观量子学领域观察与控制的单光子目标是量子运动，自然光、红外线、紫外线、激光等都是量子运动，生命与外部的光和热互动引起的生物学变化和生命自体的光和热运动本质上也都属于光量子的运动。

关于生命内外光量子的互动，《光遗传学：神经疾病治疗的未来》[1]一文中说，德国一研究团队宣布发现了一种与人类视觉的视蛋白有联系的新的微生物视蛋白 Channelrhodopsin-1(ChR1)，该蛋白组成的离子通道，可以通过其配体视黄醛在光照时的形变来打开和关闭。2003 年，该研究组又报道了另一种视蛋白 Channelrhodopsin-2(ChR2)，ChR2 激活产生的电流甚至足以使神经元产生动作电位，且 ChR2 的激活和失活非常迅速，足以在毫秒时间上控制神经元的电发放。

以上这些信息披露出，在常温状态下，生物体内显著存在一种从接受自然“光照”(光量子)到“神经元发放”(电子)的量子机制。这意味着，以上发表的成果也相当于常温下生命存在光基量子机制的实验报告。

事实上，人类用海量的量子之光(包括自然光和激光等)开展的生物学研究不计其数，用光和热学原理观测生物热辐射和热交换这种量子级技术的研究与应用也数不胜数。生命存在内源的光热辐射和存在内外互动的量子级光热效应等，昭示着生命中存在着“光基的”量子信息。

## 4.5 多种生命活动中蕴含着产生量子信息的潜力

在以上讨论中列举了生命中电基、光基、磁基等量子信息或量子机制存在的可能性，然而，电、磁、光等量子是如何被生命产生创造出来的呢？还需要给出有依据的解释。

从量子力学对导体导电原理的解释上看，有序量子机制的形成需要突破一些苛刻的条件。特别是，在固体中原子内的电子和其他量子要脱离基态实现自由运动，首先要受到高能粒子的激发或强磁场作用实现跃迁，突破量子势垒和禁带，进入导带，最终实现能量的传导和发射。没有高能粒子或强场

[1] 胡霁. 遗传学：神经疾病治疗的未来[EB/OL]. GREENTEK：脑科学研究(2016-11-24)[2019-12-16]. https://www.gtsensor.com/research/shownews.php?lang=cn&id=270.

的作用，自由量子不会脱壳而出，生命要实现成组团的量子级活动，更是非常困难。

在非晶体的液相、气相、离子态等物态混杂的生命内环境产生量子级活动，需要突破的“势垒”和“禁带”可能要小一些、窄一些，但也需要突破生物大分子、组织、细胞等层层嵌套和阻止因素。同时，生命中的复杂噪声环境是对量子有序化运动的巨大破坏力量，生命要实现量子级信息活动也非易事。

若如上所说，则生命中根本不会存在量子现象，然而，实验和观察又确实发现量子信息现象随同生命活动在大量发生。那么，生命中的量子信息现象是如何涌现出来的呢？对此，有如下几方面的猜想。

### 1. 或来源于神经运动

有科学家发现，大脑活动时，“单位面积脑皮质中，数千个锥体细胞同时产生神经冲动，从而产生集合电流，产生与电流方向正切的脑磁场。”[1]该报告似乎把脑锥体细胞描述成了“弹射”出脑磁场(类似量子波)的装置。

另一批科学家则用共振原理解释了神经“弹射”产生意识的过程：2018年12月5日发表于《科学美国人》杂志的《嬉皮士是对的：一切都和振动相关》一文中，加州大学哲学家塔姆·亨特(Tam Hunt)和心理学家乔纳森·斯库勒(Jonathan Schooler)提出了一种“意识共振理论”。他们认为，“说到底，所有物质只是各种能量场的振动。当不同的振动物体在某个时候彼此靠近时，它们开始同步振动。这适用于大脑神经元、萤火虫集会、月亮与地球等等。这种现象被称为‘自发性自我组织’……大脑中的数十亿神经元共同激活，从而做出一个决定，同时形成我们对外界的体验……随着共振扩散到越来越多的要素，意识实体变得越来越大，越来越复杂。”[2]这种共振理论，实际上是潜在地把神经分子的物质波与神经承载的电荷脉冲振荡都归入了共振范畴，即意识产生于振荡模式的神经“弹射”过程。

意识共振说最终归因于：分子域的大脑神经，通过统一振动类的、方向一致性的“弹射”，直接发出和涌现出了量子级意识信息波。

### 2. 或源自酶和激素活动

生命在遇到危险或高度应激的一瞬间，能产生平常所没有的爆发力。现

[1] 赵华东，吴晶，鲁震. 脑磁图的基本原理及临床应用[J]. 河北医药，2005，27(2)：132-133. DOI:10.3969/j.issn.1002-7386.2005.02.034.

[2] 叶子. 人为什么会有意识？一切可能都与振动有关[C]//科学与现代化，2019，078(1)：13-17.

代生理学告诉我们，这种生命的爆发力是通过激素的作用引燃的。

那么，激素又是靠什么机制产生爆发力的呢？

激素作用过程显然有一种让能量激励升级的作用。突出的是，该过程包含某种“产电”机制。

例如，促成了激素分泌到生物电运动。经酶作用，分别从人体的肾上腺、胸腺和性腺等内分泌细胞制造并分泌出来的激素，可在毫微克即 $10^{-10}$ 克极低浓度水平与受体结合，几乎瞬间在整个生命中穿透性地发挥着调节效应，其生化效应的迅速性和作用的广泛性令人叹为观止。其中的迅速性和穿透性的原理已很清楚——是电荷(即量子级)运动。这意味着，酶和激素在“合伙产电”。

实验显示，在激素为量子级生物电的产生做出贡献的过程中，酶发挥了速度极快的助推作用。例如，酶促反应之一——乳清酸核苷 5'—磷酸脱羧酶，由它所催化的从底物到产物的反应只需几十毫秒，而不加酶要达到同样效果则需要数千万年。生物学家们发现，“一个酶分子在一分钟内能催化数百至数百万个反应物分子的转化，催化反应的速度可迅速到百万分之一秒(微秒)，甚至十亿分之一秒(毫微秒)。”[1]

为什么酶的催化产物动力学速率甚至高于分子扩散速率，这种现象无法用目前公认的理论来解释。有的用量子隧穿效应作解，有的谈到与质子的运动有关，[2]还有的则通过实验观察提出了质子传递机制及底物的质子化状态决定了不同的催化反应机制。[3]由于质子属于量子域范畴，显然，这些或然性解释都指向了量子域。

以上分析让我们有了这样的认识：调节生物能量的激素在生物电爆发性释放中起着急先锋作用，酶以直接参与代谢和助推激素分泌的形式在人体生物电(电量子)的产出中发挥着基础、骨干和助手的全面作用。

也就是说，酶和激素活动，应被视作量子信息的重要产出源头。

### 3. 或源自生命内的热运动及黑体辐射

黑体辐射作为热辐射或红外辐射，是一个普遍发生的量子物理现象。因为，温度超过零开尔文(−273.15℃)的物质都存在黑体辐射。由黑体辐射发出的红外线作为光波的一部分，是兼具能量性(波动性)、物质性(颗粒性)和信息性的事物，具有量子性质，属于量子现象。

---

[1] 毛振奇. 催化反应最缓慢的酶[J]. 生物学通报，1985(3)：7.

[2] 潘晓亮. 量子力学和分子力学结合方法在酶催化研究中的应用[D]. 吉林大学，2012：(摘要)1.

[3] 赵媛. 量子力学结合分子力学方法在酶及核酸碱基研究中的应用[D]. 厦门大学，2015：(摘要)1.

生命体温度远远超过了零开尔文，黑体辐射显然是生命内外时时刻刻发生的事情。这意味着不需费劲地创造，也不需要突破严格的量子势垒，因热辐射的作用，在生命内外就广泛充斥着自由量子活动，即存在着大量非协同性量子运动。

更关键的是，生命组织对热能的利用及对热的极其高超的有序化运作，其实是对包括红外线在内的量子活动的重组织。这意味着，在生命对热的操作中，伴随着量子信息的产出。

**4. 或源自生命物质的结构力错位**

生物物质的结构力不是绝对均衡的，而是可以产生破缺的。这种破缺可以由生命内部物质的磁矩运动所形成，也可由外环境宇宙辐射或引力扰动所造成。例如，力的扰动，可使物质微观结构形成短暂的能量不对称缺口，为自由量子的产生提供了机会，可称之为“错位机会”。也就是说，只要“错位机会”存在，自由量子逃出物质结构力约束的概率就时刻存在，与此相关的自由量子群也应会存在。

下面这段话应该被认为结构之间的变化会释放或吸收量子，并形成量子现象：“一种构型转变为另一种构型就是量子跃迁。如果第二种构型具有更大的能量(是较高的能级)，那么，外界至少要供给这个系统以两个能级间的能量差额，才能使转变成为可能。它也可以自发地变到较低的能级，通过辐射来消耗多余的能量。”[1]这段话显著的意思是，高级有序的结构储存着更多的量子能，随着高序能量结构形变中的量子跃迁，可以释放量子能。这段文字可谓是对以上提到的“错位机会”效应的更具基础的原理性注解。

重要的是生命中不仅存在大量的“错位机会”，更有着生命对自身结构的重组和修复。也许那些修复过程，正是形成有序量子信息的过程。

## 4.6　理论界对生命中量子信息的存在性有着深度认可

量子运动的“过程信息”不能被存储，与此巧合的是，意识的运动过程也不能存储，它们都是只能储存结果。例如，人类能回忆起以前思考的结果，但不能回忆起当时思考的过程。这一司空见惯、浅显有趣的现象，却反映着

[1] 薛定谔. 生命是什么[M]. 罗来鸥，罗辽复，译. 长沙：湖南科学技术出版社，2007：47.

意识活动特性与量子信息运动特性相吻合。

一些有远见的物理学家对意识可能的量子化机制有着深入的思考。

一篇名为《量子大脑的新自旋》[1]的科技文章介绍道，奥利弗·巴克利奖获得者、加州大学物理学家马修·费舍尔(Matthew Fisher)在2015年《物理学年鉴》上发表论文提出，磷原子的核自旋也许充当着人脑中的初级“量子位”，使人脑像量子计算机一样运转。后续的实验使费舍尔更加确信，波斯纳分子可能充当着大脑中的天然量子位。这个过程中磷酸盐自旋之间的相互作用使它们相互纠缠，这种纠缠影响神经递质的释放和神经元间突触的放电，并在大脑中起作用。中国科学院院士施一公教授在他“生命科学认知的极限”演讲中引用了菲舍尔的说法，对“人的意识、记忆和思维是量子纠缠的，要用量子理论来解释”的观点表示了认可。

在意识量子化可能性的认识上，当代著名的数学物理学家罗杰·彭罗斯，一直坚持从量子力学的方法来处理意识问题。[2]中国物理学家潘建伟在一次讲座中对生命中存在量子机制表示了高度认同的态度。他说，“量子力学第一次把观测者的意识与物质的演化结合起来。”[3]“所以我们是高度怀疑，或者说高度相信，尽管这个还没被科学最后证实。量子力学是必然参与这个意识的产生。”[4]

虽然以上这些科学家的态度或看法基本是站在微观量子学角度，但是其涉及的内容却是生物信息现象或量子级生物信息现象，如神经和意识等，因此，他们认可和支持生命中存在量子级生物信息机制。

综合以上多角度的讨论，可得出这样的认识：在生命神经活动、酶和激素活动、热利用过程及结构错位修复过程中，均蕴含着生成量子信息的潜力，它们可能为生命内不同形式的量子信息的形成提供不同模式的产出和供给机制，同时，科学界对生命中存在量子信息机制也有着深度的肯定。

生命中的量子信息与生物质的互动属于量子级生物信息，量子级生物信息是形成各种生命功能的基础。这种基础性还表现在哪里？它是怎么联结起生命的功能的？对此，我们在之后的章节中还有更具体的讨论。

---

[1] OUELLETTEJ. A New Spin on the Quantum Brain[J]. Quanta magazine, 2016-11-02 [2019-02-12]. https://www.quantamagazine.org/a-new-spin-on-the-quantum-brain-20161102/#comments.

[2] 陈向群. 意识的微管引力说：彭罗斯关于意识的物理学解读[J]. 科学技术哲学研究，2020，37(02): 27-32. DOI: CNKI:SUN:KXBZ.0.2020-02-005.

[3] 胡定坤. 2020 年新年科学演讲：潘建伟揭秘量子信息革命[N/OL]. 科技日报，2020-01-14[2020-03-12]. https://baijiahao.baidu.com/s?id=1655710224486551691&wfr=spider&for=pc.

[4] 潘建伟. “漫话量子”：量子年夜饭(一)[EB/OL]. 知识分子，2017-01-20[2017-07-01]. http://www.zhishifenzi.com/news/physics/1813.html.

# 第 5 章
# “活性”反应的形成有量子机制作用

**导读**：活性的本质是什么？生命的自动调节和适应能力是怎么形成的？对于这些问题，本章按“由顶向底”路线设定的“以生命趋中机制所形成的自适应功能团为采信单元，粗筛信息”之方法，结合上一章对量子级信息机制讨论得出的认知 ，解析生命“活性”的来源，初步理清了生物惯性与“活性”的关系，得出了“中值机制”是生命自组织和自适应能力的核心机制的认识，并以此为原理，对免疫机制的成因进行了猜想和分析。

人类的各种觉、喜怒好恶等情绪及生物链的复杂多样性，呈现出了种种“活性”，“活性”表现多彩多姿、让人着迷。然而，认真追究活性的本质，却近似于一种错觉。因为，组成生命“活性”的是一些根本没有活性的、固定的、程序性的“死的”惯性运动。

生命正是这种既“死”又“活”形式的综合性运动事物，直到高级的意识机制也未脱离这种综合性运动的本性。

## 5.1 活性是什么

对于活性，有不同的理解。有人认为活性背后有神秘力量，把活性的来源绝对化；有人则认为活性是由理化过程过渡而来，活性是相对和有限的。

### 5.1.1 “相对活性”与“绝对活性”

所谓“相对活性”，是指生命在物理规律支配下表现出的生物惯性或有限的能动性。在内部和环境惯性的共同作用下，生命物质在中观和宏观层面会产生特有的、维持内稳的自组织和自适应“涌现性”，呈现出与非生命物质不同的、与自然抗争的活性反应现象(即生命功能)。

所谓“绝对活性”，是指生命不受内外惯性约束，可突破空间和时间的限制，可“独立地”实现精神和行动自由的特性。

本质上，“相对活性”是生命与客观世界惯性相联系的现象，“绝对活性”是脱离客观世界惯性运动的现象。“相对活性”属于客观实在，“绝对活性”不属于客观实在，而是错觉。

对“相对活性”和“绝对活性”的认识，最终还会影响到意识是否存在真正自由性或是否存在“灵魂”的认知。

### 5.1.2 产生“绝对活性”错觉的根源

为什么说，把活性认作一种彻底的自主性运动是一种错觉呢？

因为，生命中的活性是由一些内在非自主的物理性连锁运动和外部能量的扰动所形成，人们对活性的误解，大都与认识不清形成活性的这种原理有关。

#### 1. 对生命能量性的忽视，导致看不清“活性”

如果把事物的稳定不变性称之为“死性”，把事物的动态可变性称之为“活性”，则任何事物都同时具有“死性”与“活性”。

“死性”与“活性”矛盾的特性与微观量子性质相关。“死性”就是事物本体的物质性或颗粒性，“活性”就是事物内在的能量性或波动性。生命虽然是宏观事物，却是由兼具颗粒性和波动性的基本粒子所组成，因此秉持了物质性的“死性”和能量性的“活性”。

事物到底是“死性”为主，还是“活性”为主，与人们更多关注了该事物的哪个侧面相关。

对于生命来说，人们如果过多关注生命相对稳定的组织结构，就等于只关注了生命的静态物质性；如果进一步再把生命组织结构的运动也看作是纯物质的运动，注意力一刻也离不开生命的物质性的时候，人们对生命的认识就已进入了“非物质性不可”的惯性轨道。这时，人们已把对生命能量性(波动性)的注意或兴趣抑制住，把生命彻彻底底当成了纯物质性的事物，把生命看成了纯死的事物的组合。

事实上，人们对生命的各种静态观察及为适合显微镜观察而冻结标本(对生物组织冻结固化会便于观察)的过程，正是导致把生命看成“死性”物质的认知过程。

由于人们的视觉和认知有一个天生的惯性或“怪习性”，不能把是与非同时认可，这使得视觉在着力看事物的静态性质时，其实还在否定着动态性。因此，当把生命认定成纯物质性时，就看不清其能量性或活性了。

### 2. 对生命的程序性认识不足，会形成对“活性”的夸大或贬低

生命中无数反自然的、小程序样的生物运动形成了对抗自然的、宏观的活性表现。或者说，小程序的能动性是宏观活性的来源。如果对此不甚清楚，则会夸大对活性的认知，而事实正是如此。

例如，认为免疫机制中存在彻底的“活性”，是因为对免疫中的生化程序过程不甚了解。免疫作为生物反自然的抵抗运动，看起来有着非常“活”的现象，而事实上，免疫细胞、免疫物质等在发挥作用中呈现出的物质结构变化，在免疫反应和免疫应答中表现出的特殊功能，都是由客观能量的惯性运动催生出的客观生化进程。无论免疫机制的生化进程多么复杂，其最初的动因都是原始的物理惯性。

然而，由于生化或免疫反应进程很分散(如配体与受体间的接触是分散的)、反射流程等程序性链条都拉得很长(如生化反应链很长)，这导致很难直接看出这些进程和链条的全部行踪与轨迹，会让人觉得生化或免疫过程具有某种未知的自主因素在支撑。这时，人们就会把未知的因素想象为神秘的作用，实质上是对生命程序性进程中“动”的作用的夸大；而一旦了解了某一进程的纯物理原理后，人们往往又会全面否认其中的活性因素。

### 3. 对跨距因应机制认识不深，会“神化”活性

当以物质实体观察为观察习惯时，会将注意力过分投入物质与物质间的直接关系。例如，物体(或一份物质)与远距离的一份能量相互作用起来，由于看不见之间的能量联系，就会产生神秘感觉。古人大多认不清这种联系，往往更相信有“神”在各种事物间起作用。

科技的发展使人们越来越多地认识到，物质间因有能量联系，是可以发生跨距作用的。当一堆磁粉做出一些有趣的变化和运动时，人们能够用已知

的物理知识认识到那不是磁粉自主在动，而是另有磁场力在与之“合作”。但是，当生命被跨距的、非磁力的能量作用发生一些有趣运动时，由于人们在已知的物理知识库中找不到依据，不知道是什么与生命在“合作”呼应，就会把不理解的成分，全部归功于神的作用，本质上是神化了“活性”。

事实上，在更微观的量子层面，生命物质确如一堆“磁粉”在配合包括万有引力在内的各种背景能量合作地摄动着，并形成一些被“神”支使样的“活”的现象，但那些背景能量终归是更大范畴的宇宙能量惯性运动，而不是神。

显然，被贬低、夸大和神化了的活性就都不值得讨论了。为表达方便，以下提到的活性，均指的是“相对活性”。

## 5.2 生物惯性是形成“活性”现象的动力

### 5.2.1 生物惯性的连续性涌现出“活性”特征

人们认为能够摆弄玩具、驾驶车辆等行为是自己具有完全自主的能力，甚至认为，可以“随心”所做的事情，都是自己在独立自由地掌控。这种感觉，源自人类认识中有一个凌驾于其他客观事物之上的“独立的自我”。

而事实上，并不存在独立于宇宙物理规则之外的自由或自我(见本书第7.4.2 节)。因为“自我”本身是能量惯性运动现象，所谓的“自我”对事物的把控，其实是人的“生物惯性”系与被把控对象的惯性系之间的惯性耦合作用。

撇开生命的复杂性，生命的旅程就像一个不断被抽打加力、纠正倾倒危险、保持惯性旋转的“打陀螺游戏”。陀螺不断被加力、纠偏、保持惯性的过程，是保持惯性与惯性破坏之间矛盾平衡的过程。生命惯性运动中因有矛盾平衡的持续，才展现出了“活性”。

生命的惯性运动和惯性破坏之中的任何一方，又都可分为若干具体的、涉及众多方面的矛盾分运动，正是众多矛盾因素的综合、连续运动，才让生命看起来具有自我决定的活性；若只取矛盾的一方，或只看矛盾着的诸因素中的一个要素，则看不到活性。

(1) 矛盾中诸因素在综合、连贯运动时呈现“活性”。例如，只有惯性与惯性扰动、扰动与扰动抵抗各要素在对抗性联结时，或在连续性斗争时，事物才能呈现出“活的”那种整体性、嵌套性和时间的不可分割性。不可分割性，呈现出生命的活性。

所谓“活的”整体性和嵌套性，是指生命内外的事物均以不同尺度的形式嵌套式运动着，相邻层次及跨层之间都存在着不同程度的联系和影响；所谓的“活的”时间不可分割性，是指生命的惯性、扰动及扰动抵抗的物理过程，在时间上是连续的。其中，连续性是活性的根本。

(2) 对矛盾的诸因素实施分别观察时，“活性”被分解消失。单独考察矛盾中的诸要素时，会发现，每一处的惯性运动都是纯物理力的惯性接续运动；每一处的力的扰动都是力与反作用力的物理作用；每一个扰动抵抗的阈值是纯物理的能量数值。这意味着，分别观察具有“分解”作用，会使“活性”消失不见。之所以出现这种局面，是因为分别观察中的“分野”过程，是对时间连续性的分割，也是对观察对象内在信息联系的瓦解。这相当于在事物连续的信息性和能量性中打入了许多“空”或“零”样的死亡性“楔子”。

对于生命，无论曾积累了多少连续性，也经不起一个死亡“楔子”的瞬间隔断。从物理角度看，一个断裂的、冻结的瞬间，可使联系性、连续性顷刻为零；数学上也一样，任何集合与空集的交集都是空集，即零有让一切化为乌有的威力。由于零的阻隔，任何体现“活”的发散性运动趋势立刻中止；生命的内外联系、生长和遗传继承等统统不可持续。任何生命现象都不能跨越一个死的零而重新活过来具有生命。

由于分解性的观察具有向一切连续现象插入零值“楔子”的作用，发挥了与物理解剖刀一样的分割效用，使多种连续性矛盾运动崩溃的同时，让所有活性纷纷消失不见。反过来说明，保持活性的前提是惯性不被打断。

抽象地说：某种活性，是表现其活性的惯性系诸元素的充分性(即空间属性)、连贯性(即时间属性)、联系性(即信息属性)均达到一定程度时才具有的特性(即“涌现性”)。简单地说：活性存在于惯性的连续性之中。

### 5.2.2 生物惯性的链式反应呈现“活性”

活性对自然的抵抗有着很长的内在生物惯性链条。生物惯性链条超越了弹性那种简单反应，也超越了多米诺骨牌由简单反应组成的连续反应。

活性链条中有着从生化反应级到生理级直到意识活动的一系列质变过程，其链条各环节间的关系，有着无机物交互运动不可比拟的复杂性。由物质、能量和信息相互编织起来的不同流程、不同形式、不同长度的生物惯性作用链条，联系着微观 DNA 表达中的“启动子”和“终止子”的上场或退幕，关联着中观的生命代谢、拮抗、免疫等现象的发生，也决定着宏观身体和意识的运动。

活性链条能够有效储存多样的生物惯性，并以拉长“时间差”的形式，实现“生物惯性”的弛豫性释放(即滞后的释放)。即以历史能量惯性(如生命遗传的惯性)与当前能量惯性(如环境的惯性能量)的重重叠加，实现对自然的抵抗。正是由时间差和能量差形成的在不同场景抵抗自然的活动，使生命显得更具有“反叛”样的活性。

### 5.2.3 生物惯性的“造物”过程展示“活性”

生物惯性运动包括“造物运动”(特指生命的生、长、繁殖、衰老正向过程)的正向加速和减速过程。正向加速表现为从微观物质到宏观物质间能量的级联性释放，逆向的减速表现为级联性收敛(如能量储存或细胞自噬等)；正向加速呈现出某种活性增强，逆向的减速呈现出活性降低。

例如，在正向“造物运动”中，生命通过能量的逐级耗散可实现“活的生长”：生命的宏观运动会逐层驱动从热量代谢、到线粒体能量消耗等深层能量的释放，最终激活 DNA 的解旋实现基因转录等“活的过程”。已经电生理学和基因工程学证实的是，DNA 解旋过程有耗散量子能的过程，[1]所以，包括基因转录在内的造物生长，最基本的动力还是量子能的耗散过程。事实上，是量子能耗散过程促成了生命一步步醒来，并进一步点燃意识，启动了生命体的各种运动，引起了更多方面和更大范围的能量耗散……加上“生物惯性”中特有的补充，使得生命体这部机器越来越能带动更费力(如短跑和攀岩)的载荷，实现“造物运动”的惯性加速。这一正向造物过程，让生命看起来更具活性。

在逆向的“造物运动”或“逆造物运动”中，生命会以休息、睡眠、恢复等形式实现从宏观到微观的能量耗散减少。此时各种耗能载荷会因逐渐降低而使从外周、到内在的运动和代谢逐渐减缓，最终会使基因转录慢下来，甚至出现停止和逆转录。或者说，这一过程造物惯性会减速，而储能和补充会增加，生命的活性看起来会“降低”(其实只是活动性的暂时降低)。

---

[1] 罗辽复. 拓扑量子跃迁和 DNA 解旋[J/OL]. 内蒙古大学学报(自然科学版)，1995(04)：496-499 [2016-02-12]. https://d.wanfangdata.com.cn/periodical/ChlQZXJpb2RpY2FsQ0hJTmV3UzIwMjIwNzE5Eg5RSzE5O TUwMDM3NzI3MxoINHlsODFucnQ%3D. DOI：CNKI:SUN:NMGX.0.1995-04-022.

也就是说，耗散能量的正造物和收敛(储存)能量的逆造物两种生物惯性运动是展示生命的丰富多彩活性的过程。

但是，并非惯性一股脑地推出了活性，在以上惯性运动中还蕴含着一种“中值机制”，将物理惯性转化为了生物惯性，并使生命载有了“灵性”。

## 5.3 包含量子机制的“中值机制”是活性的“灵魂”

生命内杂乱的自由量子不会自动组织成有序的信息，而是有某种能力在做功。什么才具有这种能力？当然离不开生命组织。这意味着，生命组织有一种将混乱信息理顺成有序信息的“编辑力”。

生命中众多的能量、物质和信息混杂在一起，如何去“编辑”与理顺？是舒服与痛苦在其中发挥着巧妙作用。舒服与痛苦不仅能用放松或“停下来”等宏观命令成批地开闭微观“阀门”，让携带负熵的物质载体(如血液)涌进来，对乱的物质予以大替换，而且能用某种标准(如时空上适中的中值)发现和衡量能量的偏离和危险程度，并对其实行纠偏。

例如，当生命遭遇寒冷、酷热、病痛等不适时，身体便会向大脑发出“告急信号”，通过这些信号来反映不舒服的类型、范围和位置等，核心是反映不舒服。不舒服与“中值”相关，相对于舒服，不舒服就是对“中值”的偏离，追求舒服则是对偏离的纠偏。

“中值”是什么？为什么偏离“中值”就出现不舒服？这个问题关系到生命物质的“自动化”反应，所以，讨论活性就应该讨论“中值”和舒服问题。

### 5.3.1 “中值机制”及作用

#### 1. “中值”是什么

“中”的概念很宽泛，这里的“中”特指在时空上的适中。“中值”则是指适中之处，或中正之属性。

人们不喝太热或太冰的水，水温适宜才去喝；人们在讲话或交谈中总能保持一定语速和调门，并努力发出一种适宜的声音；人们会选择强弱适中的光线条件阅读；人们会用不大不小的步幅和适宜的步速行走……人们每时每刻都会以自身或他人适宜舒服为标准选择行为和生活方式。

人们或许并未留意支持这些“适宜”选择的微观依据是什么，然而，微观中却隐含着这些适宜性选择的原理和奥秘。

与适宜与否紧密相连的是一个庞大的生命标准体系，该体系由大量的标准单元所组成，每一个标准单元又是由许多组量子级别的能量阈值形成，如细胞膜内外电位阈值、从静息电位到动作电位的转换阈值等形成。生命标准体系的能量阈值在宏观上起着稳定生理指标的作用，在微观上约束着含有量子位的生物能量在一定阈值区间内振荡运动。由于能量阈值具有相对稳定的能量振荡区间，且中间值具有一定的生理稳定意义，在此将生命标准体系中的阈值称为“生理中值”，简称为“中值”，将生命中存在的“中值”的集合称为“中值系统”。同时不难看出，生命中的“中值 ”及“中值系统”本质上是量子化的。

事实上，适中性的“中值”，不仅有量子振荡加阈值约束这一种形式，也不仅在生命体中存在，而是在任何有规律的系统中都存在“中值”，并规范着系统的稳定。如，太阳引力太小或地球绕太阳公转太快，地球就会飞离；而引力太大或绕速太慢，地球则会被吸附到太阳上去。地球之所以能持续、有规律地绕太阳运动，是因它们之间存在速度和引力“中值”；月球与地球之间的情况也一样。同样地，地球自然资源的供给能力与人类的耗费之间也存在这样的“中值”……以上这些说明“中值”具有广泛的存在性。

“中值”的稳定作用，源自“中值”可规范某种系统一系列恰到好处的速度、强度、变化率……如果没有稳定作用，系统内各部分之间就会因不协调而出现损坏、失控，以致崩溃，也就是失稳。

由此可以看出，“中值”是维持生命或自然系统稳定的、一系列最有利的条件，由“中值”组成的“中值系统”是包括自然环境在内的诸多系统稳定的基石。

### 2.“中值”还是适宜生存的默认值，体现为“舒服”

生物对外界能量的选择是如何完成的？如一头牛，是怎样知道哪些草能吃，哪些不能吃？又是怎样知道该待在温暖或凉爽地方的呢？

显然，动物不会关心食物的营养元素，只关心食物好不好闻、好不好吃；也不会关心发热的原理，而只关心所在的地方温暖或凉爽与否。从能量角度看，动物吃不吃某种草，待或不待在某个地方，主要依据就是舒服不舒服，危险不危险。靠着对舒服的选择能力，生命不仅可以筛选合适的物质、适宜类型的能量，还能筛选合适的物质品质和适宜的能量强度。而“舒服”“合适”

正是一些“中值”或“中值”组合。

应可以看出，舒服是生命体保持其良好存在的默认值。众多生命正是依据自身舒服这种默认值做出了适宜生存的各种选择和行为。

实质上，舒服是生命对其系统内物质结构、能量状态、信息运动三个方面情况的“满意”反映。即舒服中隐含着生命存活的最优指征，也暗含生活的准则；舒服是生命存续的需求，也是生命的本性和欲望的来源。正因如此，生命从诞生到现在，一直到未来，永远不会失去对舒服的需求，并将一直以精神和身体舒服为宗旨，不断做出追求与奋斗。

### 3. “舒服”与“不舒服”共同组成了“中值系统”

舒服并不是独立存在的，所有的舒服都是与不舒服相比较而形成的。事实上，有众多的不舒服伴随并围绕在舒服周围，同时，那些众多的不舒服还具有不同的程度和类型。

不舒服的程度，源自物质和能量对“中值”偏离的程度。当身体与外界发生因应时，其内在的物质和能量就会被外界物质和能量所扰动或异化(如遗传基因受核辐射会发生基因突变或异化)，相当于其内在原有理化性质在向外倾斜、变性；当外在扰动或异化程度逐渐增大时，机体内原有的平衡就会被打破，身体就会开始有不舒服信号发出；当偏离达到超越内部系统所能承受的阈值时，肌体就会发出更强烈的信号，生命就会感觉濒死般恐惧和难受。

不舒服的类型，源自偏离“中值”的模式。在生命“中值”核心的两侧存在着偏离区，是“中值”向两侧偏离振荡的“空间”，这种“空间”并非仅指或球形或长形的几何形式，而是包括物理指标或生化指标等在内的与生命感觉相关的所有形式。因此，“中值”核心的量子级能量振荡并不是一种可见性的振荡，而更像是某一中性感觉核心(舒适区)在向众多形式的异样感觉的偏离性振荡，即一种隐性的振荡。每一个带有这种核心、偏离区和振荡运动的小系统构成了一个“中值单元”；不同分布形式的“中值单元”构成了不同默认值的“局域性中值系统”；而全部的中值单元和系统又构成了整个生命的“宏观中值系统”。当承载着以上不同形式的“中值”或“中值系统”的生命组织和能量受到扰动时，就会形成不同偏离形式的组合，涌现出不同类型的不舒服。

从以上分析不难看出，舒服和不舒服的程度和类型起着监控身体变化的作用，共同组成了生命保持自稳的“中值系统”。

### 4. 生物“中值”的设定

1) 来自生命与环境的量子级“约定”

每种生物的视觉、听觉等都有一个能力所及的范围。在可见、可感知的范围内，处于最高和最低两个阈值越中间的部分，感官感受越舒适，分辨率越高，会形成一个感觉“优势区”；在“优势区”的两侧，越靠近上或下阈值的临界，感觉就越模糊，一旦越过阈值就什么也感觉不到了。我们把阈值内的能够感觉到的可感范围和优势区统称为“中值区”。生物的每种感觉都有特殊范围的“中值区”。

例如，受视觉“中值区”限制，有的动物主要在白天观察与寻食，有的则主要在夜间；有的动物眼睛视力很差，会靠声波探测与捕食。这些行为特点都与动物有不同的视觉可感范围或“中值区”相关。

从生物进化角度看，动物的可感范围和“中值区”来自大自然的选择。不同的可感范围为动物抢夺生存资源提供着不同能力，并形成了生物链。反过来，在生物链中的求生活动又强化了动物的特殊能力和出没习惯，增大了动物相应感官的可感范围或“中值区”。

也就是说，那些有利于特定时间出没的感觉能力都是在漫长的、无形的自适应过程中逐渐形成的，是动物与自然斗争、最大化利益和能效获取过程的杰作，是在与自然抗争中折中、优化的结晶。即自然选择在每种动物“中值系统”的形成与设定中起着重要作用。

在环境的选择下，处于不同食物链位置和不同时段出没的动物，都有着不同的感觉能力和范围等“中值区”，都被环境赋予了“有限的”感受能力。这意味着，每种动物的感觉不会是全能的，一种动物能力的局限性部分，正是另一种动物生存的必要空间，如白天活动的动物在夜间的视觉感受能力差，事实上为夜间视觉感受力强的动物“留出”了生存空间。这就是说，每一种被自然“设定”了“中值系统”和特殊感觉范围的动物，都贯彻了舍弃全能、“抓大放小”的规则，即某种动物感觉和所占有的，不是周围食物链的全部，而是其中的一部分。事实上，动物也只有遵循这种规则，才能实现总体上付出最少、获得最多。

综上所述不难看出，存在于动物肌体和机能中的“中值区”、默认值，更多像是生命与大自然形成的某种形式的协约。即为生物“中值”作设定的，是生命系统在与环境互动中形成的最优契合或“约定”。

由于“中值”是量子化的，来自环境的信号或直接是量子化信息(如光信息)或经感觉器官换能转化成了量子化的生物电流，因此，生命与自然的这种

“约定”，本质上是量子级的约定。

2) 由内在能量密度所决定

“中值”的设定最终由生命内部的量子级能量和信息的密度所决定。

例如，每种刺激或扰动代表着一定的信息和能量强度，只有强度突破被刺激方内在的固有阈值时，被刺激方才能形成反射。而任何大的反射，都由细小的“刺激—反射”单元所组成。而刺激和反射单元的载体，无论是生物大分子还是信使级物质，其活动终归是包括电荷在内的量子级运动。这意味着，单元中的“刺激—反射”阈值是一些量子级信息阈值。而量子级阈值的设定才算是“中值”设定的最终完成。

“刺激—反射”阈值是如何被设定的呢？

首先，形成刺激和反射的不会是单个量子，而是包含巨量量子活动的生物信息运动；其次，巨量量子或在载体中以某种相对稳定的拓扑空间分布(如电荷成簇状分布)，或与载体一起拓扑序变换；最后，假定以上空间分布或秩序变换在未受扰动之前属于最优的“中值”状态，受到扰动则会偏离“中值”。

当刺激或扰动的能量密度突破一定阈值时，原有的“中值”就会因发生偏离或破坏而形成新的电荷分布；如果新的分布得以稳定，就会形成事实上的新阈值或“中值”的“设定”。

特别是，无数以上“中值”的重新“设定”，会以新的概率或“涌现性”形式形成生命新的功能。

宏观上，在以上“设定”中存在如下情形：当某种扰动(如进食、运动或感染)使得身体某种能量密度过剩或短缺，使该种能量总值偏离“中值”太远时(表现为各种程度的不舒服)，与此有敏感联系的线粒体、DNA 等微观物质的表达就会减速或加速(“中值”位置开始移动)，肌体便可应付强度更高的生理和体能活动，实现抗击病菌和病毒侵袭等免疫运动的胜利。如果以上过程经常发生，生命就会演化成为一种新的稳定的“中值系统”。

### 5. “中值”的性质及特点

(1) “中值”是量子级的。

(2) “中值”的存在形式是分布式的和隐态的，其存在是客观的。“中值”的设定与重新设定，也是一种客观进程。

(3) “中值”在各种生物中是普遍存在的。在生命体各部分、各组织、各层次中，均有维持其良好存在的状态“中值”，即标准指标。

(4)“中值”的阈值区间体现了生命系统的最优需求，即生存目标。例如，人体最适宜的温度、心率、血压、血液指标，及舒适的视觉、味觉、皮肤感觉刺激等，都以某种“中值”的形式对应着人类某种最优需求。

(5) 任何“中值”单元都由中间值和上下两个阈值构成。两侧阈值会因扰动发生相对于核心值的外围量子“振荡”；核心值的变化会形成“中值移动”；阈值的变化会形成新的生理信号或数据。

### 6.“中值系统”的作用

1)“中值系统”是生命的深层“标准”，“中值移动”是生命进化的动力

(1) “中值”决定着生命运动的起止。身体在与外界因应中，到底在什么时候、什么条件下做起止与调整，靠的是“中值”提供依据。“中值”判定各种生理活动范围和程度等“是否安全”；校对生命从微观到宏观、从遗传到现实众多层生理活动“是否正确”；是生命内部名副其实的“标准集”。

(2) “中值”引导生物惯性流程。生命是不同生物惯性流程的组合，每个流程又是由一系列更小的动作片段所组成。那些在生命各流程、各片段中自我试错、自我比对、自我纠错的神奇功能，都是围绕“中值”容许的阈值范围来实施和实现的。

以舒适与否为生命目的的“中值”比对和匹配，不仅引导着生命各生理层次的物质形式的生物惯性运动，而且引导着情绪、兴趣等能量形式的生物惯性运动，甚至引导着利益取舍等意识或社会层面信息形式的生物惯性运动。

(3) “中值移动”可引导进化。作为有一定阈值区的“中值”，并不是一成不变，而是经常被改变，阈值区会向活动频率高的一侧移动。例如经常受热，身体的耐热阈值会越来越向温度高的一侧移动。“中值”的任何移动，都对应着生命自适应过程，即都是在为生命的整体进化做积累，因此可以说，“中值移动”引导着进化。

2) 生命通过“中值”自稳机制解决“大数据”问题

生命自稳面临复杂的“大数据”问题。巨量且种类繁多的细胞，有着对营养、抗体等物质的高度个性化供求需求。这些供求不仅包含数量也包含质量数据，其精微至极又连续不断的供求过程，会导致每秒从细胞到分子乃至更微观层次的因应数据发生量达到天文级别。生命对这些信息的调控不仅涉及数据，而且涉及像算力、算法、传输能力那样的要素的调配。这一切的综合处理，可以称得上是发生在人体中的、名副其实的“大数据”。

如果“大数据”问题得不到很好处理，生命系统随时就会有崩溃危险，

而生命中的“中值系统”却似乎能以最简捷的形式，助益问题的圆满解决。

例如，预先“设置”好的“中值系统”，对于各种扰动信息具有巧妙的收集和因应能力。任一微小的“中值”体系中，核心和两翼，因为都存在电荷簇而存在量子磁矩。量子磁矩会随着扰动发生的量子位重新分布，而产生与“中值”核心相对的磁矩变化。磁矩的方向和大小变化，会随着参与其中的微观物质(如神经递质等带电物质)的规模增大或减小，形成更大范围磁单位变化，从而形成改造“中值”阈值的信号机制。正是这种机制为系统最终的自适应“维稳”提供着保障。

大规模磁单位的协作运动贡献信号的细节过程可能是：在大分子到量子层之间的物质域，有大量携带不同电荷分布的非生物质、生物质、基因、信使等物质和能量团活动，会形成一定的量子位和磁单位概率密度；在相对“稳定”的稠密区，将存在概率化的磁强度和磁矩；这种磁强度和磁矩等，会形成磁矩集合；磁矩集合在与基因、信使等大分子团交互中会分别发生生物惯性和阻尼效用，这相当于基因等和磁矩集合相互都得到了某种感应或“感受”。例如，当这些磁矩集合与基因忽远忽近地接近时，就会对基因或基因团的固有“中值”模式形成不同种类和程度的扰动；扰动的大小是否与距离平方成反比，是否存在某种边际效应等微观量的关系，都不是最重要的，重要的是，当磁矩集合相互的密度、规模及库伦作用力达到一定程度时，一定有峰值产生，并会突破基因等大分子中的能量阈值，形成基因的开关、折叠等互动反应。阈值突破的情形会形成不同级别的积累，继而形成不同级别的中观信号反馈。

当以“中值”偏离程度为数值的中观信号增大到一定程度时，就会冲击相对宏观层次的物质结构组织，从而让某些神经末梢感受到；神经末梢会依据冲击强度大小，得出与偏离正常“中值”大小正相关的某种类型和某种程度的刺激信息；神经末梢将“感受”到的信息，通过其固有通道逐级上传，实现更宏观层次的感觉信息收集和处理。

简而言之，在“中值”附近存在磁矩集合，其偏离振荡幅度越大，“中值区”就会传出越不舒服的信号。磁矩集合通过信号类型和强度，收集综合巨量的微观信息。

更具作用的是，以上“中值”运动过程其实是自适应机制，该机制具有将大量微观信号分级筛除的作用：一些微观不舒服和微观痛苦信号因不足以打开上一级载体的能量阈值而被隔离；部分进入神经的信号，因被“动物脑”(如交感和副交感神经中枢、小脑和脑干等爬行动物旧皮质)等原始固定模块处理而不再上报；最后，只有那些固定模块处理不了的、少量的、大的痛苦和不定因素被上传到了主观意识。

在“中值”自适应变化机制中，层层阈值、层层筛选过程和具有一定信息处理功能的神经和组织，分别完成了大脑主观难以胜任的繁杂劳动，使看起来繁杂而又艰巨的“大数据”问题得到化解和处理。

“中值”的自适应变化过程其实是一种自适应模型。在这一模型运作中，大量的微观信号活动既能被准确、有效地处理，又不被主观意识所觉察，从而为主观能够专注于重大事项腾出了时间，为大脑实现更具全局和战略意义的意识活动提供了方便。

需要注意的是，为这些巧妙数据处理机制提供支撑的并不是“智慧”，而是原始的、毫无智慧的物理“中值”。

3)“中值”定义着生命的意义和目标

事实上，无论是生命对吃喝拉撒睡等生理需求满足的索取过程，还是生命对精神生活满足的追求过程，乃至社会性的生产、活动和探索过程，都可归属为生命为了达到和保持自身最优舒适状态而对自身和外界环境进行调适的过程。简单地说，几乎所有的生命活动都可归为追求舒服，舒服是一切生命的核心需求。对舒服的追求诞生了美的追求及相关艺术和奢侈品，甚至，所见的大部分人工建造均与利益方对身体和精神舒适性追求相关。

也就是说，揭开追求人生意义的面纱，其下存在着一些赤裸裸的舒服需求，而每一种舒服下面，则是一些原始的“中值”阈值。毫不夸张地说，所谓的生命意义，就是对“中值”的追求，因为“中值”定义了生命的目标和意义。

4)“中值系统”以“隐态模板”的形式维持着生命稳定

如果一个人所有的感觉和指标正好都是最优的，那他的状态就可称得上是一种范本，或可作为其他人生命状态是否最优的参照标准或“模板”。

然而，由于每个人的物质结构和感觉系统都有着很大的不同，其最优状态并不能用他人的状态来套用。特别是每个人的最优感觉并没有固定的模式，但人们却实实在在地能感受到自己的最优状态，这意味着，每人都有自己的一套最优参照模板。

那么，个性化的最优状态模板是一种怎样的存在呢？这与它们的“中值系统”的构成有关。

能呈现出最优状态的“中值系统”并不是由一个或几个“中值单元”所组成，而是无数散在分布的“中值区”和相应点位的集合；“中值系统”也没有固定的空间分布形式，而是包括动态反应链条和过程的集合。当某一生命个体内各个部分、所有动态的物质和能量状态都处于“中值”位附近，与其生命的“活”性和自稳相关的能量代谢、免疫拮抗、神经反射、循环机制等流程处于“最理想的工作状况”，当其全身处于舒服良好状态时，就达到了完全的最优。此时此境才算得上是该生命个体的最优状态模板，也才是对该生命“中值系统”的真实反映。

因此可以说，“中值系统”其实是一种综合而抽象的“模板”，它是无数最具保护性和维持作用的生命分支运动、分支流程、分支状态的总和。

最优状态“模板”具有度量衡作用。最优状态“模板”随时通过舒服的程度，为个性的肌体从不舒服向舒服调整过渡提供方向、坐标和参数依据；它为各种偏离提供回归目标、路径和行为模式；它用看不见的 yes、no 开关和“if-then”条件语句发挥着规定、标准作用。例如，当生命与内外部因应时，会用舒服这一“中值”性质的抽象“模板”，迅速简捷地判断温度、湿度、光强、声音、气味、情绪、受力等能量过程对“中值”扰动的程度；用种种偏离量的隐性存在，以类似标量性或矢量性的数据性效果，描述、判断利弊和威胁等级。

最优状态“模板”具有高度隐藏性。分布于身体各处的“中值”和大小不一的“中值系统”，像无数无形的天平，时刻衡量着生命的种种遭遇；尤其是组成“中值系统”中的不可见的电荷簇，像无数分散存在的演员，随时会有一部分冒出来担当不同任务。例如，分散的、没有实体联系的量子级电荷簇会因某种机制的召集作用，参与到不同功能的协同性运动中去；在生命的某些功能处于不执行状态时，电荷簇也会寂然不动，这些情形都将使得本来就缺乏物质联系的它们很难被普通观察所发现。特别是，“中值”舒服区基本不向外发出感觉信号，始终处于隐性和蛰伏状态，这就使得“中值”及其相关的量子活动好像从未存在过一样。因此，由“中值”组成的所谓“模板”具有很深的隐藏性。

5)“中值”应是一切有机“活”现象的基石

生命的稳态既是一种状态也是一种目的，“中值”维护着稳态，“中值系统”是对稳态的表达。一方面，生物体的种种反馈性选择，无论那些反馈的形式是物质转运型的还是离子通道型的，都是面向“中值”产生的；另一方面，生物体的反馈性控制，无论选择属于 Yes-No 型、比率型还是别的什么型，都是相对于某种“中值”而做出的。

推而广之，社会组织的形成和活动，都可归为个体生命“中值”和选择机制向社会范畴的泛化。例如，各类经济活动、各种谈判、种种利益竞争中所遵循的“纳什均衡”等，都是面向生命“中值”的反馈性调控。

可以说，包括量子化机制在内的“中值系统”应是小到拮抗和免疫，中到生命物质结构的形成，大到社会活动等一系列生命有机活动的核心支撑和参照，是一切生命“活”现象的基石。

“中值机制”作为生命稳态的维护机制，有很多种形式。下面介绍的几种作用尤其具有基础性。

### 5.3.2 泛化或扩展了的“中值机制”及作用

#### 1. “反相机制”

生命是一个用“反相机制”维护着自身稳定或自身的“中值系统”。

生命所受的扰动是全方位的，要存活就须对全方位的扰动实施全方位的反击，通过“反相机制”(类似抵消作用的消弭机制)，生命实现诸多反击性操作。如由感觉引导的众多反馈机制，几乎都与此相关。

由于“反相机制”是由负熵驱动，使生命的能量和物质变化与自然物质中一直发生的衰变方向相反，故称之为“反相机制”。又由于生命在“反相机制”中使用的相反能量或反制效能组合与扰动能量或扰动效能组合几乎是相等的，具有刚好够用、对等消除的作用，因此又可将“反相机制”称之为“反相消弭机制”。

例如，身体接触到过热的刺激，会马上给予反热能的反馈。实验证明，在人的下丘脑前部分布着热敏神经元和冷敏神经元，分别对应着产热和散热反应。当热敏神经元受到血液或外部高温刺激时，会启动散热反应；相反，冷敏神经元受到冷的刺激时就会启动产热反应。这说明“体温调节的高级中枢是下丘脑”，[1]还说明人体靠“反相机制”保持着体温。类似地，给眼睛强红光的视觉刺激，会马上产生反红光能量，若用红光照射眼睛然后拿掉光源，短时间内视觉中会出现一种残影——与红光反相的补色——青绿色。

在反相过程中，感觉会自动测量出刺激的种类、大小、时长、强度、区域，并立即“计算出”对等的“反相”能量，反相能量一般正好相当于消除刺激所需要的能量。如果预先储存在感觉器中的反相能量不足以应对刺激所需的反相能量需求时，感觉器就马上把“差额”向生命中枢“打报告”；如果

[1] 刘琛．人体的发热和体温调节[J]．生物学教学，2011，36(10)：69[2019-12-01].http://www.cnki.com.cn/Article/CJFDTotal-SWJX201110038.htm.DOI:10.3969/j.issn.1004-7549.2011.10.035.

生命中枢通过比较觉得情况“很紧急”，其中枢就按那些“差额”迅速调剂供应到被刺激区。由于报告的是正好满足消弭刺激量需求的反相能量，正像你刺激我的是一个+5，我反给你的是-5，正负相抵，一点也没有浪费和不足。感觉的反相抵消机制既实现了抵抗环境扰动的作用，又达到了经济、高效，形成了生命的一种自适应。

正像因应的本质是量子机制一样，生命的“反相消弭机制”也起始并归因于量子机制。量子级的“反相机制”在低等植物的生命运动中就普遍存在。例如，通常看到的植物大多是绿色的，我们会认为绿色是植物本体的颜色，其实不然。真实情况是，植物的本体因不需要而讨厌地向外反射和抛弃了绿色，并吸收了蓝色和红色。植物拒绝并抛出绿色光的过程，用量子级的相反能量表达了好恶需求。这种因不需要而反推出相反量子的“反相机制”，应该是从低级生命到高级生命普遍存在的、量子级别的能量交换机制。

对于前面提到眼睛受到红光照后的残影是青绿色的“反相机制”，似乎不该只点到为止，这其中还藏着某种更具普遍性的东西。

眼睛先被强红光照射，移除光源后视觉中出现青绿色残影，这涉及补色原理。所谓补色，就是当看久了某种颜色时，闭上眼睛，在遗留的视觉中，有与那种颜色相反的颜色信号存在。生物学家早就认为这是人的一种功能。人们知道这种现象的存在，也会利用补色原理搭配色彩带来视觉的舒服，但很少讨论形成这种现象或功能背后的量子机制。

视觉的补色功能，其实是视觉在用“量子技术”实现自我保护。由于感觉是通过反相机制对抗刺激以维护生命“中值”稳定的，视觉作为感觉的一种，它也应该以反相机制来保护视觉系统。不吸收或反抗光源色的两种互为补色的颜料合起来是灰黑色。而视觉所受的光刺激色如红色与视觉产生的补色如青绿色合起来也恰好是灰黑色，这既说明视觉中存在反相机制，也说明生命用灰黑色来定义能够保护视觉系统的“中值”，还意味着补色反应背后存在一种带有中值性保护作用的中值性色觉。当视觉遭遇有害的非灰黑色的光刺激时，就会立即启动某种对应机制，产生与之抵消的光色，并中和为需要的灰黑色。身体这种在光谱上的找补能力，显然属于量子层面的反相抵消机制，该机制更像是视觉中存在补色现象的谜底。

除了以上所举例子中存在量子级的“反相机制”，在生命其他众多的保护性功能中，也都隐含着类似机制。例如，在生命自发的各种疼与疼的缓解、怒与制怒、发散感与收敛感等能量和信息活动中，在身体自发的“热则寒之、寒则热之，实则虚之、虚则实之”(这些自发机制被中医作为了调动体内力量治病的法则)的对立性反制机制中，都存在量子级生物信息参与的“反相消弭机制”的作用。

“反相消弭机制”既能在微观的每一环节发挥制衡作用，也可在中观为细胞级的杀灭威力提供动力，还可以宏观功能的形式实现种种反制性调节。如，皮肤受冰刺激后反而变热的过程；人进入噪声区开始难以承受，慢慢觉得能够承受适应的过程等等，看来都可归因于量子级反相消弭机制的做功。综上所述，我们已不能不说“反相机制”是生命“中值系统”稳定作用的一部分了。

### 2. “规则和程序化链”

生命随机而动的自适应并不是随意和无规则的，而是有规则的。对每一次外界的刺激，生命的内在都使用进化来的规则应对，并实施程序化处理。

在意识的量子级比对(见第 7.3 节)和基因等微观物质的作用下，生命能够对扰动带来的异样和不同以及对生命稳态的危险和威胁等级进行迅速地衡量与判断。与此同时，生命会采取“先主后次、先急后缓、实则虚之、虚则实之”的原则自动进行能量救济或调配。

最符合逻辑的是，有两种机制促进了生命运行规则的建立。一方面来自生命外部的自然选择。因为，凡是不遵从“先主后次、先急后缓”规则和程序的生命，均遭到了自然环境毫不留情的淘汰，活下来的正好是遵从规则的生命。它们看起来像是在自觉“遵从”，事实上是被自然选择淘汰后的幸运剩余。另一方面是来自生命内部的“中值机制”。它通过一些微观阈值实现调节，如果超过阈值，生命就会死亡，存活下来的都是被某种“中值系统”修整后的忠实践行者。

其中，在“先主后次、先急后缓”规则的实施中，生命往往以临时关闭次要方面的供给或以舍弃次要功能为代价达到“丢车保帅”目的。例如，一些自愈进程往往伴随不太要命部位的疼痛反应，这是生命为了维持更核心脏器的修复，关闭了肢端的能量供给出现的能量调剂性反应。这时如果采取头痛医头脚痛医脚的治疗方案，硬性打开被身体自动关闭的那些不重要通道，就会危害生命核心利益，并打乱身体全局综合调理自愈进程。这就不难理解为什么在调动生命自愈程序以维护平衡稳定方面，中医的“阴阳平衡”综合调理观，有时更具优势。

也就是说，虽然一些“丢车保帅”类的生命程序运行，会不利于个别环节的“中值”存在，甚至会损害那里的“中值”状态，但从总体上看，生命的这些程序却在维护着更大“中值系统”的稳定。

### 3.“宏—微”动态互控

究竟是宏观意识在统御微观细胞，还是微观细胞掌控着宏观意识？这是个有待探究的问题。

生命中存在着宏观自适应和微观自适应，时刻处于“大管小”与“小管大”的势力博弈中。这让人会产生疑问：两者互相指挥，没有主次之分，决定权相同，会不会产生矛盾？存不存在一方更具主动性？

要解释这些疑问，将涉及生命中不同物质层次事物间的跨级联系问题，还涉及生命的功能和结构(形态)之间谁决定谁的问题。这种看起来复杂的问题可以用如下简单逻辑予以粗略解释。

众所周知，在热的作用下，水分子的布朗运动会因加剧而蒸发为云。如果问，是水分子的微观布朗运动决定了宏观云的产生，还是宏观云决定了水的微观布朗运动呢？人们可能会坚定地说，是微观水分子的布朗运动更具主导性，它决定了宏观云的产生。好！如果把云换作是瀑布，瀑布中的水分子也在做布朗运动，那么答案还是不是微观的布朗运动决定了宏观瀑布的产生呢？这时人们可能会持否定态度。人们的判断之所以有这种变化，是因为觉得瀑布的势能大，其能量更具主导性。其实，以上事例恰好包含了对宏观和微观互控机制中谁更具主动性的答案。

事实上，任何事物都处在相互嵌套中，物质相互嵌套，能量也相互嵌套(一般被称为相互作用或影响)，事物在相互嵌套中产生互控，并有条件地更换着主导方。当事物的宏观层次具有更大势能时，表现为宏观运动决定微观运动；当事物的微观内能具有更大势能时，表现为微观运动决定宏观运动。而其中的势能大小都与环境能量相关(如上面事例中的环境，分别有热和高差的存在)，即事物宏观和微观的主导性是受着内外环境影响的，是环境条件影响着微观与宏观不断冲突和主导方的动态变化。在环境不断变化的条件下，生命中没有绝对的主导方，因应环境的变化，宏观与微观常处于互作(相互作用)和互控中。生命的自适应就在这种互控中形成。

更深刻地看，生命的宏观与微观互相影响和掌控的过程，终归是为了达到生命需要的平衡，而那种平衡，其实包含量子活动在内的“中值系统”的稳定之中。

不难看出，以上介绍的“反相机制”“程序化链”和“宏—微”互控等，都是量子级“中值机制”的扩展与泛化，量子级“中值机制”才是更基本的活性模型。有量子活动参与的“中值机制”可称得上是生命活性的“灵魂”。

纵观生命的发展进程，生物惯性和量子级“中值机制”不仅能以一种底层的物理机制，助推出生命的种种有机的活性，而且能以永不止息的能力，助推出生命的自组织和自适应，使生命的活性发生新的质变。

## 5.4 生物惯性和量子级“中值机制”助力“活性”升级为自组织和自适应

世界上最出色的分子模型艺术家之一大卫·古德赛尔(David Godsell)感叹道：“细胞的内部结构异常精妙，所有东西都在适当的时间处于适当的位置。”[1]事实上，不仅细胞如此，生命中所有物质和能量的自动交换过程也是如此。

生命是依赖什么实现了如此巧妙至极的安排？

答案是：自组织和自适应。

作为基础动力，生物惯性不仅决定着生命内在矛盾的运动形式，涌现出原始“活性”的征兆，还进一步通过“中值机制”推动涌现出更高级的活性——有形的自组织和无形的自适应。有形的自组织属于物质结构的自动搭建，无形的自适应属于功能的自动适合。两者互为依托、相互促成、须臾不离，呈现出物质层面和功能层面的自动契合与完善。

### 5.4.1 包含量子机制的自组织形成机体

#### 1. 自组织现象

自组织是物质从低等秩序过渡为高等秩序的现象与过程。

在了解自组织前，首先了解一下什么是重组织。重组织可简单地理解为一种用人工重新编组的过程。例如，在人工制作中，把一团乱麻拉伸调整成顺直的麻匹，又将麻匹纺成线，由线织成布，再把布做成衣，这就是将一种

[1] 造就 Tolk. 生命即艺术：美得惊心动魄的细胞内部图[EB/OL](2020-05-27)[2021-01-02].https://k.sina.cn/article_5713422924_1548bea4c00100yhnn.html?cre=wappage&mod=r&loc=3&r=9&rfunc=7&tj=none&wm=3292_9008.

秩序变成另一种秩序的重组织过程。重组织过程是由人工体能和智力直接干预下的组织过程，属于人工重组织，人类通常将其称之为制造。

在自然变化中，也存在从低秩序变成高秩序的重组织过程。例如，在物质形态之间，从水蒸气变化成云朵，由云变成雨或雪，以及由水变成冰的过程等；在生命形式之间，由蛹变为蛾、由受精卵变为成人的过程等，都有重新组织过程，这类重组织由于是在非人工干预下自然形成的，故属于自然重组织，可称之为自组织或自组织现象。

### 2. 自组织的条件

“几十年来，生物学家和物理学家一直在推测生命物质的普遍机制，但关于分子过程的研究主要集中在辨别令人眼花缭乱的大量相关分子上，而不是阐明它们自我组织的机制。”[1]《中国科学报》在《探寻生命的物理学》一文中为此举例说：有人用肌动蛋白和驱动蛋白混在一起形成的“活性物”研究鸟类和鱼类群体行为模式，慕尼黑工业大学物理学家 Andreas Bausch 领导了最早的精确定量试验之一。他和同事将肌动蛋白和肌球蛋白混合在一起——前者是形成复杂细胞中大部分骨架的“细丝”，而后者是在肌动蛋白上“行走”并且使肌肉收缩的分子马达。对于观察到的这种分子级的“活性”行为或自组织行为，文章说，还没有任何理论能解释这种行为。意思是，仅从分子层面研究，还并不能揭示自组织的本质。

这篇文章对传统生命研究思路的针砭决无恶意。那种仅观察分子层现象或仅用分子层次物质的拼接混搭机制去解析自组织现象的做法，相当于仅用可见性事物去解释可见与非可见事物共同作用的综合现象，其目的的确很难达成。

自组织现象虽然表现在分子层以上，但其动力机制却在比分子微观得多的不可见层次发生。自组织过程更多是能量和信息机制在主导。因此，对自组织原理的求证，不应仅从物质层面去探寻，还须从不可见的能量和信息机制去剖析。

笔者认为，实现自组织，应该具备如下条件：

(1) 要有能量重组(本质上是生物惯性推动下的能量组合)。任何重组都需要某种能量，没有能量就不存在运动，能量的重组可为自组织提供必要的动力条件。

---

[1] 宗华. 探寻生命的物理学[N/OL]. 中国科学报，2016-01-18(3)[2019-02-26]. https://news.sciencenet.cn/sbhtmlnews/2016/1/308491.shtm.

(2) 要有物质重组，即空间重组。新秩序作为一种新的空间结构，必须以旧秩序空间位置的破坏为代价，只有旧系统被破坏，其中的构成要素才能游离出来，才能变成新秩序中的一部分，也才能为新组织提供物质条件。

(3) 要有信息重组，即运行规则的重组或生物惯性流程的时序性重组，是重组后得以正常运作的必要条件。

有了以上条件，旧秩序中的能量、物质和信息运动惯性和运动流程才能被深度破坏和改变，才能实现旧的惯性系向新的惯性系的重组性变化，也才能形成包括能量、物质与信息三位一体的新的惯性系。

那么，具备了以上条件，自组织的重新有机整合又是如何具体实现的呢？

一是形成反叛自然欲望的“惯性裹挟”(见本书 2.3.1 4-5)，会以“获得性自建”和“遗传性自建”等生物惯性势力，纠集物质、能量和信息以打破旧秩序，产生新联系、新秩序和新的生命组织；二是生命能依靠自组织形成的新“中值”或新的最优联系，保障了新系统的稳定运行。可以说，是自组织不可或缺的动力模型——“惯性裹挟”和“中值机制”助推了自组织的具体实现。更具体的还有，在新旧秩序转换的自组织过程中，存在突破混沌的博弈。

### 3. 自组织深层存在两股生物信息势力突破混沌的斗争

更深一层地看，事物在自组织的量变和质变过程中，存在突破混沌的斗争。

组织前和组织后两个不同时间段的物质，具有不同的物质结构或物质秩序。每当用某种尺度和视角观察两物质秩序间是如何过渡的时候，将发现“过渡”是一种混沌态，即物质从一种秩序状态到另一秩序状态的质变，都要经过一个混沌的过渡态。混沌过渡包含了自组织理论的耗散结构问题、协同学问题和突变论问题等若干自组织机制。

横向上看，混沌态是同一层面两种(或两种以上，这里只讨论两种)不同物态之间的临界层。无论这个临界层在空间上厚或薄，时间经历上长或短，都发挥着相变的母体作用，承载着从一事物发酵质变为另一新事物的酝酿，即秩序的酝酿层。

酝酿层作为两种物态间的过渡层，是新旧两种能量势力的博弈战场。在酝酿层，旧体系的秩序被绞碎，原有秩序中的元素发生游离，为下一秩序的建立提供可能；同时，新物态的秩序存在对旧物态秩序的排斥和改造，也存在对质变改造完成部分的选择性吸收。通过对旧秩序的排斥和对新秩序的肯定与吸收，达成秩序重组。绞碎、游离、排斥、选择、吸收，是混沌这个临界膜两端秩序力量相互异化(同时也是相互同化)的斗争。

纵向上看，混沌态是不同层面物质结构之间的临界态。在纵向结构中，原子内的电子运动受原子核的严格制约，原子的运动又受分子活动制约，分子活动受到宏观物质结构的制约，向上递推还有很多。不难看出，任何个点，无论巨微，都受宏观和微观两种秩序(分别对应着内结构力和外结构力)的影响。即任何个体，都是内秩序和外秩序斗争的产物或中间态；任何事物都等同于微观与宏观秩序之间的混沌过渡态。任何层面的事物随时会因内结构力的强大而继续留在原有秩序中，或继续维持该事物的内结构；也随时会因外结构力强力争夺而逃离原有秩序，充当外结构中的一部分。

由上分析可以看出，自组织过程的混沌过渡是一种秩序惯性系与另一秩序惯性系之间优胜劣汰的能量竞争。斗争的结果是，无论是在横向和纵向空间上，混沌层作为两种秩序间的分界线，最后总是向斗争劣势方挤压和移动，使得优势一方所占的空间越来越大；而在能量性质上，混沌层总是新旧能量的算术叠加态，表现出某种暂时的中和均衡。对于混沌层是两种秩序斗争均衡态或中间态的认识，老子的表达十分简捷，他说“万物负阴而抱阳，冲气以为和”；[1]另一些人的表达也很经典，如有的说：生命是非线性地从有序到无序之间的来回摆动。[2]

更基本的是，在以上混沌秩序斗争的中间态中有着基本粒子活动。这意味着，突破两秩序间的混沌，实现秩序间能量交换的自组织过程，是包含量子机制在内的生物信息的重构过程。

### 5.4.2 包含量子机制的自适应形成功能

在生物的漫长进化史中，有些生物逐渐消失了，有的一直延续到现在还族群旺盛，这都是“万物竞争，适者生存”规则作用的结果。特别是在“适者生存”宏观表象背后，有一系列包含量子机制的自适应功能在生命内部做着基础性的支撑。

#### 1. 什么是自适应

自适应与自组织是生命“自动化”活性运动的两个方面，自适应更侧重

[1] 张永路. “和实生物”与中华文化的早期生成论[J]. 天津社会科学，2022(03):154-160.DOI:10.16240/j.cnki.1002-3976.2022.03.016.

[2] 善行无迹. 无序 VS 有序——我们身体中的非线性系统[J]. 科学 FANS，2017(11):22-23. DOI:10.3969/j.issn.1007-4880.2017.11.004.

于说功能的运动，自组织更侧重于说结构的变化。自适应是相对抽象的、能量性的运动，是生命通过内外能量交换、实现自我平衡的过程，是与时间相联系的程序性的运动；自组织描述的是实体性的变化，属于物质性、结构性和空间性的运动。两者是不可分割的整体。

一方面，自适应包含在自组织过程之中，并在自组织过程中发挥作用；另一方面，自组织在自适应功能的运作中产生，通过自适应得到物质结构的新建与完善。因此，自适应与自组织存在于生命同一“活性”进程、同一目的、同一现象之中。

特别是，自适应作为维护系统自稳和秩序的功能，是生命进化出的面向各种干扰的自纠正性。例如，自适应可实现对干扰范围、干扰强度、偏差大小、承受能力等的自我评估，并据此形成对自身能量物质变化模式的修正，推动机体回归到正确状态上来。因此，自适应是生命在与内外环境因应中自我评估、自我修正的自动调适过程。

### 2. 自适应的表现

秋天树木会落叶，人热了皮肤会排出汗液，均是生命的自适应现象。

自适应的表现远不止这些，它涵盖范围广泛、跨度很大。自适应不仅包含微观层面的自调整和免疫反应，也包含宏观感觉和意识层面的反应。如微观层次的表现有：细胞对酸、碱、盐离子等化学物质的浓度变化作出的生化反应、对细菌和病毒侵入作出的免疫调节等。宏观层次的表现有：身体对温度和空气变化、对压力和疲劳作出的生理反应和调整等。甚至人类对利益得失所做的高级的智慧性应对，也属于自适应的范畴。

### 3. 自适应功能在量子机制助力中不断进阶

事实上，自适应本身就是一种功能。生命有多少种自适应现象，就基本对应着多少种功能。如果说，自然和社会迫使生命产生的自适应现象是无穷的，那么，生命从宏观至微观的功能也将难以计数。

上面说的是自适应与功能的关系。然而，自适应功能又有怎样的形成机制呢？

产生自适应的机制，并非像自适应功能和现象那么多，而是少得很。简单地说，自适应机制主要来自量子级的“中值机制”，这已经在前面的“中值机制”的形成和作用中做了详细阐述，在此不再赘述。

虽然“中值机制”在产生自适应机制中起着主导性的作用，说自适应机制就几乎等于在说“中值机制”的作用，但为此不再细说的自适应机制总归是“中值机制”的进阶，是比“中值机制”更具综合性的机制。

进阶后的自适应综合机制，有与自组织机制同一层面的矛盾运动，并在更高级别的生命活性现象——免疫机制和功能的形成过程中起着重要作用。

由于免疫机制并非自适应机制的“独家”产物，其免疫生成过程有更多方面的参与，故此，特将免疫机制的产生作为一个专门问题予以阐述。

## 5.5 “中值”、自适应和自组织形成免疫反应

从物质角度说免疫机制，往往把免疫的感应、反应和效应三个阶段和免疫的监视、防御、调控作用，直接分解到一系列物质承担者(如免疫器官、免疫细胞和免疫分子等)身上，或直接分解到特异性或非特殊性免疫等功能和物质生化进程中，这确实很实用，且直抵目的。但是，要弄清那些免疫感应、反应和效应的物质承担者如何升级进化？那些监视、防御和排除抗原性异物的功能及那些微妙的像有灵魂指点的物质生化进程凭什么发生？是什么机制和动力推动了它们准确而不迷失方向地、原始地形成？这必须从物质、能量和信息综合发生学角度进行溯源。而“中值”、自适应、自组织等非物质性的能量和信息进程，或许蕴含着免疫物质“智慧”样运动的基础性答案。

### 5.5.1 免疫机制在自组织和自适应的锻造中成熟

概括地说，所有复杂的免疫功能都是自组织和自适应过程，自适应是自组织的锻造过程，自组织是自适应的固定形式。也就是说，免疫功能是生命通过自组织和自适应反复锻造的结果。

自组织和自适应机制为恢复生命最优状态产生免疫的锻造过程并不是一帆风顺的，而是一直发生着从不稳定的、随时漂移散失的流程向稳定、不易散失的流程的择优与过渡。只有经过长期“修炼”(特指由生命自进化过程，不包括人工疫苗的体外培养和基因编辑)的物质变化流程和能量运动过程，才会被延续、保留、固定下来，成为稳定的免疫功能。因此，免疫功能，特别是非特异性免疫功能(与生俱来的先天性免疫功能)是无数代生命中遗传物质的自组织流程(生物惯性)和自适应的变异性积累(生物惯性)“修炼”的成果。虽然后天形成的特异性免疫未经长期“修炼”，但其偶然的、不固定的形成过

程也有先天生化惯性在起着基础性的作用。

以上所谓的“修炼”成果，是说免疫应答是更高级的自适应功能，高级的免疫应答比形成它的初级自组织和自适应更具清晰的目的性：它更知道消灭什么，保护什么。

然而，免疫应答的目的性并不是有意识在操作，而是一种自然选择。

例如，某种结构的抗体正好能够消灭某种型号的病毒的某种“目的性”，形式上经过了这样的过程：吞噬细胞摄取抗原信息传递给 T 细胞产生抗体，再由 T 细胞将抗体蛋白传递给 B 细胞(或经血清直达 B 细胞)，B 组织使抗体扩增，抗体与抗原结合使病毒失能，并形成对病毒的二次识别记忆。而这一过程其实是在生物惯性作用“冲击”下形成的免疫力偶然进阶。如 B 细胞的生物惯性运动会冲击出大量、相互不同的 B 细胞抗原肽 MHC1 样本，其中，只有一组样本的物质组合恰好可以形成对目标病毒的钳制，该种钳制物质就成为了被自然“选中”的“武器”样本。

因此，看起来像精心设计的、有目的杀死病毒的免疫进程，其实只是物质和能量偶然的组合。

进一步地，在偶然“武器”样本存在的地方，宿主物质会得到存活并形成优势区，这为免疫功能的传承打下了基础。这一过程看起来又像是被特意得到了固定和“打包”封装，而实际也是生物惯性的促成。

总的来说，惯性、自适应和自组织在以上进程起着基础性作用。

### 5.5.2 免疫活性是自组织和自适应等机制的“总成”

当人们看到免疫细胞在主动地追杀病原体时，以为免疫细胞具有“智慧样的”机制，其实不然。事实上，就像一套活灵活现的程序是由许多 if-then 类简单语句或程序模块嵌套而成一样，免疫活性是由因应、生物惯性、自组织、自适应等机制综合嵌套而成。

简单地说：

因应为免疫活动提供基础的信息素材。作为一种信息交换过程，因应在形形色色的物质和能量扰动中为免疫活动的产生和发展收集着最原始、最丰富的信息。

生物惯性为免疫提供着持续动力。作为一种势力，生物惯性携带着包括量子活动在内的物质、能量和信息，推动着包括免疫在内的各种活性运动。

自组织为免疫提供着最优物质组合。该机制作为一种物质交换和结构重组过程，以细胞级或分子级等的物质变化，为免疫提供着必需的物质联系和可靠的“硬件”保障。

自适应为免疫提供合适的运动路径。自适应机制作为一种能量和信息重组过程，在与干扰源斗争中，可在极短的时间里，以量子级(如电荷簇)的信号交流为免疫提供比对、判断、标识和方向修正(如在抗原肽的标记识别活动中，会发生“锁一钥”式的量子级信号交换等)，避免因信息混杂导致免疫混乱，这就使免疫战争统一步调、很少迷失。

有量子活动参与的“中值机制”为免疫提供精准数据。“中值机制”作为有关生命利益的最底层、最敏感的物理机制，可为极其频繁、剧烈又种类繁多、复杂的扰动提供修复平衡所需的实时、精确的数据流，并为免疫抵抗定义着目标与任务。

可以说，免疫机制的活性是由更具体的、带有理化性质的、对生命有保护性作用的多种机制的集成。

### 5.5.3 意识也产自于免疫

把免疫反应与智力反应当作两种孤立的事物来看就不对了。事实上，免疫反应与智力反应之间有着深刻的渊源。其中，智力反应脱胎于免疫反应，是免疫反应的高级形式；免疫反应是智力反应的源头和基础。从溯源的意义上看，它们都是自组织和自适应的重要部分和表现，都是“生物惯性”的衍生。

相对于免疫机制，智力反应关联的资源更多、过程更复杂。智力反应开启于生物惯性运动，继承了“中值”保护、反向调节等免疫微观机制，升级进化成了宏观的神经中枢反射和意识活动反应机制，成为了比免疫反应更高级的应答反应。沿着这一线索可以看出，神经和意识活动就是高级的、反扰动的免疫反应。

正像有翅膀的蚂蚁与没有翅膀的蚂蚁，虽然其运动的方式有着跨界的不同，但都脱胎于同一繁育基础一样，运动形式有着跨界不同的意识与免疫，也都脱胎于同一基础——“生物惯性”和自适应。其中，经免疫脱胎而成的意识活动，更像有翅膀的蚂蚁。意识所表现出的那些特有的运动形式和机制，虽让人觉得有那么多的不同和不可思议，而事实上，意识承载着免疫机制的所有特性。至于意识的“翅膀”是怎样的，又是怎么飞起来的，这显然涉及一切更具巧妙的量子级生物信息的转置和有意思的细节。那些细节关系到生命的深层机制，因此，要深刻探究生命问题，必须对意识的形成过程与相关的量子信息机制结合起来进行深入的探讨与分析。

# 第 6 章 三种“觉”的形成依靠量子机制

**导读**：生命靠什么机制获取最初级的信息？生命存在跨距感知吗？对于这类问题，本章按“由顶向底”路线设定的“以信息涌现程度为功能轮廓，找出功能及形态间的共享和嵌套关系”之方法，从量子级生物信息机制角度，阐述了意识的初级形式——觉的成因及运动特点，对觉的三种形式——潜感觉、直觉和显感觉(即感觉)的形成机制、属性和作用等做了尝试性分析，同时猜想了在觉的形成中存在着信息酝酿、“大者优先”等有趣过程。

觉是生命实现信息交互的桥梁，没有觉做纽带，生命内部和生命群体都将是一盘散沙。

从量子级生物信息机制角度看，觉属于意识的范畴，是生命主体在因应互动中得到信息并有所感知的过程，是以避险求生为目标和方向，以能量交换和转置为采信过程，以负熵消耗及量子态信息的能差为指标，以潜感觉、直觉和显感觉为表观形式，为“造物运动”惯性提供信息保障的生物信息因应机制。

如果不清楚觉是由目的性而发生的功用，不清楚各种觉统属于量子级信息活动，就会认为不同的觉各自为政，且容易混淆相互之间的作用关系。

## 6.1 对于觉的曾经困惑

曾经，有科学家尝试用物理学观点对感觉进行要素化解析。例如，恩斯特·马赫(Ernst Mach)在《感觉的分析》一书中说，“正是通过感觉，物体世界变就了我们能够抓得到的东西”“一定量的活力在一个时间单位内通过电流的横切面。是什么过程和分子运动促进那个活力，我们却不知道。同一个电流强度有极其不同的过程作为基础。直到今天，我还不能排除这个思想，并且一定会证实实质上相同的思想(出现)。”[1]电流当然是电子的运动形成的，因此，以上观点可称得上是对感觉的量子化机制所做出的早期猜想。由于受当时技术的限制，马赫又坦诚地说，“不过，还是透不到本质”。

也许，正因把生命中的生物电活动只当作了电流或能量去理解，而对电子的量子级信息属性缺乏了解，才使得人们对感觉乃至意识的机制在很长一段时间难以深挖下去。人们也只能继续沿用观察和亲见的习惯，用生命中的种种可见性来推导感觉(觉的三种形式之一)的本质。例如，或者把感觉理解成了纯能量的电流，或者把神经的物质运动当成了感觉，并把神经当作了“油管”和“电缆”样的输送神经物质和电流能量的通道。

诚然，包括大脑皮层在内的能看得见的神经，的确像是为感觉和意识提供物质和能量的“油管”“电缆”管线实体，而事实上，管线及其输运的物质和能量只是一些载体形式，其中的信息和信息形式才是最关键有用的。尤其明显的是，在脑海里燃出多彩“火焰”，以图像形式显现的意识，其主要有用的是信息和信息形式，而不是能量和物质形式。也就是说，可见的实体神经管线与时有时无、不定态运动的感觉和意识，并不是一个范畴的现象。神经是物质界事物，可绘制成线路；感觉和意识是物质、能量和信息的综合运动过程，是难以用简单的线路图来表示的。但事实上，人们却常用绘制油管路线的方式考虑感觉组成和意识机制。

用绘制的神经结构和测试通路中电流的有无实现对感觉机制的经验性分析，实用意义确实非常巨大：这种经验性分析用截断试错的方式，明白了哪根神经管着哪里，从而能做出相应的病因判断和连通性治疗，但也容易因过分注重物质性连接作用，而忽视无形且重要的信息形式。例如，不通过神经通道联系的直觉和潜感觉信息，就常被当作是可有可无的。

为了更全面地分析觉的机制，这里先试着对觉的发生历程作一下简单回顾，然后再对不同类型的觉从量子级生物信息层面做一些梳理与解析。

---

[1] 马赫. 感觉的分析[M]. 洪谦，唐钺，梁志学，译. 北京：商务印书馆，1986：285.

# 6.2 生物信息机制视野中觉的发展历程

觉的发生与发展与生命从低级向高级的发展紧密相伴，在生命内外的物质、能量与信息交互运动中得到锤炼并不断升级。

先是非脑的因应机制期，属于低级觉的产生和发育阶段。这个阶段的觉蕴含在由量子级生物信息惯性运动催生的自适应、反相抵抗和免疫等原始功能和现象之中。这些原始的功能和现象，包含着原始的潜感觉和直觉。

然后是专门化的神经和专门化动物脑的发育过程。在此过程中，因应机制升级成了专门的感觉系统，如产生了被明确分工的视觉、听觉等，和自适应能力更加强大的注意和比对。在此过程中，原始的潜感觉和直觉继续存在，它们作为觉的重要成员，始终保持着对不同信息的发现力。

在持续的“造物运动”惯性推动下，各种觉的信息秩序级别和功能级别有了新的变化，产生了新的组合并有了质的飞跃，形成了活跃于生理基础之上的、更加灵动的大脑智慧，生命进入了自我意识阶段。

从原始生命到高级智慧生命的不断飞跃性进步中，觉的产生具有基础性作用。

# 6.3 觉的属性

生命受内外环境的刺激，会使原有处于稳态或“中值态”的细胞、组织、电荷簇及电生理状态等偏离中值，物质和能量运动开始相互受阻而产生觉。同时，细胞受扰动会由微至著产生生物电活动，会以量子级活动涌现出不同的觉，生物电消耗活动会总体上降低生命系统秩序。

由此可以看出，觉是一种量子级的“涌现性”，源自量子“中值”的偏离，不同形式的“涌现性”会形成出不同模式的觉，觉的实现过程消耗负熵。

## 6.3.1 觉是量子级生物信息的“涌现”过程

觉中包含着“意思”——一种包含生物电作用在内的量子化信息。觉因有众多特殊的“意思”而能完成不同的信息职能，本质上，觉就是意思。觉中的“意思”或称之为觉意思，具有双重性：一方面觉意思是客体能量与主体的因应进程，另一方面它是一定程度的“涌现性”。

“涌现性”，是指组成事物的要素达到一定的量方可显现的现象。觉是通过不同规模(如总量和密度)和不同运动形式的量子涌现过程实现的，分别对应着觉的强度和类型。强度的涌现，如红外辐射达到一定程度时，才可涌现出某种概率的温度觉；类型的涌现，如能量性信息呈发散性运动时，可涌现出施放或膨胀感。美国科学家亨特和斯库勒 2019 年共同发表的观点明显地支持觉由积累所涌现这种见解，他们认为，人类拥有的是“宏意识”，给予我们自我感和存在感的复杂意识，是基于“许多宏意识要素的共振”。在大脑各个物质层面单独发生的振动相对简单，但结合起来后变得极为复杂，让我们拥有了自我意识。[1]

觉的涌现过程是不受主观支配和制约的客观进程。例如，不同人种对同一种美的事物不经翻译都有着共同的感觉体验，受到同样的针扎或刀割几乎有着同样的疼痛感，而所有这些感觉都不受主观支配，说明觉的涌现过程是客观的。

觉还是一个客观时间过程：人们在描述各种觉时，虽没有单独描述时间，其实觉包含着时间进程，时间贯串在所有觉之中。

### 6.3.2　量子级生物信息的能差和向量运动决定着觉的强度和类型

生命之所以有不同类型的觉，还因为觉的过程是其量子级生物信息的矢量运动受到了不同强度和类型的阻尼，这里的阻尼特指事物变化中的冲突对立方。其中，强度和类型分别对应着阻尼的能差和向量。

#### 1. 能差大小决定着觉的强度

能差尤其是阻尼能差，是形成各种传感的客观物理量。没有能差，就形不成探测，现有的一切探测设备都是通过阻尼能差的比较来实现的。例如，对风速和水流速度的探测，是通过传感器承受风阻和水阻，进而计算相应的物理形变和相变实现的；探测光和磁的光敏器件、磁敏器件，是通过对光和磁的阻尼差实现的；同样地，生命中的觉也是由阻尼能差形成的。

[1] 叶子. 人为什么会有意识？一切可能都与振动有关[C]//科学与现代化 2019，078(1)：13-17.

阻尼能差的大小形成觉的“大小”和“有无”。从有觉到无觉之间存在着无数阻尼等级，等级间的能差越小，觉的变化越小，反之则越大；相隔时间越短，能差越大，则觉越强烈，反之，则觉越弱。觉之所以还有“空无态”，是因其能量静止到了无差别界。因此，能差与觉的强度正相关。

对能差反应最敏感的，是生命中的“中值单元”和“中值系统”。能差越大，对生命体的扰动越厉害，其中量子簇的振荡偏离则越大，形成的觉会越强烈。这就是说，觉是生命中量子级“中值”对偏离度的反映。

关于刺激强度(即偏离度)与感觉强度之间的关系，德国生理学家韦伯(E H weber)发现了费希纳定律。该定律认为，同一刺激的差别量必须达到一定的指数比例，才能引起算术级别的差别感觉。这一比例是个常数，用公式表示为 $K=\Delta I/I$，其中 K 为常数或韦伯率，I 为刺激强度，ΔI 为感觉差别的等次或阈限。但是，该常数只是理想值，真实的情况并不稳定。例如，过度的刺激反而使感觉和敏感度均降低。

人们一直难以理解为什么过度刺激会发生违背费希纳定律的现象。从生物信息机制角度看，这种现象中的神奇之处源自注意转移。当注意不再为扰动区域赋能时，能差会出现下降，觉的程度就会降低。也就是说，尽管有过度刺激会出现敏感度降低的情况，但并未真正违背能差与觉强度正相关的费希纳定律。

### 2. 阻尼向量决定着觉的类型

能量和阻尼都是有向量性(这里特指方向性)的，与此对应的觉也是有向量的，不同向量的能量和阻尼冲突对应着不同类型的觉。如有的生物信息呈现收敛性运动、有的呈现发散性运动、有的呈现平行运动等，它们会分别产生收敛、发散、串行的觉。

不同向量的阻尼会形成不同的形状感和空间感。例如，有什么样的五官和体形的人，因其不同空间尺寸和体积对应着不同阻尼，主观上就有着什么样的形状感体验。

阻尼类型在决定觉的类型过程中，也决定着“我”的存在感(一种综合的存在感)。阻尼在身体各处存在，形成身体各处的阻尼觉，无数内部和外部阻尼觉累积出了整个“我”的觉。即“我”是分散在全身各处阻尼觉的集合。没有阻尼就没有觉也没有“我”，“我”与阻尼同在，特殊的“我”是一种特殊的阻尼集合。

### 6.3.3　觉是模块化了的量子级因应机制

所谓模块化了的量子级因应机制，是指通过进化，生命中觉的量子级生物信息“涌现”过程实现了模块化。

#### 1. 同一生命的不同器官都是不同“涌现性”的觉模块

“涌现性”被模块化，表现为生命信息的因应实现了功能和实体的专门化。例如，由 31 对皮节和肌节神经组成的固定神经通道及其功能，12 条主要经络通道及其功能，以及以上通道及功能所指挥调节的内脏和组织等，都是生物信息机制专门化、模块化的表现。事实上，眼、耳、鼻、舌、大脑等器官组织，都是觉的量子信息机制运动催生的功能载体和实体产物。反过来说，每一个器官之所以能迅速产生或大概或细腻或有百分比的感受，都是因这些器官所包含的成千上万的传感纤维或组织、生化链条和生物质单元等具有生物能向电能的换能作用，都载有了量子级信息“涌现”功能，都是不同量子活动“涌现性”机制的模块化。

#### 2. 不同动物具有不同“涌现性”的觉模块

觉既然是一种“涌现性”，味觉或色彩觉作为觉也一定是某一种“涌现性”。但不同动物对同一气味或色彩感显然不是一种觉，这意味着，不同种类的动物具有不同的觉“涌现性”。

例如，对于同一光源，由于不同动物视觉器官不一样，采集光的机制、效率不一样，对光的敏感性不一样，形成的视觉也会不一样。特别是夜间与昼间觅食的动物，对光的强度、色彩显然具有不同的内在感觉定义。

从不同动物对某些波长的光具有特别喜好或厌恶来看，说明动物是根据对自身生活有益性的惯性需求，通过舒服和难受来定义色彩感的。如波长 700 纳米的光在人的视觉产生“红色”感觉时，正是人的生命体对“红色”的特殊的“感质(即感受质)”[1]定义。夜间动物对 700 纳米波长的光的感觉与人也许不会一样，感觉到底是怎样的，只有它们知道。因为近同于觉的涌现性的“感质”，不仅无法跨类传递，甚至不能在同类间真正传递。

这意味着，由于生成觉的过程来自不同的、个性的“涌现性”，不同动物

[1] 朱耀平. 感受质、意识体验的主体性与自我意识[J]. 浙江大学学报(人文社会科学版)，2014，44(1)：125-133.

相互的觉模块也有着很大不同。

### 6.3.4 觉的过程消耗负熵

觉对不同种类、强度、位置及持续时间扰动的采信、测定和反馈过程，是通过消耗负熵实现的(这将在后面的内容中进行有针对性地阐述)。

## 6.4 觉的作用

似乎只用反射弧就可描述觉的作用，其实不然。反射弧只表达了通过神经传导的显性感觉过程，还远不能包括全部觉和觉的全部作用。觉不仅在宏观上与生命的整个发生、发展过程相联系，也在中观和微观上为生命内稳和平衡(即自建、自维持、自适应)提供着精确向导和数据保障。

### 6.4.1 用痛苦指数报警威胁

觉是对危险的防御性反应，表明所有的觉都具有报警的意味。

#### 1. 觉用痛苦程度报告扰动程度

生命用分布在各感受器中的微观“中值系统”所受到扰动大小来判定危险程度。带有量子阈值特性的“中值系统”因遭受不同扰动会给出不同“偏离”程度的量子信号，物质偏离“中值”越远，形成的信号能值就越高；受扰动的“中值”单元越多，形成的信号规模就越大。不同强度、不同规模的量子信号，经传导、汇聚，在神经中枢得到宏观评估，就会得出“舒服”或“痛苦”等不同梯度的定性感受。也就是说，觉的大小和强度代表着危险的紧急程度，觉越强烈，警讯越紧急。

#### 2. 觉用不同类型的痛苦感报告扰动类型

仅仅具有强度属性对生命的防御还远远不够，觉还需要报告更细腻的属性——扰动类型，它属于空间向量性运动。

不同的痛苦类型其实是不同的空间反常感，对应的是面状分布或体积分布的量子位被扰动后的能量矢量变化。例如，不同程度的冷、热、酸、麻、收缩、扩张等感受，各对应着一套特殊的能量偏离运动数据集——态变化。

每一种态变化又包含了无数微小的能量运动矢量偏移值和速率变化值。这些数据的后期处理，对于神经中枢来说，却似乎很简单。神经中枢可通过一种天然的概率评估机构——“概率机”——大脑中信息的对撞式作用(见本书 7.3.2)得出痛苦类型。

### 6.4.2　用“反相机制”双向调节

觉具有双向预警和双向调节作用。觉的双向机制是通过从痛苦向舒服靠拢或逼近中实现的。舒服部为“中值”中心，而痛苦则处于“中值”的两侧，觉的双向机制也就是从“中值”两侧向中心的靠拢或逼近。

构成“中值单元”的量子簇，其能量的“左偏”还是“右偏”都代表不同的痛苦类型。例如，相对于适宜的中值性温度，向“左”的过冷或向“右”的过热，会表现着相反的痛苦感受。

这种相反的感受，其实就是双向预警和调节的依据。当身体感觉过冷时，会启动“反相机制”产热以便靠近“中值”；相反，身体感觉过热时，为了靠近“中值”会加速热的疏散实现降温。生命会在评估不同侧偏离程度和模式的同时，通过“反相机制”实现双向调节。

在双向调节进程背后，是生物信息的阻尼和熵的运动。例如，在压力与反弹、收缩与扩张、通与不通、嘈杂与静雅、混乱与有序等反相调节中，存在着阻尼和熵的平衡作用。

### 6.4.3　为生命运动提供精确数据

生命的少、壮、老造物进程，吃、喝、拉、撒、睡、生殖等基本活动，意识的运动及情绪的喜、怒、哀、乐表现等，都需要相应的能量和物质的信息保障，这些信息保障都是在生命动态运动中实现的。觉为这些进程提供了非常准确的数据和依据。

觉是怎么做到的？

#### 1. 以舒服觉为生命定“基准”

“舒服感”是十分重要的生命功能。它虽是一种笼统的概率感，却承载着生命自我建构的能量标准、物质标准和信息标准等众多参量。本质上，是一种生命最优状态的振荡(即“中值振荡”)信息，是指导组织重构和建设的数据集。

生命一直用“舒服”作为自我建设的最高标准去判定来自内源或外源的无机质、有机质、能量或人工移植来的“活体”(如异体细胞、组织、器官等)等是否合格，每时每刻都在用是否舒服鉴定着自身物质和能量的组态是否最优。在宏观层面，生命会用舒服及其派生出的美好感引导自身追求最优的温度、光照、空气、音响、口感、相貌等条件，甚至还用其引导求偶和繁殖；在微观环节，舒服能以潜感觉的形式指导物质和能量以最优形式进行匹配与交换。

### 2. 以痛苦觉引导生命的精确修复

在生命的运动中，舒服觉与痛苦觉是相互比对、紧密配合的搭档。不同的是，舒服觉提供“建设”标准，痛苦觉依据标准测定偏离的程度；相同的是，两者都使用同一“遗传中值”为参照。在这一参照下，代表“中值”和完美的舒服只有一种模式，而偏离“中值”的痛苦模式却有无数种，如物质缺失或位置偏离形成的损伤等。然而千万种不同的痛苦，正是实现修复需要的最巧妙形式：不同的痛苦是一些不可替代的个性化请求与召唤，助推着生命物质层和能量层的精确施救与修复。

尤其特殊的是，发生在生命中的微观扰动和损伤往往十分分散、复杂，使得那些需要重建和恢复的“现场”有着无限多样的分布，为此发生的动态物质能量调运还会产生难以估量的信息流。

由于痛苦从诸多复杂现场涌现而来，使得痛苦与待修复“现场”既同出一处，又有着同样的分布性，所以痛苦所呼唤的物质和能量需求与“现场”具有天然的匹配性。这也是生命可跨越数据障碍，瞬间处理天文级别数据的原因。

由此可见，舒服觉和痛苦觉是多么的伟大，而它们的失聪会有多么的糟糕。

## 6.4.4 促进生命进化

觉的频繁预警和调节等活动会促进专业化觉模块(如视觉系统等)的诞生和升级，并促进生命不断完善和高级化。

觉模块的诞生进程是对分散的功能“打包”、固化的过程。在这一进程中，身体把因应、阻尼、中值、反相等机制及其相应的物质、能量调运等流程统统集成、固定、联结起来，“打包”成一套综合性的本能，如眼睛鉴别光影、肺交换气体、肠道分解食物等。由于被“打包”了的觉模块有固定的信息通道和反应形式，所以本能的表现很奇特：一方面反应迅速而准确，一方面反应的程式却很呆板。

觉模块(如眼睛)虽然是物质上高度分化，功能上高度专门化的系统，但它并非诞生后就一成不变，而是遵循“用进废退”的原则不断向更专门化进行升级与变化。例如，人脑使用强度比动物大，因此人脑无论容量还是抽象思维能力都比其他动物强得多；其他动物对视觉和直觉的使用强度大，因此在这些方面动物比人类强得多。

## 6.5　觉的种类

对觉的分类关系到对觉的本质性认知。

古人经观察与体验将觉归结为 6 种，称为“六触”，即眼触、耳触、鼻触、舌触、身触和意触；而现代生理学则把意触排除在外，认为觉只有 5 种。之所以对第六觉的态度有这么大的不同，是因古人相信不可见性的意识直觉也是真实的、是第一性的；现代生理学则认为物质可见性才是真实和第一性的，不承认仅凭感受得到的“第六觉”。这种情形，也许在意识的量子级生物信息性质被彻底揭示时，才会得到根本的改观。

其他关于觉的分类的矛盾，大多也与缺乏对觉的生物信息属性的认知相关。例如，有的把觉分为外部感觉和内部感觉两种；有的把觉分为外部感觉(包含视、听、嗅、味和皮肤觉)、内外感觉(包含平衡、重力、运动等觉)、内部感觉(包含时间、疲劳、情感、呼吸、饥饿等身内和脏器感觉等)、抽象觉(包含注意、概念、想象、爱、梦等)4 类……不难发现，在对觉进行的分类中，有的用发生的位置或功能表现混同于内涵，有的则出现了概念间的相互包含，就像在归属狗有哪些品种时，先将其所处的区域(静态的位置)分一遍类，又按其凶猛程度(动态的功能)分一遍类，然后又将以上所分混杂归了类一样，基本是以表征现象去分类，却始终没按觉的信息机制去分类。对于这些模糊与混乱，在此无暇一一辨析，相信随着下面的讨论，读者将自会鉴别。

从生物信息角度看，觉的种类可以如下划分。

按照信息传递形式划分有三种觉：纵向传递的觉，如生命体内由微观潜感觉到宏观显意识之间的信息竞合涌现；跨越传递的觉，如生命体之间的信息跨距传递；横向传递的觉，如在物质层面的树状、网状、束状神经传导。

按功能划分有6种觉：视觉、听觉、嗅觉、味觉、体觉、直觉。

这里着重从信息传递形式角度，对觉的一些内在机制和属性予以讨论解析。

## 6.6 纵向传递的觉——潜感觉

所谓潜感觉，是指信息未被或不能被主观意识所察觉，但却能被生命中主观以下具有主体性的神经组织和不依赖神经的微观生物质(如淋巴细胞)等所获得和感应到(并常能做出互动反应)的觉。

例如，在细胞、基因等生物质通过直接接触，发生化学变化和离子交换传递信息的过程，在化学突触(chemical synapse)或电突触(electric synapse)与后神经元之间产生化学联系和电紧张偶联的信息过程，或在信号经神经元传递进入脊髓或生物脑，未被注意所拾取、主观意识未觉知，但却在主观以下活动的信息过程，其中的主体方得到信息并有所因应的过程，属于潜感觉过程。

潜感觉是潜意识范畴中的隐语，是最原始的觉，是主要呈纵向涌现过程的量子级生物信息运动。

主观不能察觉、神经机制不能涵盖、介于纯理化运动与显感觉之间的潜感觉，承担着生命微观环节广泛而类型复杂的因应职能，传递着大量生命信息。潜感觉通常以不同类型、不同层次的消息团、信号团或指令集的形式与生物质载体混杂在一起，共同形成生命中观以下级别的“活性”反应现象。

### 6.6.1 潜感觉(隐语)的存在性

#### 1. 生命存活需要有主观以下的信息交互

生命因能维持物质秩序、能量秩序和信息秩序而得以存活，其中的信息秩序尤其重要。无论那些信息的生成或传递的过程在多么微观地发生，是否能被主观意识所觉察，微观之间、微观与宏观之间的信息交互也必须有序发生。否则，宏观生命和宏观感觉将不可持续，宏观与微观的交互及微观物质和信息的存在都将失去意义。

#### 2. 量子化隐语存在于微观的信息交互之中

经前面的讨论我们已知，自适应等是通过阻尼、能差、“中值振荡”及信号的“涌现性”等物理过程实现的；又知道这些物理过程导致了不同程度的痛苦和舒服，痛苦和舒服又进一步对生命的微观到宏观活动实现着精确调节。而实际上，以上这些物理过程导致生理现象的“导致过程”有着规范的信息交流，是一些潜在的微观语言或潜感觉之间的信息交互，正是常被一些心理学家提及的“隐语”。

隐语不仅大量地存在，而且是量子化的。例如，包括基因在内的微观环节存在高速和浩繁的数据处理需求，而量子化隐语是这类高强度微观信息交互的唯一胜任者。事实上，不限于生物电在内的量子化介质始终在生命的微观交互中发挥着不可或缺的信息载体作用。

### 6.6.2　潜感觉特点

(1) 潜感觉是生命中占比最大的量子级生物信息活动。每秒有无数潜感觉在生命的各层面发生，并处于升级和备选状态。在此过程中，权重的竞争与优化是潜感觉升级的基本模式，它具有数量大、碎片化、分布广的特点。

(2) 潜感觉具有纵向传递的特点。潜感觉的传递模式，由上(指宏观，以下同)至下(指微观，以下同)呈发散性，由下至上呈收敛性。

(3) 潜感觉是生命个性塑造者，又是主观与客观运动的联系者。潜感觉由下至上传递因应信息的同时决定着“念头”的生成，形成人的行为和思维习惯，实现对人的性格塑造；由上至下是意识行为到最末端物质的承接，实现由主观运动向客观物理运动的回归。

(4) 潜感觉是跨越生理层级最多的信息活动。从最低级的潜感觉到显意识之间，存在着若干层级的隐语信息活动，例如，在组织层面、细胞层面、生物酶和基因层面都存在着相应级别的量子级生物信息“涌现性”和“涌现性”之间的交互。

(5) 潜感觉是最易被检测仪器忽略的能量和信息活动。比起神经系统传导的“洪大”电量和能级，潜感觉甚至达不到“痕量”级的存在，其信号一般被淹没在背景噪声中，会因达不到仪器探测的信号阈值而被忽略。

### 6.6.3　作用及机制

在物质形式复杂、信息密度极高、噪声干扰强烈的条件下，潜感觉是怎样实现信息的高效而不失真的酝酿与传递的呢？

### 1. 潜感觉整合和接转着生命信息

1) 通过"涌现性"实现信息整合

没有进入主观感觉的潜感觉海量存在。生命自身每一瞬间、每一立方毫米物质都在产生量子级生物信息，如有生物学意义的电荷运动和红外辐射等，但仅有极少的一部分被注意所摄取。

海量的且有生物学意义的潜感觉是在像"价值竞合"样的进程中不断向显意识过渡的。没有机会升级为显意识的潜感觉，并不像是没有经过调制、频率较低、毫无组织、无所事事的信号，而是在进行着从潜感觉之海向显意识过渡的、紧张高效的酝酿。其酝酿过程很像一个没有固定主人的、自由竞争的"闹市"。当市场开市时，各路信息参与平等竞争。竞争的规则是"大者优先"：哪个信息元素或能量过程更强大，会成为那个特定时段的优胜者；无数特定时段的优胜者形成一个序列，像一串连续的帧向显意识不断进呈。

以上所谓的"闹市"竞争，就是一种"涌现性"机制，是对信息进行整合的过程。

2) 通过量子化混合"议事"功能协调全局联动

生命内的物质运动是如何做到内容和时间协调统一的呢？这就是潜感觉特有的功能了。

潜感觉有混合"议事"功能。生命内时时召开着众多能量层和信息层的隐语"会议"。与社会中人们的会议和工程的单独举行不同，生命中的隐语会议是效率极高的混合"议事"活动，是一种"既分时，又分级"的特殊进程。

这一过程之所以能不发生混乱，是因为潜感觉信息具有比分子还小很多的量子位组合和自适应能力。自适应能力可以使潜感觉信息内的成员(量子位组合)以一当百，且具有全息性。量子化潜感觉信息的全息性，使得潜感觉信息既可有全方位感知、评估、传播能力，又可兼具运输、除障能力。潜感觉既具备了能量和时间层面的"多方同步能力"，又兼具了物质架构层面的分级能力。显然，只有既同步、又分级的双重作用，才可实现综合的生命结构组织和有序的功能活动。这种进程在对由量子活动引发的蛋白质运动的观察中得到了验证。例如，蛋白质的解旋和多级折叠在许多情况下是同时进行的。

3) 以量子化的"抗噪"机制实现信息传递的准确与保真

"现有研究表明，噪声广泛地存在于细胞的DNA复制、基因转录和蛋白质翻译等重要的生理活动中。"[1]潜感觉要在如此嘈杂的环境中实现实时、准确和完整的数据交换，必然有稳妥的机制保障，而潜感觉自身的量子级属性对实现这种保障有着天然的优势。

例如，潜感觉活动中的量子相干、纠缠及潜感觉中的电运动等，就是抵抗噪声的重要形式。其中，有效抵抗退相干的稳定量子纠缠可以抵抗噪声；以生物组织为载体的、具有复杂拓扑结构的电荷簇，也因能引导生物质活性实现信息继承而可抵抗噪声。特别是进入纠缠态的量子，可附着、寄存于蛋白质这类大分子中，并随着蛋白质的运动实现信息的保真传播。蛋白质有规律的拓扑变化又正好帮助了潜感觉信息调控性指令的投放；已经投放出的信息还会与正在广播途中的潜感觉信息算术叠加互动。潜感觉保真性信息活动满足着信息的动态传播与调控。

### 2. 潜感觉整合和调配着物质和能量

1) 潜感觉与生物质一同起伏运动

当潜感觉以电荷簇类的形式静止依附于生理结构中时，是生物信息在沉默，即潜感觉与物质结构"混搭"在一起，以散在的、看不见的形式隐形蛰伏；当"混搭"物在运动时，是潜感觉或隐语在"交谈"。事实上，有多少种和多少层可见的物质结构，就搭载有多少种和多少层潜感觉或隐语模式。例如，每一个大物质节点都联系着若干"骨干链接点"，骨干链接点下面还有更广泛的链接点，层层叠套的节点形成了生命体从细胞到组织再到器官的网状联系。与此相对应，每一物质节点也同时是元素级信息位、中观的类级信息团、宏观的对象级信息系统之间的信息接点。当这些信息接点被阈值触发时，被触发的既是物质性的，也是信息和能量性的。这意味着，当生命中的物质在运动时，同时也伴随着潜感觉或隐语的运动。

2) 驱动生命体宏观级别以下的物质运动

生命从中观到微观层面模块化、程序化的生理反射运动以及链式生化运动等物质进程，是由看不见的电荷群运动、量子相干等能量和信息运动所驱动的过程。那些信息的运动进程其实就是潜感觉活动，换句话说，生命的物质进程是由潜感觉的信息进程所驱动的。

例如，当主观意识在暗示自己放松、平静时，负责具体执行的过程其实

---

[1] 张家军. 基因调控网络中的动力学研究[D/OL]. 上海：上海大学，2006：1-12[2019-07-12]. https://d.wanfangdata.com.cn/thesis/ChJUaGVzaXNOZXdTMjAyMjA1MjYSB1k5MDc2NTIaCDN6em5obWx1.

先是由主观和神经向其下面级传导指令，最后由潜感觉或隐语更微观地执行。当人站起来或坐下去时，其实在用潜感觉或隐语调整身体的微观物质：当主观意识指挥放松某一局部时，其实是通过神经驱动局域性的潜感觉或隐语间接引导着某处放松；当主观意识要求全身放松时，其实是通过全域性的潜感觉或隐语作用实现了全身的放松……

特别是当生命在睡眠时，潜感觉仍然能够“盯住”每一个不舒服的地方，并对该处给予量子级赋能和量子位调整，使其恢复到正确状态(即“中值态”)。可以说，潜感觉几乎驱动着除主观意识直接作用以外的所有生命过程。

3) 驱动生命的“造物运动”

潜感觉或隐语与生物质的混搭和程序化运动，通过大量的能量阈值和拐点信号来实现。潜感觉或隐语利用能量阈值和拐点信号，实现了对形形色色、大大小小、不同层级物质的引导活动；能量阈值和拐点信号的程序化，使生命展现出物质代谢、细胞增殖、免疫拮抗、遗传表达等多种程序性的自主进程。如果没有潜感觉或隐语信息和效应的程序化联系，生命中物质间的沟通、解析、调制将难以发生，活的生命现象也将不能达成。潜感觉或隐语驱动着物质和能量的召募、聚集、遣散等一系列过程，驱动着生命各处精准的“造物运动”。

4) 充当“天人相应”(即环境能量与生命的互动)的桥梁

当人体物质被环境能量作用时，环境能量就会启动潜感觉发生“外部能量运动—潜感觉—内部物质运动”链式反应过程。环境能量介入生命的过程，先是外部信息和能量对生命中生物信息的影响，进而对人生理进程的影响和生命物质层面的改变。如“地—月”运动之间的引力场变化及宇宙射线的变化等，会对人体的内分泌、细胞分化运动及基因活动产生影响，并进而引起人的情绪变化过程，这其中就存在环境信息在无形中对潜感觉的影响。这种越过眼耳鼻舌身“五触”等显感觉，跨越主观意识，直接影响潜感觉并作用于微观物质的进程被古人称之为“天人相应”，其中，潜感觉的因应作用充当了联系的桥梁。

需要说明的是，以上所说的“天人相应”互动，部分地属于跨距离的信息传递机制，发生在生命微观层面，不被主观所感知。但从信息的传递形式上看，又与以下谈到的直接被主观意识所感知的“直觉”机制并无质的不同。

# 6.7　超越性传递的觉——直觉

对于直觉，有人认为是指在没有证据、没有意识推理或在不了解如何获得知识的情况下洞悉事物、获取知识的能力；有人则把直觉当作“直觉思维”[1]来认识；有人干脆认为直觉是一种未知的机制。人们当下之所以对直觉机制如此模糊，是因对感觉的量子级信息机制还没有透彻的认知。

直觉既不同于潜感觉的纵向传播，又不同于显感觉的横向传播，而是呈跨越性传播的量子级信息运动，具有特有的运动规律和特点。

## 6.7.1　直觉的概念和特性

### 1. 直觉的概念

直觉是信息越过或不经过常规的感觉神经通道，直接被主观意识或潜意识所感知，或直接对意识和身体发生调控作用的觉。

由于直觉不经过由潜感觉向主观意识的酝酿和竞争，不经常规的感受器或感觉系统，且发生于感觉之前，直觉通常被学界称之为前意识或下意识等。古代，人们将由主观意识直接感受的觉称为“意触”，将其并列为“六触”中的一种；现代，人们一般也将其称之为“第六感觉”。

### 2. 直觉的表现及分析

1) 0.5 秒现象

在加利福尼亚大学旧金山分校生理学系利贝特(Libet)领衔的一个实验中，研究者发现存在意识反应滞后于直觉的现象。

该实验介绍说，当意识“认为”自己在做出反应时，还有比它更早的信号在指挥动作。“在大脑感觉皮层施加一个电刺激，如果刺激达到一定的强度并且能够持续 500 毫秒，则会被感觉到。也就是说意识的建立需要 500 毫秒的时间。换句话说，如果你的手被针刺到了，当刺激到达大脑感觉皮层之后，

[1] 吕汉东. 直觉思维新探[J/OL]. 台州学院学报，2003，25(2):10-14[2017-11-21] https://d.wanfangdata.com.cn/periodical/ChlQZXJpb2RpY2FsQ0hJTmV3UzIwMjIwNzE5Eg90enh5eGIyMDAzMDIwMDIaCGJobGV3b3Vp.DOI:10.13853/j.cnki.issn.1672-3708.2003.02.002.

还要再过半秒钟，你才会意识到疼。但是你会说，你马上就把手移开了。没错，你确实是立即就做出了反应，但是等你意识到你做出了反应，则又是在0.5 秒之后。”[1](在此称之为 0.5 秒现象)利贝特进一步总结道，“主动运动之前会有一个准备电位(RP)，实验发现，平均而言 RP 比动作早 550 毫秒……”。利贝特认为：“无意识的大脑过程引发了主动运动的过程，之后就在实际动作将要开始的时候，意识会说‘同意’或者‘不同意’，而运动就运行或者停止。”这一实验表明，主观是一个事后“诸葛亮”，即主观之前存在无意识的执行命令过程。

如果说以上现象显示存在一种超前机制，以下现象则与超距机制不无瓜葛。

2) 跨距传递“意识”的现象

英国《每日邮报》网站 2013 年 2 月 28 日的一份报道说，科学家把具有发射功能的微芯片植入不同笼子中老鼠大脑的用于控制交流的部位，促使一只老鼠向另一只老鼠成功传达了“如何寻水”的大脑信号，并使同伴做出了正确反应。他们认为这对老鼠之间产生的“行为协作”的实验结果，表明存在一种原始的“心灵感应”。更加神奇的是，同样的实验又在另一对相隔遥远的(美国与巴西之间)老鼠身上上演。它们的大脑信号通过互联网传递后，仍然做出了准确动作。负责该项目的科学家尼科莱里斯称，上述发现首次揭示了动物间的行为信息交流可以通过大脑信号而非其他常规方式实现。[2]

这些实验中所呈现的“心灵感应”现象，不仅证实了意识可在主体间跨距传递“意思”级的信息，而且还引出了一个新的问题：大脑是通过什么方式得到了意思？

### 6.7.2 机制分析

当把以上两个不同的事件合在一起考虑时，会得出有趣的猜想：存在“0.5 秒现象”超前机制，意味着刺激信号在呈送给大脑主观的同时，也呈送给了被动等候主观指令的效应器(如手等动作效应器)，且效应器可通过潜感觉直接“理解”这种指令的类型和意思。这很像一声“开枪！”的命令同时传给了长官和士兵，士兵马上开枪后，又得到了长官的肯许。

---

[1] LIBET B , GLEASON C A , WRIGHT E W, et al. Time of conscious intention to act in relation to onset of cerebral activity (readiness-potential)[J].Brain,1983,106(3):623-642. DOI:10.1007/978-1-4612-0355-1_15.

[2] 信莲. 老鼠大脑植入微芯片 身处两国也能产生“心灵感应”[N/OL]. 中国日报网，2013-03-02 [2018-02-01]. http://www.chinadaily.com.cn/hqzx/2013-03/02/content_16268914.htm.

跨距传递意识现象，其实是外界的量子级电磁波携带了“细腻的意思”(是可被执行的命令)，或直接进入意识，或直接被效应器解析成了动作信号。统合看则是指令性信息可以跨距传递，效应器具有额外的命令接收通道或“端口”。

什么样的端口才能支持这种跨距信号指挥？

笔者认为，量子级的生物信息机制似能使效应器比较容易地做到。

### 1. 量子级信息可直接使本能模块动作

在身体各种功能系统(如运动神经系统)中，存在着大量的“打包”过的程序化反应模块，其中一部分模块可能保留了对量子级信息敏感的、能启动功能反应的“端口”。端口是潜藏于各组织中有一定阈值的信息位(如生物质中的电荷簇或离子团等)，超过阈值，它们就会通过从反极化恢复到极化状态的电化学形式或其他形式做出应激反应。

“端口”之所以被预留，是因生命外环境始终存在着量子级信息流，并起着对危险临近的告知作用。在进化中，凡是对告知信息产生敏感或躲避反应的生命都存活了下来。同时，“端口”之所以存在且被阈值化，是因生命每时每刻接收到的临近告知信息波太多，如果统统对其做出反应，既不经济，也没必要。在进化中，对不具危险性的临近信号反应慢慢就被过滤掉了，只保存了对生命危害最大最紧迫的信息类型的反应。

这些预留的反应类型，会很容易地启动生命深处被固化了的量子化阈值开关，产生某种本能反应。

心理学家大卫·拉伯格(David LaBerge)等在 20 世纪后叶对具有自动化功能的本能模块总结出 4 个核心特点：不可避免地诱发、不可救药地执行、高效率和并行进行，而生命中的量子化模块端口正是如此表现功能的。

### 2. 量子级信息应能使直觉在意识域发生

成组团的量子级生物信息可通过相干耦合直接形成概念，这种机制可形成直觉。

当来自生命外部的量子信息或来自生命内部的潜感觉信息与主观信息相遇时，会产生量子级的相干耦合，意味着从中可发生直觉。

有若干实验证实大脑中存在这种相干耦合的基础环境。相关实验报道虽然主旨不是在证实量子化直觉，但实质上却潜在地说明存在相干耦合的量子化直觉。

例如，“1999 年 4 月，《科学》(*Science*)杂志上有科学家说，他们用一些因为基因缺失而造成视网膜感光能力缺损的小白鼠，进行一连串实验。实验结果发现，虽然小白鼠的感光受体基因缺失，但是它们的松果体在受光刺激下，调整分泌褪黑素的功能完全不受影响。由此可见，视网膜感光受体基因缺失的老鼠，感光能力如常。”[1]从生物信息机制角度看，感光的过程就是量子信息的相干耦合过程，松果体则是以量子感应的形式完成了这一相干耦合和信息的直接“抓取”，从而形成了一个个相干态的生物信息“现场”——概念。以上这种现场或概念一经发生，它就成为显意识序列中“正式”的一员。显然，它就是直觉。

### 6.7.3　特性及作用归集

虽然直觉的机制还需要进一步验证，但其特性和作用显然与由常规的眼耳鼻舌身产生的“五触”有着很大的不同。

#### 1. 特点

直觉是对跨时、跨距信息的觉。直觉信息可同时向大脑主观和效应器广播，可以与效应器通过量子机制直接联系，具有跨距的快速反应；直觉信息与意识和效应器之间的因应互动是锁钥式的关系；直觉信息是生命中占比较大的信息活动。

正是较多的、未经感觉管道加塞而来的直觉，增加了生命意识和动作的不确定性，形成了人类至今仍觉自傲的“灵通”。

其实，在直觉方面，比人类低级多的昆虫也比当下的人工智能干得好很多。它们的大脑很小，却判断准确、反应灵敏，说明它们可能使用强大的直觉而不是逻辑。

#### 2. 作用

直觉的特点和机制形成了直觉特有的作用：能对突发和临近的危险实现因应反应，能对预期的危险提供暗示和提醒。

---

[1] ROBERT J,LUCASMELANIE S,FREEDMANMARTA M, et,al. Regulation of the Mammalian Pineal by Non-rod, Non-cone, Ocular Photoreceptors[J]. Science, 1999, 284(5413):505-507[2020-02-01]. https://www.science.org/doi/10.1126/science.284.5413.505. DOI: 10.1126/science.284.5413.505.

# 6.8　“横向”传递的觉——显感觉(感觉)

由神经元突触收集信号，经轴突传输，过脊髓等中枢神经传入大脑，最终能被主观所察觉或觉知的觉属于显感觉。

显感觉就是通常所称的感觉，显感觉与中枢神经和大脑相联系，因此属于后发的觉。现代生理学对显感觉机制一般用反射弧来表述，认为“反射弧是反射活动的物质结构基础”，[1]包括感受器、传入神经、神经中枢、传出神经、效应器5个组成部分，并把显感觉分为视觉、听觉、味觉、嗅觉和体感共五种，把形成五种显感觉的眼耳鼻舌身五大感官系统及与其相联系的脑和神经系统所形成的信息感受、传输、加工、反馈与效应系统称为感觉系统。同时认为，在感觉的形成中，细胞和神经通过传递电荷和生物电电流起作用。具体地说：未受刺激时细胞处于膜外侧带正电荷，内侧带负电荷的“极化状态”或“静息电位”；受到刺激时，细胞会发生电荷的变化或电兴奋。与此同时，细胞膜电荷总数会由“外正内负”变成“外负内正”的“反极化”状态；其间，细胞电兴奋产生的电势会使电荷向周围，特别是向势能低的方向传递，并形成“动作电位”。“动作电位”以生物电形式传递，其中向大脑传递并被主观所觉察便能形成显感觉。不难看出，现代生理学已将显感觉及形成显感觉的神经系统的构成和作用勾画得很经典、很清楚了，因此，这里无须过多重述已有的正确认知。

但是，为了对包含显感觉在内的量子机制的觉有一个完整的认识，还须对显感觉与潜感觉和直觉的信息运动形式、机制及作用特点几者之间的不同做必要的简述。

## 6.8.1　显感觉是“横向”传递的觉

说显感觉是“横向”传递的觉，有以下理由。

显感觉域中的电子、电荷等信息沿行的线路是神经系统，而所有神经基本在同一物质层面中。虽然神经系统有中枢神经和外周神经等主次之分，有大神经和毛细神经等巨细之分，有网状、树状等形态之分，但总体上，其信息载体皆属于神经元以上的可见物质范畴。相比潜感觉在多层物质载体中的

[1] 杨井敏. 反射机制中活动反射弧结构的选择组合及其解读[J]. 检验医学与临床，2008，5(8)：498-499.

信息活动，神经中的信息活动还属于在同一物质层面中的“横向”运动。

### 6.8.2 显感觉形成于量子机制，靠量子机制工作

#### 1. 显感觉通过多种“专业”机制采集信息并使其量子化

显感觉用多种专门机制收集信息。例如，显感觉通过视觉中的视锥神经细胞等收集光信息；通过听觉中的振动传动机制收集声波信息；通过味蕾和嗅觉神经中的化学机制收集化学变化类信息；通过皮肤及体内组织收集温度、压力、重力、物质交换等物理和化学信息等。

在收集信息的过程中，显感觉系统及功能不断专门化和优化并包含着两个层面的进阶：一方面不断优化着反射机制中的物质结构，从而使信息收集日益模块化，最终进化出不同专业功能的器官；另一方面使反射机制的功能更加灵敏、准确和强大。

为什么产生显感觉的各种专业器官所收集的信息最终都转化为了电信号或电量子信息呢？原因在于生命的最高司令部大脑其信息机制是电量子基的。也就是说，大脑的量子级信息机制，决定了为其收集信息的各专业伺服器官也是量子机制。

事实上，只要仔细审视每一种感受器的工作流程，不论视觉、听觉，还是味觉，其中都存在着生物电运动。这意味着，它们行使功能的过程，就是将外界信息转化为电量子信息的过程。那些专业化的“硬件”系统，就是将其他物理或化学形式向生物量子信息形式转化的换能器。

#### 2. 显感觉通过能差与阻尼机制实现生命的遗传功用和经验获得

显感觉通过能差和阻尼实现遗传功能指导下的信息采集。分布于身体各处的神经网络及其不限于电量子活动的神经递质运动，可借助隐藏在生命中的“遗传中值”和阈值系统，实现对阻尼和能差的感应，获得受扰动的强度、种类等信号，反映威胁的强度、类型等属性，为生命做出各种反应提供详细的指标信息。

在此过程中，生命“中值系统”中的阈值(如耐受范围等)会不断受到训练、调整与修正。也就是说，显感觉运动过程，不仅是遗传功能不断展示的过程，同时也是生理功能不断被强化的(获得性)过程。

#### 3. 通过量子级信息竞争机制实现信息递呈和表达

除大脑外，从解剖学角度看到的神经通道主要呈树状分布，即越向底层

神经分支越多，越靠近中枢分支越少。这种分布，非常有利于神经系统对量子级生物信息进行分层晋级。反过来看，也正是由于分层晋级的量子级生物信息机制催生了神经的树状结构。

在下级多、上级少的神经体系中，哪条支线的信息最先进入上层的主干？逻辑上，应是能量最强大的那股信息优先进入，而其他的信息就会被抑制或淘汰。

麻省理工学院计算机科学和人工智能实验室的研究者，宣布用“竞争学习规则 winner-take-all”开发了人工神经网络新模型，他们所介绍的思路是，把模型中大量的时间相似性和空间场景相似性的信号当作冗余，只让其中一个神经元实现输出，执行以一当万“赢者通吃”的操作，正像“总统选举”。[1]这种模拟神经得出的机制，在一定意义上说明，显感觉系统是由竞争“获胜神经元”发育而来的网络。

#### 4. 通过熵代谢实现生命的弹性反应

(1) 显感觉过程应通过消耗负熵实现。生命为了消除外界侵扰，会将感应干扰与抗击干扰的能力融为一体，表现为感觉过程同时伴随消除感觉的过程。这种能力的实现，得益于生命在探测熵干扰的同时消耗了负熵。负熵消耗过程不仅能探测熵的刺激程度和规模，而且可直接通过负反馈等“反相消弭”机制实现恢复与调整。

(2) 显感觉参与的弹性生理过程应经熵代谢实现。在由显感觉或神经活动参与的生命运动中，有心跳和呼吸这类一张一弛的弹性循环，有肌肉纤维运动中的从极化到去极化再到复极化这类电生理弹性循环，有日夜交替的神经兴奋和抑制弹性循环。从弹性循环一定会消耗负熵的角度看，所有神经支配的这些弹性循环，都应与负熵代谢带来的秩序性助益相关。

### 6.8.3 显感觉的特性和作用归集

#### 1. 特性

(1) 显感觉是只在神经物质层面传递的觉，且这种觉的信息是电量子化的。

(2) 显感觉是觉家族中能量最大的觉，对注意有着强大的吸引和占用性。

---

[1] CNBETA. 美科学家发现人脑决策机制与总统选举有异曲同工之妙[EB/OL]//THEREGISTER. Human brain 'works like US presidential elections'，(2009-09-16) [2019-06-02]. https://www.cnbeta.com/articles/tech/93522.htm.

相比潜感觉和直觉，来自显感觉的信号会被注意优先选择。

(3) 显感觉是有最高能量阈值的觉。相比很微小的能量就可启动的潜感觉，每一种显感觉都需要更高的能量阈值驱动。反过来，由于携有最高的能量，显感觉可轻易冲击或淹没其他觉。

(4) 显感觉是有片面选择性的个性觉。在显感觉过程中存在如下现象：在听觉关注某种内容时，其他内容会被屏蔽，这种现象在触觉、嗅觉、体觉等形式的显感觉过程中也有同样的存在。这种现象凸显出，显感觉在注意的配合下具有强烈的选择倾向。这种倾向性不仅来源于性格、兴趣、欲望等生物惯性，还来自显感觉感受器的特质，如习惯于感受某种色彩和气味的人，他的感受器中对那种色彩和气味的感觉细胞或受体就会格外发达，对该色彩和气味的变化也就格外敏感。显感觉的个性特质，使得某个人显感觉系统中流淌着的信号，与其他任何个体都有所不同，像专属的“私人音乐”。

(5) 显感觉的种类和强度在人类中具有客观一致性。虽然显感觉在注意的配合下对哪一种客体信息的优先进入具有个性选择性，但被选中进入显意识的并被显感觉所感知的客体信息却具有客观性。即无论民族、人种多么不同，对同一客体对象产生的显感觉种类和强度都具有相似性，甚至是基本一致的。例如，对温度、压力、撞击等的各种扰动会得到同类、同样程度的感觉，受到火烧、针刺等都会得到基本相同的疼痛感受。这说明，显感觉是可被人类肌体共同理解的带有真意的“信息”系统。

(6) 显感觉是觉家族中信息量占比最小的觉。由于显感觉信息是被注意选择实现的，受注意的单线程有限选择能力和选择倾向影响，单位时间内将只有很少信号入选。例如，当聚焦某特定视觉对象时，不仅视野内的其他对象被忽略，而且触觉和味觉等其他种类的觉也会被忽略。因此，尽管每一个显感觉过程能量性很强烈，但由于其只能是单线程“串发”发生，相比可同时“并发”海量存在的潜感觉，其在生命体中的信息量占比却非常小。

### 2. 显感觉的特殊作用

仅从作用的特殊性上看，量子化的显感觉承担着生命与外界的宏观因应，直接向主观意识活动提供信息素材，应对或因应着最重大、最紧迫和最危险的信息。生命之所以发育出了非常强壮的神经系统，显然是为了应对紧迫性和重大性而生。现实中，显感觉确实能最迅速、最优先地收集、整理和反馈以上那类信息。

## 6.9　仅有觉是不够的，还需要选择和比对

生命由植物或非动物进化为动物需要比觉更高级的选择和比对功能。只有充分选择比对，才能知道哪个方位更安全适宜和更有利生存。没有比对功能，生命的移动将成为无所适从或危险的盲动。这意味着，没有高级的选择和比对功能，生命将不能实现移动化生存，即便移动了，生命也不能持续，最终也就没有动物的存在。特别是，快速地移动、寻找、躲避等行为需要高速比对和应对，而这需要选择和比对功能的固定反射和模块化；比对功能还需要不断高级化，如抽象等，只有如此，生命对危机的应对才能“从容不迫”“深谋远虑”。

在后面的讨论中我们将看到，强大的选择和比对功能，不仅是生命从植物向动物进化的必须，也是实现更高智慧的必须。同时还应看到，量子机制在选择与比对功能的产生中起着核心作用。

# 第 7 章

# 意识的核心班底在量子机制的助力中搭建

**导读：**意识具有哪些智慧要素？它们分别是怎么形成的？对于这些问题，本章按“由顶向底”路线设定的“对分功能可能范围和属性的推测，要依照源头的综合性开始推导”之方法，在上一章解析觉的综合性源头是量子级信息机制的基础上，进一步探讨了觉发生后的两个继发功能——注意和比对的信息机制，初步得出了完整的意识活动包含量子级的感觉、注意和比对三个分机制的认知，并以此为原理，对理解和“自我”机制做了尝试性解析。

第 4 章已对灵魂的“囫囵”性作了否定，那么，意识活动有哪些可分机制？即成就智慧的核心要素有哪些？对此，我们应给予细致的审视与辨析。

## 7.1 对智慧要素的猜测和假定

### 7.1.1 曾经的猜测

令人眼花缭乱的智慧表现背后，到底有哪些核心要素在起作用？人们非常期待一个信服的结果，也进行了多种大胆猜想。如：

(1) 有人把神经电位等同了智慧。他们认为，中枢神经系统中的大多数神经元都同时受到 EPSP(兴奋性突触后电位)和 IPSP(抑制性突触后电位)的影响，从而实现足够复杂的神经计算。这种观点也促使一些人认为："生物突触的这一工作机制，是许多神经网络的灵感来源。"

(2) 有人推测意识也有基因。借助 DNA 存在的客观事实，人们发挥想象和演绎，认为意识也有基因，并称之为"新的复制因子"或"觅母"，能和物质的基因一样繁殖、遗传，说"觅母通过广义上可以称为模仿的过程从一个大脑转移到另一个大脑，从而在觅母库中进行繁殖。""能够进行自我复制的觅母一问世，它们自己所特有的那种类型的进化就开始了，而且速度要快得多。"并进一步演绎说"'死后有灵的信念'这一觅母事实……"。[1]

(3) 有人猜想则更干脆，把意识问题当作不可解命题。说"依赖客观现实的科学是无法接纳和研究意识这样属于主观的东西的……以至于意识成为脑研究的禁区"；[2] "确实，心灵是终极的未知领域(terra incognita)，超出了全部科学所能达到的范围……面对存在着探索极限之外的事物这个美妙的事实，我们必须学会泰然处之。"[3]

其他说辞还有很多。这说明长久以来，对于意识成分问题，没有一个统一的认识。

从前面几章讨论的结果看，对智慧要素存在众多猜测却无明确定论的原因，应与还没将智慧具量子级信息属性这一要素纳入进去有关。为提供一个可能有用的线索，我们不妨将先前讨论中已形成的对量子级生物信息机制的认识及对因应、生物惯性、自组织等机制的认识结合起来，对意识成分做一个框架性的假定，然后按相应的知识和依据"由顶向底"做逻辑上的推导。

### 7.1.2　对"智慧要素"的假定

从生物惯性和自组织能引起信息层级不断提升的角度看，意识从无到有的孵化、从低级到高级的进阶，跨越了三个阶段或层级：

(1) 原始因应阶段。有包含量子机制的因应互动、生物惯性和生物阻尼、中值保护和中值移动等，这相当于程序中的物理层。

(2) 本能反应阶段。有包含量子机制的自组织和自适应的觉(包含隐语、直觉、显感觉)、免疫机制、条件反射等，这相当于自适应程序或"打包"了

[1] 道金斯. 自私的基因[M]. 卢允中，张岱云，陈复加，等，译. 北京：中信出版社. 2018(40 周年增订版)：222-223.

[2] 刘占峰."惊人的假说"与意识研究方法论的转换[J]. 河北学刊，2002(6)：56-60.

[3] 丹尼特. 心灵种种：对意识的探索[M]. 罗军，译. 上海：上海科学技术出版社，2010:11.

的生物模块反应。

(3) 高层智慧阶段。包含量子机制的注意(特指焦点信息的选择)和审对(特指综合比对)等，这相当于对程序模块的调用，是生物信息机制作用下的智能反应。

从对信息的整合能力，即智慧性要素的“够格”情况看，量子级的感觉、注意和比对三种机制是意识的最核心成员。其中，感觉是对量子级信息素材的普遍采集；注意是对特定量子级信息的定位抓取；比对是对量子级信息的概括(即概念)、抽象和深度定性。量子级的感觉、注意和比对三个机制构成了完整的量子级意识活动，形成了智慧之核。

在第 6 章已经阐述了感觉的相关内容，本章主要介绍注意和比对两种机制。

## 7.2　量子化的注意

注意具有生理和物理上的实质性，它掺和在记忆力、观察力、想象力和思维力等智慧性活动之中，并从中起着核心作用，探讨注意机制对于弄清意识规律有基础性意义。

### 7.2.1　注意的原始属性——聚焦

在心理学上，注意是心理活动对一定对象的指向和集中。所谓的指向和集中，实质上是面向感觉做出的时间和空间定位和聚焦。

#### 1. 为什么要有聚焦

生命生存中需要因应的方面和层次众多，形成的感觉信号海量丰富，为了避免全局动员和平分资源带来的浪费，生命需要把威胁最大、利益关系最迫切的感受信息优先筛选出来，以便实现重点且省能的防卫和处置。这种关乎存亡的信息筛选需求催生了聚焦功能的萌芽和成熟，其中焦点的作用就是指定性挑选。

#### 2. 量子化的聚焦应是注意的原型

相对于感觉是阻尼，焦点则是阻尼在空间上的集中度和在时间上的持续性。其中，阻尼的空间集中度决定了聚焦区域的大小，表现为注意范围的缩放；阻尼的时间逗留长度决定了焦点存在的时长，表现为注意的持续性。

更具象地说，在阻尼和惯性斗争最激烈的扰动区附近，会形成物质和能量偏聚——电荷簇及生物质的稠密活跃区，其中电荷簇最稠密之处像一个焦点，它就是原始的、量子化的注意。

当注意的原始雏形形成，关注就会发生；同时，一大批有发射电波功能的神经元就会不断向焦点方向补充能量；如果被关注目标的构象、频率或属性正好与预先储存的某种信号相同，量子相干将瞬间出现，闪电状的峰值会映照出对应的构象或"意思"，理解和回忆将随之发生，注意调动记忆信息的功用也就同时达成。

### 7.2.2 注意在哪里"办公"

对于注意功能的发生位置，即"办公"地点问题，有两类认识。

#### 1. 有具体位置，却又被相互推翻

人们在对注意"大本营"位置的探索中曾发现多种线索，主要有以下几类。

①多数人认为注意的核心是海马体：生理学家们探索后大多认为，大脑中的海马体是注意的第一核心。②有人认为注意发生于桥脑："桥脑蓝斑核内具有丰富的去甲肾上腺素能神经元……此部位与选择性注意机制有关"[1]。③有人认为注意的发生有内嗅皮层的参与，说海马体和内嗅皮质在记忆召回行动上"两个区域可能并行工作"[2]。意思是由注意引导的记忆召回有内嗅皮层的作用。

以上来自科学界重量级人物和顶级期刊的多个线索似乎都有一定依据和道理，但多个结论之间却相互否定和颠覆，说明注意发生的物理位置至今仍未确切定案。

#### 2. 无固定位置，却似更加在理

意味深长的是，美国宾夕法尼亚大学约翰·梅达格利亚(John Medaglia)等人做了经颅磁刺激(transcranial magnetic stimulation，TMS)控制人脑认知的

---

[1] 金莅颖，赵树安，王耀山. 脑干网状结构的生理机能与其相关病变[J]. 现代康复，2000(05)：729-730.

[2] O'NEILL, J, BOCCARA, C. N, STELLA, F, et al. Superficial layers of the medial entorhinal cortex replay independently of the hippocampus[J]. Science,2017,355(Jan.13 TN.6321):184-188[2018-11-12]. https://www. science.org/doi/10.1126/science.aag2787. DOI:10.1126/science.aag2787.

试验等大量研究工作后，既高度认可注意发生于额顶，又心怀疑虑地提到："奇特的是，额顶部分与大脑其他部分并没有紧密连接，但已经有理论研究表明，当额顶部分开始工作时，会将大脑带入一种难以触及的处于某个能量区间的状态。因此，实现精神控制的一个途径可能就是通过注入能量引导大脑通过这个能量区间。"[1]这既认可额顶，又有"不相连""可能就是通过注入能量引导大脑"的猜测，为注意的位置在哪里提供了新的指引。

"不相连"却能引入能量，显然不是传导机制，而是投射机制。这相当于在提示：注意是一个能量"射手"，是一个能量转发器。为使逻辑继续下去，完全可以先接受能量"投射"作用这一事实，忽略它的位置，只把注意描述为一个有转接放大作用的动态增益性反射功能。

也就是说，有一种在不定位置激活或开闭的移动焦点，可把感觉递呈来的量子级信息以射频的形式投向大脑。即存在一种"抽象 HUB"，是能集中收集并分发信息的动态枢纽。

这种"抽象 HUB"是如何运作的？

由于注意发端于感觉，感觉来自随机和不固定性的刺激源，注意焦点作为感觉竞争中最强烈的那一个，也不应是固定的，它将继承感觉的动态性和随机性。即焦点的动态性，决定了注意是动态的。由于感觉域有显感觉和潜感觉，注意也相应有主观注意和潜注意。这意味着，注意这个信息中转站 HUB 之下还有下级 HUB，即注意有时甚至不在大脑办公！

但是，人们为什么明显觉得注意是从头部发出的呢？这是因为收集光信息的视觉器官眼睛、收集声波和气味信息的器官耳朵和鼻子、收集味觉信息的器官口舌等都靠近头部。这些器官经常被使用，让人误以为头部是注意唯一的发源地。如果足部的感觉更常被使用，就会觉得注意的中心在足部。"头部是注意中心"的错觉来自头部注意器官使用的频繁性。

注意虽然没有固定的中心位置，但这也许正是它的优势。注意随时能够转移，且能在焦点处形成新的能量聚集，反而对解除能量不均起着重大作用。特别是，当某处能量欠缺形成疼痛时，注意焦点能引领能量到疼痛位置实现保护性补充。

例如，当古人发现疼痛吸引注意能使能量增加的原理后，就用按压、针刺等形式来制造或强化另一处的疼痛感觉，吸引能量向那里聚集，以治疗能

[1] 左丽媛. DeepTek 深科技：最新神经网络技术或能控制人类精神世界[EB/OL]. 中国生物技术信息网，2016-10-31[2019-10-22].http://www.biotech.org.cn/information/143775.

量不平衡形成的各种病痛。这种用主动刺激引导注意，用注意再引导能量转移的平衡术，发展成了中医治疗的专门医术——针灸术。针灸充分利用了注意和潜注意对能量的灌注和转移作用，加上进一步发现和利用了更加有效的能量转移通道——经络和穴位，使针灸成为了精确、高效的对症治疗手段。这些因注意引起的有效性，反证了注意焦点具有游动性。

注意有游动的存在性，似乎能更客观地反映注意的类型。

需要说明的是，虽然以上讨论对分析注意的类型有帮助，但为在后续讨论比对功能时更容易些，需要有一个相对确定性的指向，对于宏观或主观的注意发生的位置，本书倾向于海马体。

### 7.2.3　注意的类型

注意分显注意和潜注意两大类。其中，显注意是主观所察觉的注意，属于显感觉的范畴；潜注意是主观所不能察觉的注意，属于潜感觉的范畴。

#### 1. 显注意：量子级的“内驱注意”“外驱注意”

能够被主观所察觉的显注意，是主观的重要组成。

加利福尼亚大学的基尔斯特罗姆(John Kihlstrom)教授在其“意识的科学方法——注意力和自动性”为题的公开课 TED 中表示，注意包括“内驱注意”和“外驱注意”。

“内驱注意”是由内在信息源驱动发生的注意过程，驱动源本质上是生命内部的多股量子级信息势力。该信息势力有的来自遗传物质和遗传本能小程序中的底层能量活动，有的则来自性格、情绪、欲望、兴趣、记忆等宏观模式背后的量子级能量与信息。

“外驱注意”是由外界信息源驱动的注意过程，驱动源是生命外部的随机信息，这些信息最终都被转化为量子级信息。例如，当人的眼、耳、鼻、舌、身等受到外界较大的声、光、气、味、触等随机信息的刺激，被驱动产生“外驱注意”时，实质上注意的是那些随机刺激信息——被感觉系统换能作用转化成的量子级的电信号。

“内驱注意”和“外驱注意”的相同之处是，二者都形成了焦点。不同之处是，“内驱注意”在形成中经历了众多潜感觉的竞争和多个信息层的晋级运动，属于流程规范的内源性注意；“外驱注意”是由外部信号截断“内驱注意”实现的，是不按规范流程、随机插入的外源性注意，具有规避重大危险的作用。

多数情况下，内驱因素形成的“内驱注意”与外驱因素形成的“外驱注意”是交互穿插进行的，这容易让人们误以为还有更多形式的注意类型存在。而实际上，人类只存在内驱和外驱两种注意。所谓的主动注意、概念引导型注意、内禀注意、内源性注意、选择性注意以及“有意注意”[1]等，都是“内驱注意”；所谓的被动注意、感觉引导型注意、随机性注意、外赋注意、外源性注意、非选择性注意以及无意识注意等，都是“外驱注意”。

### 2. 量子级的潜注意

宏观的显注意有无数的下级——潜注意。

潜注意与显注意相比有很大不同。一是能量小，潜注意与显注意的能量规模有天壤之别。二是数量多，显注意只有一个单焦点，潜注意有数不清的小焦点。三是层次多，显注意只在一个层面活动，潜注意有众多层面的存在，且有跨层交叉的物质和能量联系。

逻辑上，隐性存在于身体组织信息活动中的潜注意，是信息集中度比显注意低、比潜感觉高的中级规模的量子级信息。潜注意的集中，常指向或对应于生命不舒服的阻尼实体。例如，当静下来，感觉到某个脏器或某块肌肉紧绷绷的，想进一步松弛那里时，会发现有东西阻碍着放松，这就是一些聚集的、充当阻尼的生物质在作用，而阻尼性的生物质正是潜注意的载体。那些载体往往是一些形状多样、受过损伤的遗迹，它们吸引着众多电荷簇信息形式的潜注意在那里眷顾，并以此得到物质和能量的加持。这意味着，潜注意是造成一些不适感的势力。

电荷簇形式的潜注意有多层的跃迁，并支撑着生命从微观到宏观的活性。潜注意很少直接呈送给主观，因一些生物模块或副中心能以本能反应的形式对众多潜注意“微型警讯”提前做出处理，只有那些模块不能处理的麻烦才会被呈送给宏观注意。这还让我们联想到，没有大脑却有指向反应的低等生物不仅有感觉功能，还应具有潜注意功能。

以上阐述应能使我们领会到，在从微观到宏观若干层次的信息递呈和“过渡”过程中，在微观物质层间联系和交汇处，有着大量量子级潜注意的分布式存在。

---

[1] 沈炳毅. 歌唱中的有意注意和有意后注意[J]. 皖西学院学报，2012，28(1):144-147. DOI:10.3969/j.issn.1009-9735.2012.01.034.

### 7.2.4　主观注意的“单通道”特性及其来源

物理学家和发展了分子生物学的薛定谔认为:“知觉从来不是在复数中被经验，而只是在单数中被经验的。即使在精神分裂和双重人格的病理事例中，两个人格也是先后交替出现的，绝不是同时出现的。”[1]下面谈到的“单通道”注意就与薛定谔说的单数经验相吻合。

#### 1. 注意“单通道”特性的来源

注意有自主排序及自由转移等“自我做主”的能力，其实这些“自主”是一些错觉。“自主”实际是“注意导轨(或连续的显意识片段)”在起作用，是非智慧的自然联动机制。

“注意导轨”由“大者先出”“时间连续”“地域跳跃”等三个客观性机制所决定。换句话说，显注意的出场顺序由这三个机制所形成、所定义。

所谓“大者先出”，是指在意识的场域存在这样的“涌现性”规则：能量最大的潜注意最先涌现为显注意。在谁的能量最大、谁先涌现为显注意的过程中，“阈值”起着核心作用。首先，“神经膜(neuronal membrane)能够从附近的神经元中收集并整合突触后电位(postsynaptic potential)信号”[2]并使神经膜平均电强度逐渐达到一定阈值，当该阈值达到注意的预警阈值时，就会实现一个注意。正是这种依“大者先出”规则出现注意的过程，让主观有了“自主权衡”轻重缓急的功能。

所谓“时间连续”，是指注意会严格按时间顺序的先后一个一个呈现，是连续的、线性的。同时，时间连续会使注意被串联成像“导轨”样的“单通道性”。这会使得进入“意识野”的内容按时间顺序单个出场。一篇《大脑的海马体可以组织事件和地点的记忆》的报告为注意导轨的存在给予了验证性支持。报告认为，“海马体中心的 CA1 区大量神经元的组合活动……对于某一种气味或声音的反应要比对其他刺激的反应强烈得多——并通过‘决策’阶段留存这种活性，表明输入被大脑整合并以特定的顺序保存，以方便随后的选择。”[3]这些按时间顺序保存的生物质，显然会支持注意的时序性。正是注意的时间连续性，使主观意识产生了“自己排序、自我掌控进度”等错觉。

---

[1] 薛定谔. 生命是什么[M]. 罗来鸥，罗辽复，译. 长沙：湖南科学技术出版社，2020：95.

[2] TUMA T, PANTAZI A, GALLO M L, et al. Stochastic phase-change neurons[J]. Nature Nanotechnology, 2016, 11(8):693-699. DOI:10.1038/nnano.2016.70.

[3] RIKEN. Brain's hippocampus can organize memories for events as well as places[J]. Medical Xpress, 2017-09-08[2020-08-27].https://medicalxpress.com/news/2017-06-brain-hippocampus-memories-events.html#jCp.

所谓“地域跳跃”，是指涌现为显注意的“大者先出”事件，在地理位置(如在大脑中的位置)上是有距离的和不连续的，即非线性的。由于信息事件发生的具体位置不同，使得上一个注意与下一注意在内容上并不紧挨连续。注意这种在时间上连续，注意内容并不连续(即跳跃性的)的情形给人们带来了一些巨大误解和错觉：认为主观意识可跳跃性地“不守规则、任意出牌、不受约束地想问题”。

由上可以看出，注意被三种机制连成串的过程，是主观形成的过程，同时也是主观被错觉为有自主、独立和自由的过程。而事实上那些自主统统没有。

### 2. 主观注意的“单通道”特性表现

主观注意具有生理意义上的“单通道性”，也有泛化的社会性(如只关注物质)的“单通道性”。

1) 注意具有生理上的“单通道性”

所谓“单通道性”，是指宏观的显注意具有像过“独木桥”样的单一序列活动。宏观注意的单一序列或“单通道性”保证了宏观生命活动的统一性；可避免多通道、多中心带来的冲突干扰和纷争错乱，有利于维持语言和思维逻辑的秩序。

例如，我们常常会觉得有好几个兴奋点在脑海里回荡，但事实上，这些兴奋点是靠注意这“一支蜡烛”先后照亮的，最终的注意总是经单一序列排队而来。

以下具体情形显示出宏观注意具有“单通道性”。当注意一件事物时，便不能同时注意另一件事物；要在有限时间内关注两件以上事物时，必须将这段时间分成若干时间段，分别将细分后的不同时间段去关注不同事物。对于人类，每个细分的时间段(注意转移速度)应不能短于视觉速度。从科学家认可的实验小鼠注意的中心——海马体的“刷新率”是 8 Hz 和每秒少于 24 帧，人类就可以识别出视频中有间隔来看，人类注意的转移速度将不会快于 1/24 秒。魔术师有时正是利用了注意转移速度不如他手法的速度，实现了在观众眼皮底下的作假。

注意只能在事物之间跳来跳去而不能同时关注两个或两个以上事物的事例很多。例如，在商场里找一件期望款式的衣服，要经过多组一对一的比对，而不能实现两组同时比较；人不能同时听两个不同意思的对话(如果能听也是通过短暂停留和转向而得到)；有经验的护士给病人打针时，在病人另一地方刺激皮肤，扎针处就不是那么疼，这说明“单通道”的注意被转移到了别处……

再如，当视线固定看车窗外景时，随着车行走，眼球会迅速左右闪动，说明注意通过一个接一个地更换画面的形式在进行“阅读”。当车速达到一定速度后，眼球的闪动反而会消失，这说明每秒闪过的画面超过了注意每秒钟“阅读”画面能力的上阈值(视觉速度一帧 1/24 秒)，这一宏观表现也证实了注意具有“单通道”性。

2) 人有只看物质性的“单通道”的观察习惯

注意的“单通道”一旦与视觉绑定，就具有了只关注实体物质，忽视对反物质认知的习性。

由于注意不能同时关注两件事物或两种现象，且更常见的现象被注意的频次高，常见现象就容易绑定为习惯。现实中的生长、精确、实在等物质特性更常见或更可见，更容易形成注意习惯。而负生长、模糊和反实在、反物质等信息因不常见或更不可见，则更不容易形成注意习惯，这意味着，可见性是人类的注意习惯。

因为人类有对可见性的注意习惯，当把相互对立的正负物质变化作为同期观察目标时，注意就表现出具有只看物质性的偏向。

尽管物质与非物质两者不会同时被感受到，但相反的另一方未必相离遥远，事实上，它们相互交错，甚至雌雄同体。

视觉只能看到实体的物质，而看不到反物质，是生命“生物惯性”运动赋予的选择性，或者说这种选择性促进了“造物运动”，甚至可以说，为“造物运动”发育出的视觉就不应看到反物质。

显然，人们的很多偏执性注意习惯，都与注意的“单通道”特性相关。

### 7.2.5　注意的作用机制

注意具有赋能、定位和能量调度等若干作用，这些作用包含在一些相应机制中。

#### 1. 赋能作用过程

注意看起来具有赋能作用。所谓赋能，就是注意的目标会因被注意而增加能量，其表现为，注意什么，什么就得到能量加强。无论注意的是感觉还是情绪，某种能量的加强总会发生。

事实也确有如此表现：如注意的恰好是一种痛苦感，痛苦感觉就会得到加强；当遇有生气的事情时，越是注意那件事，那件事带来的气愤能量越大，或更难以消失。

从逻辑上看，注意之所以具有赋能的作用，是因以“大者先出”规则涌现为注意的潜注意所联系的信息源非常强大，或信息源一直没有消失，使得与信息源相关的神经反射越来越集中，神经递质分泌量越来越多，所形成的信息具有逐渐增强和扩大的趋势。从这一角度看，注意的赋能作用并不是注意自身给出了能量，而是形成注意的因素有量子级信息能量。

以上内容使我们认识到，把注意具有赋能作用称之为具有类似赋能一样的作用更加合理。

### 2. 焦点定位、缩放和转移作用过程

每当仔细观察时，注意能用十分精确的角度迅速地框定住目标上某一个极其细微的空间，这种灵动的背后似乎有灵魂控制，而实际上没有。注意之所以能做到这些，是因受到了感觉信息的持续推动，这表现为：

(1) 指向和定位。当生物质被刺激和扰动时，潜感觉就会发生；若刺激源持续存在，电荷类量子级信息就会发生由散漫向集中、由稀疏向稠密的变化，进而会形成强势能量核心区——焦点(或潜注意)，同时完成实质上的指向和定位。

(2) 缩放。焦点产生后，若刺激持续存在，该处物质和能量会继续聚集，焦点处的感觉信号会不断增强，其感觉分辨率会从模糊变为清晰，焦点区亦会扩大；反之，若刺激源消失，分辨率就会由清晰变为模糊，焦点区也会缩小。

(3) 转移。当另一处刺激或感觉形成的能量区强度超过原焦点时，后者就会被新焦点所替代，实现注意的转移。

### 3. 拾取信息作用过程

俄罗斯教育家乌申斯基曾精辟地指出："'注意'是我们心灵的唯一门户，意识中的一切，必然都要经过它才能进来。"[1]而"注意－目标"模式，或建立信息进入生命通道的过程，本质上是参与注意的信息(主方)与目标区投射来的量子级信息(客方)发生了相干叠加的激励效应或量子纠缠效应。也就是说，注意之所以能对外界不同形式的信息发生拾取，是因其量子级信息与目标投射来的量子信息通过叠加或交换，转置成了形式不同内容却相同的可以理解的信息。

这意味着，注意拾取信息的能力与注意中主方、客方信息的量子纠缠率正相关。

---

[1] 施炯妍. 注意——英语课堂的灵魂[J]. 教育科研论坛，2009(1)：38-40. DOI:CNKI:SUN:JYKL.0.2009-01-27.

### 4. 注意习惯塑造人格的过程

“路是走出来的”，人的“习性”也由注意的反复实习所塑造。从生物信息原理来看，性格、意志、信仰实质上是一些固化了的注意习惯。注意习惯会形成特有的信息运动模式，若该模式长期保持，就会固化成特有的感觉模式、心理通道和生理特性。

也就是说，生物信息的运动惯性可主导注意习惯，又以其特有的惯性塑造着人格因素。

例如，被注意习惯固化了的心理通道和生理特性，有难以遏制的惯性(如排他性、偏执性等)，表现出某种成瘾、爱好和特有的性情(如高声说话、快节奏走路、甜食爱好、崇拜和偏见)等。不好的注意习惯还会导致疾病的产生，失眠、心因性疼痛、敏感等心理性疾病大多与不良的注意习惯密切相关。

当然，注意习惯并非只有负面作用，对人格的正面作用也十分强大。环顾周围将不难发现，一些成功人士大都有着良好的注意习惯，是注意习惯助力着他们的成功。

由上讨论使我们不难想到，要改变不好的性格、完善健康人格，应该(或必须)从改变注意习惯开始。

### 5. 承担觉的“上级”(上层机制)

注意是在感觉基础上形成的比感觉更高级的功能——从众多感觉中做出选择。例如，注意的指向和定位作用具有选择重点方向的功能，即在乎重要的，忽视次要的，按重要性排序等，从而可把全域性应急变成局域性应急。由于实现了选择，使生命的因应处理更智能化，为其更节省地实现能量和物质调剂提供了可能。

不难看出，在感觉基础上形成的注意，能对感觉的区域和感觉类型实现初步筛选；注意是感觉功能向高级化的进阶，是感觉的上层机制。

## 7.3　量子化的比对

比对是一事物与另一事物的比较。意识中的比对本质上是两组量子级信息的“对撞”过程。

### 7.3.1 生命为什么会进化出比对功能

有判断差异的比对功能意义非凡。有了比对功能，生命就可以认识新事物、得到新知识；能够确定一事物与他事物的区别；能够再次找到曾找过的“东西”(如食物)或再次避开一些“东西”(如危险)，是趋利避害所必需的功能。

#### 1. 比对是一切认知和了悟的基础

被誉为20世纪最伟大的发现之一的“哥德尔不完备性定理”的核心内涵表明，只有事物或有限的系统自身，没有相互之间的比较，是不能自证正确和错误的。即没有比对就没有对错。从简单的大小、多少、上下、来去，到常量、变量、微观、宏观、有利、不利等差异，再到从局部到全局的高级分析能力，都是比对的“格物”、鉴别作用所立的功劳。没有比对就没有识别，就没有以识别为基础的一切知识。

#### 2. 比对是思维运动的基本单元

比对可形成审对与抽象，比对是复杂的高阶比对(抽象)的基本运动(运算)单元。比对在思维中充当运算器和CPU的作用，没有比对便无法思维；相比感觉能对信息素材采集和注意能对目标信息聚焦，比对是更高级的意识机制，能产生智慧。比对功能的不断进阶，对应着生命智慧由低级向高级的进化。

在物理层面，比对过程是两组信息的对撞过程，意识的若干神奇机制都与对撞比较相关。

### 7.3.2 比对(对撞)提取信息的原理和过程

#### 1. 大脑似有对撞式“概率机”作用

要实现生物信息的信息价值，起码需要两份以上的信息进行比对，而信息的比对形式应该是相互对撞与融合。

如果说“脑子中任何的识别过程都是混沌与有序的不断变化，识别的建立必须是进入有序状态”[1]的话，那么对撞式比对就是从一个有序状态，越过混沌，进入另一有序状态的信息过程。

大脑中信息之间的比对，是一个概率值实现的过程，通过概率值的不同

[1] 孙久荣. 脑科学导论[M]. 北京：北京大学出版社，2001：3.

以区别事物的不同。这里的概率值特指两组量子级信息状态的全同率或时空重合率，信息的全同率或及时空重合率是实现差异比对的物理基础。

例如，某个具体事物的物象信息，其实是以一定概率运动着的量子级信息；两件物象之间的比对，就是两个概率之间的融合性比对。其中，大脑实质上充当了“概率机”的作用。

某些观察结论潜在地支持了这种机制。有观察者说“我们通过最新的功能核磁共振成像技术(fMRI)，在无任何损伤的情况下观察人类大脑的活动。研究发现人类在休息状态下(睡眠)大脑仍是活跃的，左右脑区出现了同步活跃现象，就像左右大脑在沟通一样，或许左右脑之间存在某种功能连接，左右大脑是需要进行信息交流的。”[1]信息交流是需要信息对撞的，以上观察到的左右大脑存在信息交流现象，应是观察到了大脑左右脑的信息对撞。

大脑中的信息是如何实现对撞的呢？

### 2. 大脑为信息对撞提供了良好条件

1) 空间或场所准备

从逻辑上说，实现信息的对撞，两份信息和它们的预存空间都是必需的。因为，无论是实现一份新的信息与一份迭代后的信息样本比对，还是实现两份迭代后的信息之间的比对(抽象)，两份信息都是必需的；同时，两份信息量巨大的信息样本在比对前将分别占用物理存储位置，预先的存储空间也是必需的。

事实上，感觉器官和大脑为信息对撞做出了准备。高级些的动物不仅进化出了信息临时存放的两个空间——左脑和右脑，而且也完善了从双耳、双鼻、双眼及左右对称的身体向大脑传送信息样本的神经通道，为视、听、嗅、触等感觉信息的进入和比对提供了方便。

两份信息的对撞还需要开关机制的保障，大脑似乎对此也已准备就绪。

中国科学院一篇《美科学家在人脑里找到意识开关》的文章描述道，大脑中有一个薄如纸片的屏状核起着意识开关的作用，对屏状核“电流脉冲刺激，受试者失去意识，出现‘断片儿’；刺激停止，立刻恢复意识”[2]这种意识“开关”的存在，为大脑内信息的比对创造了条件。

---

[1] 小小. 二十一世纪最具魅力的三大心理学发现[J]. 科普童话：新课堂，2017，(5)：6-7.

[2] 中国科学院. 美科学家在人脑里找到意识开关[EB/OL]. 中国科学院：科技动态：国际动态(2014-07-11)[2020-01-12].https://www.cas.cn/xw/kjsm/gjdt/201407/t20140711_4154730.shtml.

2) 素材或内容准备

有哪些内容和素材可以参与比对？换句话说就是“哪种级别的信息才能在大脑中实现比对？”答案是，只有能被宏观注意所捕获并能通过对撞实现新概念的量子级信息，才是“够格”于比对的信息素材。

该信息的来源有“内驱注意”关联的内源性信息和“外驱注意”关联的外源性信息。内源性信息是大脑已有的信息；外源性信息是经感受器(如视觉、听觉、嗅觉等末端器官)、中枢神经、脑干、脑桥等筛选、递呈初加工后的，掺杂已知意思和未知意思的“半成品”信息，是有待形成明确概念的模糊性信息。

3) 投射准备

谁在摄取和投放信息？这在前面“注意在哪里办公”为题的讨论中已做过指认：即是注意这个“大神”，且主要是通过海马体投射的。医学工程教授格雷戈里·克拉克(Gregory Clark)认为，海马体能通过训练修改其放电模式，把初级素材直接映射成“时空码”(space-time code)：“它由神经元的位置以及神经元放电的时机决定。该研究中的成员伯杰(Berger)说。我们不明白原因是什么，但最终结果是，时空码是大脑其他部分可识别的并作为长期记忆的物质。”[1]意思是，海马体发挥了一种“照射”式的能量投射作用，它用放电的形式把量子化信息推送入了大脑空间，即海马体这个“射手”已做好了投射准备。

### 3. 对撞过程及效用

在具备两份信息和一定存储条件，并有素材来源、开关机制和投射能力的情况下，如果还存在如下一种机制，则用于信息叠加和获得信息概率值的对撞就可以实现了：即左右大脑各提供一份量子级信息，然后有开关启动让它们相互对撞，对撞中与原有信息相同的信息位会发生“相干性强化”，使原有信息得到增强(即增强了原有的记忆信息)；与原有信息不相同的信息位，则不能发生相干，但其能量和信息得以继续暂存，就会被大脑默认为“未见过的”或“新的”“变化”的部分(即产生了新的记忆)。

两组信息的对撞可以得到新概念(即“明白”)，乍听觉得不可思议，但仔细品味以下论述，或将解开疑团。

---

[1] MCKELVEY C. The Neuroscientist Who's Building a Better Memory for Humans[EB/OL]. WIRED:science,2016(2016-12-01)[2020-02-21].https://www.wired.com/2016/12/neuroscientist-whos-building-better-memory-humans/?mbid=social_fb.

物理上，信息得到过程，是一部分量子信息的状态被另一部分量子轰击发生了改变，或者说主体信息(A)被客体信息(B)轰击所改造。该改造过程其实是(在注意的引导和协调下)两份信息运动状态的叠加(融合、重组)成了一个“结果信息”。在信息(A)和信息(B)叠加过程中，其内部的元素，通过发生位置、角动量、速度或能量等属性变化，使“结果信息”承载了(A)和(B)共同的能量信息。或者是(A)得到了(B)的信息，也可以理解为(B)得到了(A)的信息。无论如何，都在原有基础上得到了新的东西。

在叠加对撞中，会产生两种主要情形。

一种情形是相同信息的对撞。即新进入信息和原有记忆信息位的数量、规模、性质等一样，也就是量子级信息能级、动量等信息要素的相同，就会产生能量相干叠加(这一过程应该就是记忆信息得到强化的过程)，该情形可称为“对称叠加”。“对称叠加”会使相同的信息位得到加强，其创造出的高能量会使“同区位神经元”(特指信息活动区的神经元)受到激励，神经递质发生增益性分泌，宏观上表现为已接触的事物、熟悉的记忆信号被进一步强化。

另一种情形是不同信息的对撞。即新进入的信息和原有信息位有所不同或大部分不同。不相同部分因能量未得到靶点量子能的对偶增益或消除，会一直振荡，成为新增信息活动位。这种信息位的持续运动会引起物质的新惯性运动，形成物质的新建和沉积，该情形可称为“不对称叠加”。“不对称叠加”会产生信息新活跃区，引发神经递质“特异性分泌”，形成神经突触“拓荒性”生长或链接，宏观上就是对从未接触过的事物的记忆新建。

以上两种情况可进一步理解为：对称叠加强化概念、增强记忆；不对称叠加可新增概念(或记忆)。前者是对相同要素的确认，后者是对不同要素的确认。

### 7.3.3　抽象在迭代比对中产生

大脑有时从连续涌入的信息中分辨信息，有时用已有概念来总结规律，它是怎么做到的呢？这涉及大脑的两种抽象模式。

#### 1. 抽象的过程

从逻辑上说，大脑的抽象分析存在两种模式。一种是从连续涌入的信息中抽取共性信息；一种是通过逻辑比对从已有概念中分级抽取共性信息。前者不需暂存空间，后者需要暂存空间。

在信息连续涌入(如观察)模式中，始终存在后进入大脑的信息与先进入大脑的(或大脑预先存在的)信息的对撞(比对)。若将先进入大脑并形成有效分布的信息称为“主队”，将后进入的称为“客队”，则两者的对撞会叠加成一个新的“主队”分布(其实是一组新的信息)。这样，随着“客队”信息按波次的不断涌入，“主队”信息也在不断地发生迭代变化，其实在进行着连续地比对，也相当于大脑在进行着复杂的迭代计算。然而大脑并没有“觉得”在进行计算，因它只管两件事：用大概率发现相同与不同(实质是一种从概念中抽取不同的“抽象”活动)。当大脑发现新来的“客队”信息与已存的“主队”信息相同时一般就会略过，发现不同时就会发生警觉。

由于在信息连续进入情况下注意携带的视觉量子信息是以每秒数十帧的速度不间断进入的，且每一帧图像承载着大量的量子位信息，所以当图像信息进入大脑发生的量子位对撞相干时，其爆发规模很大。连续相干涌起的爆发潮会此起彼伏，使意识域有了动态影像(如果用脑磁仪器观察大脑，将能看到与摄入信息属性正相关的动态光暴)的呈现。

在逻辑比对模式中，大脑不是处理流状信息，而是对已有的、初级的概念性信息加工成高级概念或抽象概念。大脑会在注意引导下将已有的两份概念性信息成对地拿来比对，在比对中升级概念。这种对比是怎样实现的呢？

逻辑比对流程中，大脑不是像连续观察模式中将“主队”结果总留在原地，而是通过注意，先将一份概念信息拾取并移入大脑的一个暂存区备用(备用的概念也可来自大脑原有的记忆)。以同样的方式将另一份信息存入大脑的另一个暂存区，然后同时释放两个暂存区信息，形成两份概念信息对撞，并将相撞后的不同(或相同)部分再移入一个新暂存区。

请注意，新暂存区中储存的不同或相同概念，就是从两份概念信息中抽取到的特异性或共性信息，而该抽取过程便是常说的抽象过程。若仅有一次概念比对或抽取过程，就是所谓的“一级抽象”，会形成一级抽象概念；用两个一级抽象概念再进行比对或再对撞，就会形成二级抽象概念……逐次升级的抽象都是对前一级比对结果的再比对，或者都是用两个暂存区中的内容信息进行的比对。

大脑抽象的升级很难像其处理流状信息那样持续进行。因为，抽象的升级会造成暂存区的增多，而大脑的暂存能力是有限的，且随着暂存区的增多，大脑对暂存信息的调控难度会几何级地增大(通过主观感觉能体会到，同时暂存两对以上的概念就非常困难了)，暂存能力的有限性和对暂存信息调控难度的增大会使大脑不能承受，从而会限制抽象级数，使抽象终止。例如，抽象性比对虽然只使用一个大脑“主场”，但暂存区却需要多个。形成二级抽象的一对一级抽象必须占用两个暂存区，而形成三级抽象的一对二级抽象也需要占用两个新的暂存区……抽象的等级越高，需要的暂存区就越多，大脑很快就因抽象级数的增多而发生存储瓶颈，并迅速发生疲劳，抽象的升级因超过生理极限而终止。

### 2. 抽象的本质

从抽象的过程可导出抽象的性质(本质)：抽象是比对而来的，是在比对中提取共性的过程。或者说，抽象过程是摒弃具象的过程。

“意识的一个有趣之处在于，你想把它归属为什么，意识所拥有的一些感受就会被漏掉。”[1]之所以意识在做概念时总是漏掉具体感受，是因为概念是两个以上事物信息被综合评价和抽象后的平均属性。例如，要形成抽象的水果概念，就必须忽略苹果或桃子等的具象感。

这种“漏掉”背后的微观量子机制是：当代表苹果和桃子的两组信息相撞时，只有描述“含水的”“果实”等那些相同量子位信息才会因量子相干得到加强。被加强了的量子位会激励、激活神经并产生一些衍生运动(如产生神经物质等)，而这正是大脑将量子级共性概念信息向生物级记忆载体转化的过程。

由于抽象能通过概念比对中的量子相干提取事物平均属性(即更本质的属性)，能从众多素材的表征和机制中榨取最简共性或最简约差异，这意味着，抽象可以获得复杂事物的原理、规律和本质。

由于概念比对结果之间的再比对就是抽象，高阶抽象就是对两个抽象概念之间的相同或不同部分的再提取，这意味着，高阶抽象更像是为得到更精微的产物，对已提取产物的再分离、再提纯。

由于从更高阶抽象得出的概念比下层的抽象概念其共性涵盖性更广，使得更高一级抽象更具深刻性。这种深刻性实质上就是人们心目中的“明白”，这意味着，每增加一层抽象，就能产生更深刻的明白。

总之，抽象是对概念之间的迭代比对，是通过概念信息的对撞，获得共性(或排除共性、取得不同)的过程。抽象的意义在于，它可从一定范畴内个别、特殊的具象产出对该范畴普遍适用的、共性的规律。

---

[1] 李秋零. 康德著作全集[M]. 北京：中国人民大学出版社，2010，04(518)：704-705.

## 7.4 对假定的测试和应用

通过以上对量子级感觉、注意和比对是意识主要成分的假定和推导，可以看出，有许多现象、实事和一些明显的逻辑关系支持该假定，说明感觉、注意和比对是意识的主要成分的假定是一个可以参考的线索。

下面，我们用以上参考线索结合有关事例做一下应用性测试，对“理解是什么”“‘我’是什么”这类涉及感觉、注意和比对的意识现象作一下解释，看看是否更有道理，能否给人以新的“明白”。

当然，测试结果不会在这里，而是在大家的心里。

### 1. 解释什么是理解

所谓理解，就是比对结果或抽象概念“本身”。本质上是大脑对量子级信息对撞现场的察觉。

量子级信息在大脑范围(或附近)对撞叠加后会产生量子级信息现场(场景)，该场景被意识的察觉便是某种“明白”。每次对撞叠加就是一次比对，每一次比对产生一个新的场景，即产生一个心理空间上的“明白”。

“明白”具有三个层次。当某人的主观在对另一人提出的概念进行理解时，起码会有三种情形发生：不理解、部分理解和全部理解。这些不同的理解情形是由两组信息，即主体已有概念信息和客方概念信息叠加后，在人的大脑形成的三种不同的场景(即映像或印象)导致的，三种不同场景分别对应着三种“不同比例的明白”。

例如，之所以能形成全部理解，是客体信息经注意引导映射到主体大脑，与主体大脑原有(已认识过事物的)的量子位实现了完全的(大小、范围、强度、色彩、速度、时间、形状等)相干叠加，主体将因此对客体信息的能量属性有了相同的觉——有了全面了解，并同时增强了原有记忆。这表明，只有通过相干叠加才能产生理解。与全部理解相比，部分理解和不理解属于两组概念信息没有实现完全的相干或没有相干。

由此看出，理解不是对事物的全新认识(全新认识需要建立全新的记忆)，而是在已有部分记忆信息基础上的再次对号入座。

### 2. 解释什么是“我”

若问：是什么在驾驭着自我在这个世界上自由奔跑？人们会毫不迟疑回答“当然是我啊！”。然而再问：难道真是“我”在驾驭我吗？人们可能又会犹豫不决。

其实自我是历史生物惯性的产物，是当下分布式感觉的集合，从比对中产生。

1) 时间上，“我”是生物惯性运动的产物

人们或从容或不安或想或为应对事物而跑来跑去，都是历史形成的生命组织或者说生物惯性与当下情况的因应互动。也就是说，生命之“我”的运动，是由生物惯性形成的历史脚本(如基因等)与当下所遭遇事物信息的比对中进行的自导航运动。试想，如果大脑记忆通道突然被彻底掐断，那个“我”将会失去众多外加属性带来的身份自我感，将会失去历史记忆催发的内在担忧害怕、厌恶喜好等情感联系的自我感，也就失去了“社会人”属性；如果连身体中微观遗传记忆的信号联系也被掐断了，丰富的视觉、听觉、痛觉、味觉等机制将都不能再起作用，生命将因失去辨别和应对各种事物的本能反应而对各类刺激无动于衷。一个没有了自控，没有了各种感觉和反应的个体几乎是完全的木偶，个体将失去“自然人”的属性，将没有一丝“自我”感的存在。

生命在“自我”感产生的过程中，生物惯性起着助推作用。生物惯性会助推有形的生命体逐渐个性化，也会助推无形的意识和“自我”认知逐渐个性化。表现为：某种感觉的不断加强，能形成特殊的感觉偏好和情感依赖；某种注意习惯的加强，会形成特殊的欲望模式；某种比对习惯的加强，能形成特有的抽象和思维模式。随着种种特殊生物惯性的逐渐强化，一个有个性物质和意识状态的“我”得以形成。正如薛定谔所说：“我们每一个人都有这样无可争辩的印象，即他自己的经验和记忆总和形成了一个完全不同于任何其他人的统一体。”[1]

2) 空间上，“我”是分布式感应的集合

有人说，当动物知道镜子里照见的是自己，而不是真正的自己时，它可能就懂得“自我”了。这一懂得过程，其实是进行了反射性的空间比对。

动物明白自己不是其他的空间事物的比对过程，关联着痛痒等的扰动或

---

[1] 薛定谔. 生命是什么[M]. 罗来复，罗辽复，译. 长沙：湖南科学技术出版社，2020：97.

阻尼类型和强度。扰动或阻尼强度，与自我存在感的强度成正比。一般地，扰动越轻微，自我感就越寡淡；如果各种感觉都没有了，自我感也就没有了，就进入一种“无我”状态。人们常在思考问题时忘掉自我，这进一步表明自我感只是感觉而不是意识全部。由于自我感属于感觉联系，且感觉具有空间分布性，所以自我感是一种分布式的存在，或者是各种分布式量子级感觉的集合。

谷歌科学家们说：“一切生化算法的集合，正是所谓的‘我’。”[1]这种说法，显然与自我是各种分布式感觉的集合具有相同内涵。离开感觉的体会，如关闭感觉进入睡眠，自我感就会戛然而止；同理，人死后，以因应互动为基础的感觉消失后，以量子级感觉为信息来源的量子级注意和比对就无法进行，量子级意识和自我感将不复存在，所谓的灵魂也将荡然无存。

需要补充说明的是，尽管为了避免繁复，以上解释及本章很多内容中没专门提到量子机制从中作用的事，但由于阐述了感觉、注意和比对等机制都是量子级信息机制，所以，无论是谈论意识成员的形成，还是用形成的意识成员再解释其他意识现象，实质上谈的都是生命的量子级生物信息现象、机制和作用。

[1] 赫拉利. 未来简史：从智人到智神[M]. 林俊宏，译. 北京：中信出版社，2017：307.

# 第 8 章 用量子机制协作的意识“三成员”

**导读：**为什么意识只有感觉、注意和比对三个核心成员而没有更多？它们有怎样的内在联系？对于这些问题，本章按“由顶向底”路线设定的“以功能集合为框架，找框架级联系或交叉点”之方法，对意识三个成员的早、中、晚不同的发生时期和进化等级等进行归纳性分析，从多个角度审视意识各成员间的交叉作用关系，以期得到规律性线索。同时阐述了高级意识的作用特点，如意识在判定事物性质中不自觉地使用着“大概率思维”等。

正像人只有两只眼睛、十根手指一样，人类的意识也只有三个基本的分机制，这不是偶然的巧合，不是上帝的安排，而是生命自然进化的结果。

感觉、注意和比对三者不仅在发生与发展中存着严格的时序关系，存在时间上的不可逾越性；也存在用能上的制约关系，有着此强彼弱的相关性。

感觉、注意和比对三者既分属三种信息机制，有一定独立性，又交叉联系具有不可分割性，三者的有机联系构成了完整的高级意识活动——主观活动。

主观活动在展现出综合与复杂的特性的同时，也赋予人类探索和改造客观世界的强大能力。

## 8.1 为什么意识只有三个核心成员

一是不能更少。感觉、注意和比对是意识的三个最基本的功能，没有感觉，就不能实现信息的拾取和传递；没有注意就不能实现信息的聚焦和选择，就不能实现信息的比对；没有比对则形不成判定，生命就不能按轻重缓急处理问题，抽象、概念、想象、记忆等一系列功能也就无从谈起，方法和策略等就成为无源之水，人类也就成不了生命界的王者。可以说，缺少三种信息分机制的任何一种都不能形成完整的高级意识活动。

二是不必更多。我们已得出这样的认知：感觉、注意和比对机制是意识活动最基础的信息机制，其他意识现象都可由这三种信息机制的组合所派生。如果再多，只能是通过技术方式扩展人的感觉域，增加注意的通道数，增加比对的速度和算力，但也只是三种机制的延伸，并没增加机制的种类。

三是不可分割。感觉、注意和比对三种机制是逐级诞生的，具有天然的继承关系，有整体功能上的不可分割性。虽然各机制有着相对独立的运行空域、时域和状态，表现出意识的内在可分性，但就像树的根、茎和叶的关系一样，感觉、注意和比对三者表现出的区别只是同一进化基础、同一进化流程上的阶段性的区别，相互之间存在密切的能量和信息关系却不允许被打破。意识运动只能靠三者的有机协同才可真正实现。

## 8.2 意识的内在运行机制

### 8.2.1 意识是其三个分机制的不同时序上演

意识信息是一波一波、一份一份地产生和处理的，每一份信息运动对应的或者是感觉，或者是注意，或者是比对，都是按份、按时序在宏观意识域“主场”上演。其中，思维是注意引导下的比对，“主观”是正在上演的那一波波主场活动。

所谓按份或按时序上演，是指在主观意识中，意识的三个子机制不能同时上演。无论感觉、注意还是比对，都是上一个演完才换下一个，一个上演的同时，意味着其他的停止；各分机制按顺序串发发生，不允许两个注意或两个比对同时并发发生。即使感觉有着广泛、同时的发生，但感觉必须经注意引入主观，而注意是单通道的，注意只能按时序拾取感觉，使得感觉在主观中只能按顺序呈现。这也是不管有多少种感觉或多少处伤痛，在一瞬间主观感受到的只能是其中一种或一处伤痛的原因。

### 8.2.2　意识三个分机制之间的关系

#### 1. 三者发生的时序关系

(1) 从有形的物质“硬件”发生看，由于没有原始脑只有网状神经或周围神经的低等动物也可产生感觉信息，因此收集感觉信息的周围神经最早发生；有原始脑和中枢神经系统的、比低等动物高级的哺乳类动物，其脑中就有海马体，且海马体能产生注意现象，因此产生注意的核心——海马体稍后发生；有大脑的人类可通过大脑皮层等高级神经中枢对感觉和注意加工和比对，因此产生比对的大脑最后出现。

(2) 从无形的功能发生看，感觉功能是首先的发端，时序上是第一位的；注意的聚焦、定位及其对信息的投射功能都是在感觉基础之上的发生，时序上属于第二位；比对功能又是在前两者基础上的发生，即以感觉为素材在注意引导下实现的比对功能，在发生时序上属于第三位。由此，我们不妨将以上表述归纳为：

低级意识=感觉(早期发生)

中级意识=感觉+注意(晚一些发生，是感觉的“上层机制”)

高级意识=感觉+注意+比对(最后发生，是注意的“上层机制”)

#### 2. 三者之间的能量关系

从人的主观体验表现上，感觉、注意和比对三项功能的实现存在“跷跷板”样的制约关系：三者中任意一项功能的增强，都会导致其他两项功能的削弱。例如，当剧痛感觉逐渐强烈时，注意的转移和比对抽象活动都会减弱；在深度抽象比对的瞬间，感觉和注意就不易被主观所觉察；注意转移快到极致，有效的感觉和抽象思维都将不能实现。

主观体验所表现出的感觉、注意和比对功能有“跷跷板”样的相互制约关系，所反映的实际是意识内在三个分机制在用能上存在强烈依赖关系。意味着意识的三个分机制不仅都属于能量活动，而且使用同一属性、同一源头的能量。意识的三个分机制相互间的功能之所以可以瞬时转换，反应速度敏捷，也是因三者用的是同一属性的能量，而且该能量形式是量子级的(在前面的大量讨论已给予了逻辑上的推定)。

#### 3. 三者功能的逻辑关系

感觉是以量子级机制因应事物，得到与传导信息的过程。感觉以潜感觉、直觉和显感觉等形式接受事物量子信息刺激，并对刺激属性进行量子化转换和传递，其海量、原始的信号资源形成庞大的信息“集市”，为注意的选择提供丰富的基础信息。

注意是感觉的上层机制。注意以“大者先出”的权重竞争规则产生，以量子级信息形式对特定时段、位置和类型的感觉实现“选定”和聚焦“照明”，其驻留、赋能等特性，放大、扩增了特定目标信息，为素材的精确比对和抽象中的共性信息提取提供支持。

比对是感觉和注意的上层机制。比对以两份量子级生物信息的对撞和叠加产生概率化的生物信息结果，并以此产生概念和抽象；比对可“发现”两份事物信息的相同、相似和不同，可为生命的经验采纳、价值取向、行为模式提供对标、匹配和判定，其抽象作用可实现更高层面的信息收敛或信息熵的降低。

三者既相互区别，又紧密联系、不可分割，以量子级生物信息机制共同形成高级意识活动。

## 8.3 高级意识的作用特点

生命因应事物，并不是件件都经过意识处理，也就是说，意识不是巨细都管的。意识更像是为处理新的、深远的、难以判断的、潜在的危险和困难而生，而不是为处理简单的、重复的、低级的细节问题，如处理本能反射和免疫反应等而生。本能反射和免疫反应在没有意识之前，就可由原始脑或生物脑轻松处理和应对了。如果数亿万计的微观反应都经过意识处理，对于传递速度只有 15 米/秒左右的大脑神经来说，早就不堪重负了。这正像薛定谔说的：“如果人类的感官也能感觉到少量几个分子的碰撞，那我们将会有多么莫名其妙和杂乱无章的经验呀！”[1]

因此说，意识出现的作用，应是让生命从局域、战术级别的处理能力，向高瞻远瞩、抓大放小的全域性、战略级处理能力发展。例如，以下几种全域性和战略性能力，就是在高级意识形成之后产生的。

[1] 薛定谔. 生命是什么[M]. 罗来复，罗辽复，译. 长沙：科学技术出版社，2020：14.

### 1. 具有更广域、更高效的信息传播力

意识可通过代理机制，扩大信息传播力。如通过各种电信网络通信及不同的媒体等代理手段，实现意识信息的扩大传播，以更广阔的领域、更快的速率、更准确的形式，发挥意识的命令、指挥、威慑、交流、教育、吸引、召唤等功能，形成更大、更广泛性质的组织、集团、法律、道德等社会现象及生态。

### 2. 能以“大概率思维”做“战略级”判断

当意识可以针对某事物提出为什么、怎么办这类问题并予以解决时，它实际上已在内部做了不少“功课”——对众多正的和反的、有利的和不利的方面进行了若干遍场景和过程模拟，实现了种种答案和方案的优化。这些只有宏观意识层面才有的优化过程，并非凭空想象而来，而是使用着“大概率思维”。

“大概率思维”只认可大概率事件，对小概率事物，如没见过或很少见过的事物予以否定或不予认可。人们通常认为的规律，也基本上是大概率思维的产物，如公设(postulate)，只是可信度高的假设。

“大概率思维”会带来两个好处：一是危害概率小，有益机会大；二是概率越大信息量越少或信息熵值更小，判断处置速度快而容易。显然，这两个好处为生命带来了更大的、战略级的利益。

### 3. 能形成更大的欲望惯性及更强的改造能力

随着意识的不断高级化，推动意识高级化的生物惯性运动也推动着人的欲望或期望不断扩张。不断高级化的意识和不断扩张的欲望组合，不断增强着人类对环境的适应和改造能力。如高级意识可通过人工遗传等手段，实现对自身生命体和其他生命体遗传性状实行改造、更新和修复；高级意识可产生更强和更广泛的协调能力，实现人类社会甚至星际间的组织协作；高级意识能更深刻地认识和掌握自然规律和机制，形成更强的创造力，从而使人类的统御力向宏观和微观领域不断延伸。

毋庸赘述，由于意识“三成员”工作所用的能量和信息或者说“工质”都是量子级生物信息，高级意识的作用特点，也是由该“三成员”在量子机制协作工作中形成的。

# 第 9 章 不“够格”于意识量子机制的“伪意识现象”

**导读：** 消除杂音才能听到纯美的音乐，这也适合对意识的认知。一些“伪意识现象”掺杂在意识现象中，造成了意识过分复杂的错觉，甚至让人们误以为非意识的情绪现象和由意识衍生的记忆等现象也是意识的基本构成，从而对意识本质的研究造成了困扰。为了澄清对意识构成上的模糊认识，本章按“由顶向底”路线设定的“找功能间联系的阈值临界，求导生命系统中信息联系的边界”之方法，在阐述4种“伪意识现象”产生机制的基础上，以是否达到意识的量子级信息活动水平为识别标准，剔除“伪”的部分，纯化对意识成分的认知。

所谓的“伪意识现象”，特指像是意识活动，但不是纯意识机制或干脆不属于意识范畴的现象。这些现象有的像意识能量的“劫匪”、有的像意识的“亲子”、有的像意识的“帮办”、有的则是意识的“余温”，反正都不是意识本真。它们常与意识一同呈现，看起来很像意识，却不是意识的最基本构成，若将它们当成意识的基本构成，就会平添意识问题研究的复杂性，混淆对意识本质的认识。其中以下几种最易被混同为意识，妨碍着人们对意识本质的认知。

# 9.1　意识能量的“劫匪”——情绪

从生命需要其能量和信息具有有序性角度看，情绪本质上都是“坏的”，因为人所有的“喜、怒、忧、思、悲、恐、惊”七种情绪的能量和信息都是混乱的，都是偏离了生命“中值态”的失衡态。而所谓的好情绪，其实是没有坏情绪或是坏情绪的正在被疏散，即没有或正在消除情绪。没有情绪时，人会有怡然自得，适宜中正的舒服感，或美感。本质上是身体中的“中值系统”处于最优状态。

如果不从能量和信息运动的角度去解释情绪，就会产生一些混乱的认知，并会极大增加心理和意识问题研究的难度。

例如，人们常把意识、情绪、行为这三种不同层面的东西混在一起去做心理研究，进而将行为与情绪之间的关系当成划分心理学类型的标准，派生出一些混搭型心理学。其中所谓“著名”的“二要因学说”，就是把“先笑后快乐，还是先快乐后笑”“先恐惧后逃跑还是先逃跑后恐惧”等这类行为与情绪的时序关系作为衡量心理学类型的标准，而产生了生理反应主导情绪和生理反应与情绪各自独立两大生理心理学流派的。

将非意识的情绪掺入意识一起认知，还使研究者不得不将心理问题细分出更多的流派，并身心疲惫地为门派之争费尽口舌。例如，仅主流的就有行为主义心理学、精神分析学派和人本心理学等十几种，大量的流派使心理学领域积累了浓重的理论内熵。

存在众多心理学流派的深层原因之一，就与分不清意识和情绪的信息运动特性相关。当知道情绪与意识都是量子级生物信息运动且在运动形式上有着根本性不同时，知道情绪会劫持和冲击意识能量时，也许对心理学流派间的矛盾有所缓解。

## 9.1.1　情绪的信息形成机制

情绪源自于哪里？人工智能的创始者之一马文·明斯基坚称：“情感并非人脑的一个独立事件，而是人脑的多个部分之间、人脑和身体之间的互作。”[1]

[1] 科学松鼠会. 人工智能综述：让机器像人类一样思考[EB/OL]. cnBeta：科学探索(2014-02-18)[2018-12-22]. https://www.cnbeta.com/articles/deep/272863.htm.

他想告诉人们，情感有着比逻辑思维更复杂的机制，其生成过程与大脑以外的身体部分相关。他说得确实不错，但还需要补充。事实上，身体中的脏器和腺体活动、经络和量子级生物信息运动等在情绪的产生中发挥了主导性作用。

### 1. 脏器和腺体活动促生情绪

有的生理学研究者发现并指认“杏仁核是情绪学习和记忆的重要结构”“杏仁核是用来处理恐惧情绪的脑区”[1]，但是，杏仁核也许只起到了类似HUB样的信息传递和调度中枢的作用，而不是情绪的发源地。因为，包括杏仁核在内的大脑神经虽然能够整理和调度包括生物电在内的量子级生物信息，能对已发生后的情绪能量和信息发挥一定的控制和调整作用，但情绪生发之初却更关乎脏器、腺体、输送量子级信息的通道及外界信息，其中，脏器在情绪产生中更加原始。

从以下分析中，将不难看出情绪与脏器存在更原始的关系。

1) 恐惧情绪与“肾”系统相关

生命在恐惧的时候为什么双腿发抖？这种看似简单的表象背后，包含着恐惧情绪的发生机制。

许多动物有快速脱离原位以逃离危险的本能。在危险来临时，只要迅速地、远远地跳离原位，危险程度就会降低，生存的概率就会大增。不仅蚱蜢、青蛙等低级的动物拥有这种避险本能，从低等动物进化来的许多哺乳动物以及包括人类在内的灵长类动物更是一直维持着这种本能。

动物遇险快速跳离原位，需要在尽可能短的时间内向腿部提供大量生物电，以满足迅速跳离的能量之需，并会形成遇到危险就向腿部大量充电的生理惯性。人类也因有这种惯性，当有了危险却逃不掉时，腿部的电会因无法释放而“过充”，肌肉纤维就会不堪电荷的重负而形成抽搐和抖动。如果此时心理上硬是抵抗这种抖动，腿部所充的电还会持续暴增，抖动就会进一步加剧。

逃离所需的突然、巨大的用能，还会产生“釜底抽薪”样的作用，会使身体其他部分瞬间陷入供能的缺失。特别是用电大户——头部，由于电都去了腿上，它则相当于被断了电，于是，在腿发抖的同时，大脑会因供电不足、

---

[1] 杨扬. 杏仁核：大脑的“恐惧中心”[J]. 科学(上海)，2016，68(6)：12-16. DOI:10.3969/j.issn.0368-6396.2016.06.006.

血液上不去而出现意识空白，面部也因此迅速失去血色而变得煞白。另一个电能依赖者——排泄门户处的括约肌，也因亏电，其禁锢能力丧失而尿失禁……可见，逃生本能对生物电的挤占有多么严重！

然而更根本的问题是，瞬间大量的生物电产自哪里？还有，生物电的最大源头在哪里？

虽然微观上电能的生产和运送者——线粒体对生物电的贡献更具基础性意义，但对于情绪源头而言，哪里产电最多，却是问题的核心。统合多方细节，对该问题的答案是：哺乳动物最强的电能来自肾系统，更确切地说，来自肾上腺。肾上腺所分泌的肾上腺素、去甲肾上腺素、多巴胺等能激发生成大量的生物电。其中的肾上腺素是在成分上比兴奋物质多巴胺仅多一个羟基的物质，"肾上腺素通常被称为'痛苦荷尔蒙'，每当人们生气或感到郁闷时，就会大量分泌肾上腺素。"[1]当心电不足休克需要急救复苏时，医生通常会注射肾上腺素，本质上也是为了快速产电。由此可以说，生物电的最大工厂是包括肾上腺在内的肾系统。

当然，为生物电做贡献的，还有其他生产激素的器官或组织，如甲状腺、胸腺、前列腺等，这些腺体也会分泌激素，如胆碱类、原胺类、多巴胺(DA)类等。但这些腺体分泌的物质要么只在二次性促生电流中发挥作用，要么产电规模小很多，都与肾系统的产电规模相去甚远。

从以上对恐惧情绪与肾系统的关系及肾与生物电的关系的分析，不难看出，情绪中包含生物电活动在内的量子机制。

知道了肾系统与生物电的关系，不仅能容易地从能量或量子活动角度理解肾为什么与生命种种功能有那么紧密的联系，也会更容易弄懂中医"肾者，作强之官"说辞的缘由，还能明白"恐能伤肾"是因恐惧的避险本能形成的肾系统产电异常和电生理系统紊乱带来的损伤，而且，肾系统与恐惧情绪存在更原始关系也就不言自明了。

2) "喜生于心""怒生于肝"

世界上最好的感觉是你知道你的心在微笑。想必许多人都因有过这种体验而认可这种说法，这相当于认可了喜的情感生发与心相关。不过这个所谓的或体会到的"心"，恐怕是古人说的"心脑一体共主神明"[2]的"心系统"。

---

[1] 粟周熊. 将忧伤排出体外[J]. 家庭科技，2005(10):34.

[2] 王文中. "心脑一体共主神明"浅识[J]. 中国中医药现代远程教育，2009，7(10)：204. DOI:10.3969/j.issn.1672-2779.2009.10.161.

原理上，在快乐情绪酝酿时，心速会加快，并会刺激大脑产生内啡肽等兴奋物质，这些物质作为催化剂又会进一步启动一些与电兴奋或量子级活动相关的生化反应链，并发射电兴奋性脑电波等，使得在快乐的过程中，心脏、大脑及全身相关部位始终存着电兴奋信息的运动和冲击等等。

与喜的情绪与“心系统”活动关系密切类似，发怒的前前后后都与肝系统的活动密切相关。

发怒的诱因，一般与各种利益得失中的不满及由此启动的争夺、相搏之欲相关。相搏之欲会激发身体最大限度的能量调度和最强烈的生化反应：肝脏这个“化工厂”需为这些调度和反应超常努力，并很快达到其平常能力的上限；肝脏得用“狠”的情绪信息将各种生物马达和各种能用于搏击的能量链条动员得更快、更深、更多，以实现更大阈值的突破、再突破；肝脏的强力动员甚至会使那些显示威力的器官和组织达到能量无以复加的、难受的地步。

但是，肝脏“化工厂”的代谢物往往是有毒的废物，当各种毒素的污秽达到肝脏不能消除和承受的程度时，难受就会转化为恨意。恨会促使“狠”动员的加码，恨与“狠”相互催生，一种特有的“生物惯性”——怒气循环就会逐渐加速。

这种能量模式的迭代效应，不仅能使人和一些高等动物双目圆睁、毛发直立、咬牙切齿、吼声大作，还会因肝脏的超负荷运作助推出更高的血压，导致组织的血浸润和血管渗漏，进而产生多种疾病，最终使生命变得更易生怒。

以上种种情况显示，脏器既是情绪信息活动的始作俑者，又是助长情绪能量不断升级的大本营。总之，脏器与情绪生物信息活动风暴的消长难脱干系。

### 2. 研究报告和分析支持脏器是发生情绪的信息模块

许多研究也从不同侧面说明脏器是产生情绪的器官。

例如，1997 年美国出版的《心脏的改变》一书中提到，美国前舞蹈家莱尔·西尔维亚 47 岁接受心脏及肺移植手术后性格大变，易冲动且有攻击性，爱喝啤酒，吃从不喜欢的炸鸡块。她决定调查捐赠者，最终找到是一名车祸丧生的 18 岁男孩，据说这些都正是他的习惯；还有报道说一名女性接受器官移植后，突然会说流利的外语。科学家盖里.E.R.(Schwartz GE)经过 20 多年调查发现，“人类个性完全可以通过器官移植转移到其他人身上，至少 10%的人体主要器官移植者，都或多或少‘继承’器官捐赠者的性格和爱好，一些人则甚至继承了智慧和‘天分’。”[1]

发现移植脏器会改变性格、习惯等，其实证实了脏器具有发生情绪的作用，还潜在地说明了，所有的生物器官都是产生情绪的“跨态模块”。

所谓“跨态模块”，是指脏器一般都由三种态的东西所集成，分别是：可见的物质态，如组织、细胞、基因等；半可见的信使态，如半物质、半能量态的神经递质类等；不可见的信息态，如纯属信息和能量活动的电荷簇等。此三种态应是脏器——“跨态模块”之所以能够完成各种生物级联反应的“标配”。

不仅具有宏观功能的脏器都是“跨态模块”，即便是与生命微观功能环节相联系的生物质也应具备三态或跨态性的“标配”，否则“生物惯性”就不能持续，各生命环节就不能“通透”联系。

有以上阐述作基础，我们对情绪的认识就可以更进一步深入了。

### 9.1.2 情绪的信息和能量特质

情绪显然比意识三个分机制中的后两项“注意”和“比对”产生的时间早而原始。情绪因不具有注意那种限定范围的聚焦功能，更不具有比对那种概念、抽象等思维功能，而不应划入意识范畴。

情绪是没有清晰“旨意”的信息，甚至不具有足够的启示功能。例如，当人们看见对方发脾气，做出一些异常行为时，常感到莫名其妙，原因是不知道对方是什么意思。事实上，情绪只是与脏器病态活动或特定欲望相关的、扭曲性能量的爆发。当情绪信息与意识产生的语言和动作掺和在一起时，情绪便会以其反常的能量形式产生干涉作用，使本来旨意明确的语言、声调和行为发生扭曲性变化。也就是说，情绪虽然是生物信息，但却是失去运行规则的信息。

与意识运动相比，情绪信息的运动具有如下几个主要特点。

#### 1. 情绪是不经逻辑审对的感性信息运动

情绪是受内外环境能量直接激发作用产生的、不经比对过程的、非概念性的生物信息。因不需经大脑周全逻辑思维，情绪发生用时少、反应直接而迅速。同时因没有经过比对，特别是没有与预期行为结果的比对，情绪化行

[1] 徐地天.“换心效应”背后的秘密[J]. 大科技(科学之谜)，2013(8):44-45.

为有不计后果的鲁莽，并常带来更大概率的损失或失败。

### 2. 情绪信息具有不可复制的原始性或本真性

由于情绪的发生与脏器活动直接相关，且脏器在不同时段的工作状况、生理指标、健康程度等都有很大的不同，这使得脏器每次所激起的用于表达情绪的信息能量和规模都有很大差异，因此情绪的能量和信息强度在时间上有着很大不同。也就是说，虽然外界诸多的挑动或扰动是可重复的，但是内生的情绪是不可真正重复的。使得情感成为原始的、第一性的感质[1]而不可被真正描述，或只能相似的被描述。也正因由情绪所产生的情感具有不可重复的原始性或本真性，人们喜爱追求情感，并乐此不疲。

### 3. 情绪是无序信息的发散性运动

情绪与规范有序的意识活动相比，是不稳定的感性能量和信息，是相对无序的信息紊流和能量风暴，它能干扰、冲垮意识信息规范、线性、有序的运动。

### 4. 情绪形成过程存在“堰塞湖”效应

不规则的情绪能量，常因不能及时疏散而造成“堰塞湖”样的效应。例如，快乐情绪的超常孕育和突然洞开，会造成一场爆发性的大笑；愤怒或痛苦情绪的积累，不仅会引起一场灾难性的爆发，还是各种疾病和肿瘤形成的原因。

### 5. 不同情绪之间存在能量的制约关系

一种情绪能量可以中和或冲抵另一种情绪的能量。如快乐情绪就能容易地冲淡郁闷情绪。中国民间有一种所谓“冲喜”的习俗，其实就包含着情绪间的能量冲抵。对情绪的相互制约关系，古代先贤有着非常深刻的见解，《黄帝内经·素问·阴阳应象大论》中总结道：悲胜怒，恐胜喜，怒胜思，喜胜忧，思胜恐。

## 9.1.3 情绪具有“盗取”意识能量的作用

情绪比意识更加原始和本能，且是耗能大户，可在能源上游劫走意识能量，其劫走能量的形式主要有以下两种。

---

[1] 朱耀平. 记感受质、意识体验的主体性与自我意识[J]. 浙江大学学报(人文社会科学版)，2014，44(1):125-133

(1) 能量挤占。例如，由于有求生本能的关系，人类一直存在着对过去和当下的恐惧，也有着对将来不确定性的担忧，而每一份恐惧和担忧都牵连着一组组本能反应的“预案”。即便在主观尚未发现恐惧对象时，与恐惧相关联的脏器细胞也一直在隐性地“怠速运转”着，处于随时做出应激的备战状态，情绪的这种“耗能”对高级意识的用能存在挤占作用。

(2) 直接盗抢。由于情绪与意识共同使用着量子级生物信息这一基本的东西，且情绪更原始或更具上游性，当遇有刺激时，情绪对能量资源的先期、大量耗用，就会对意识用能形成事实上的抢夺与盗用。

情绪对能量挤占和盗抢作用的存在，使得情绪和意识活动强度表现出此消彼长的跷跷板关系。

事实上，每当人们红头赤面、怒发冲冠的情绪发作之际，也正是意识出现空虚和糊涂之时。脏器产生的情绪信息不仅能冲击生物脑形成植物神经紊乱，而且其混乱的信息运动会直接冲击和干扰意识。在感性情绪与理性意识争夺能量过程中，前者常常为胜者，从而使生命成为被情绪支配的角色。

由于情绪可先期挤占、盗取逻辑思维和智慧运作的能量，使得情绪能影响高级意识，而不是相反。

### 9.1.4 情绪包含量子级信息活动，但不是意识级的信息活动

情绪与意识尽管都是同源同宗的信息活动，但两者在若干方面有着本质性的差异，这体现在如下几点。

(1) 情绪与意识产生的位置不同。意识主要在大脑形成，而情绪主要在身体脏器形成。

(2) 情绪之“气”的能级比意识之“神”的能级低，且“颗粒”粗糙。即达不到意识量子级信息的纯净度、微观度和能级。

(3) 情绪能量与意识能量的运动形式不同。情绪能量运动是混乱的、发散的、没条理的、非线性的，是能量的潮汐、漩涡、爆发和渗漏；意识的能量运动具有线性、条理性、规律性，是按套路或常规路线的运动。

(4) 情绪没有焦点和比对等意识所必备的要素。

因此，情绪虽能影响主观，却不属于主观意识的范畴。

重要的是，情绪与意识活动混杂在一起，增加了对意识和情绪本质规律归结的难度。从量子级信息和能量角度将非意识活动的情绪从意识中剔除出来，不仅有利于更清晰地认识情绪本质，而且还可为认识意识本质扫除一大障碍。

## 9.2 意识活动的“亲子”——记忆

这里所说的记忆，不包括可被生殖遗传的本能等记忆，而是特指大脑对知识性、方法性、经历性和社会性等不能被遗传的文化类信息的记忆。

大脑有长期记忆和短期记忆，其主要的作用是对人们见过或经历过的事物信息进行储存，并以重复访问的形式对后续遇到的事物实现辨识和再认知。记忆包含信息的存入过程、静态储存过程和取出过程，人们通常以为这三个过程都属于意识活动。但是从意识属性只是信息的动态运动的角度看，只有在存入和提取信息时的量子风暴过程，才存在意识活动，记忆的静态存储或维持过程则不属于意识活动。也就是说，记忆中有一大段空闲时间是用不到意识的，即记忆并不是纯意识活动。

然而，以下的分析表明，记忆不仅不属于纯意识活动，而且只是意识活动的伴生现象。

为说明这一观点，需要从记忆信息的存储是不是靠编码实现开始说起。

### 9.2.1 记忆不应是编码模式，而应是“沉积和泛起”模式

虽然人们在记忆探索方面有着很多重要发现，但有些表述还是值得商榷。

特别是，应对记忆是“对输入信息的编码、整合和储存以后在一定条件下提取的过程”[1]的说法质疑。

记忆中果真会存在严格的编码吗？虽然有编码与无编码只有一字之差，却关系到对记忆原理的正确挖掘，对此，应从记忆存储模式上找答案。

#### 1. 功能分区和导航策略都可能有些不对

人们似乎习惯于用仓储经验把大脑想象成一座巨大的堆货场，并沿着这一线索或假设，在大脑中寻找有 “编码”特征的信息“存货区”“货架”等。但事实和逻辑却动摇着这种“分类存储”模式的根基。

如果大脑信息是分类存储的，必须存在有编码策略和预先分拣能力的“额外智慧”，编码策略不仅需要“额外智慧”，还会“迫使”大脑提供三维的“仓储地图”和导航等。然而，分类存储和有编码的解读都隐含着难以解决的问题。

[1] 石怀天. 记忆的生理机制初探[J/OL]. 心理科学，1985(5):52. https://www.zhangqiaokeyan.com/academic-journal-cn_detail_thesis/0201297462544.html.DOI:CNKI:SUN:XLKX.0.1985-05-010.

1) 分类编码策略带来的导航寻址问题无从解决

由于只有存在导航机制才能进入“仓储地图”上的“预定位置”，人们为此努力寻找导航机制。2014年，科学家们发现了大脑内导航定位结构——“位置细胞”，[1]一些人在不明白“位置细胞”的真实原理和作用时就报道说，这将具有“回忆过去和构想未来”的功能。但是，在该发现的报告中，“位置细胞”及导航功能是像GPS定位街道上的位置一样，是只反映生命与外环境位置关系的细胞，与以上所说的可用于大脑中导航或找记忆存储位置的“仓储地图”完全是两码事。实际上，至今并没有发现对记忆内容导航的那种机制。

2) 分类编码和导航模式需要的“额外智慧”并无着落

要实现编码和导航，就必须对进入大脑之前或未经识别前的信息预先分拣好，否则就无法把信息内容，如每个像素、每个分词分门别类地放到大脑“仓库”所谓的“编号”位置上。而由于信息来源如滔滔洪水般巨量和高速，要预先分拣，必须存在一个有预知能力、分拣处理极快、绝对准确或不能有容错机制、极度聪明的“额外智慧”，否则，定会造成信息排队时延、仓库码垛混乱、不能精确取货等问题。但从未有研究证明大脑记忆之前还存在“额外智慧”工作过程，生理解剖学也从未发现有这样的额外智力载体，而大脑信息的存放却并无混乱。这就是现实的幽默所在。

以上讨论旨在说明，进入大脑的信息因没有“额外智慧”做预先分拣，从信息编码、大脑分区和寻址导航角度去探索记忆机制，看来都不太对路。

所有这些，不得不让人产生另一种合乎逻辑的构想：大脑所有空间或神经组织是可共享的。即大脑中的信息存放位置并不像有号牌那样是固定的，而是可随时更换的。

神经共享机制的存在性被一篇名为《神经元的电隔室化》的观察报告证实。文章说，迄今为止，没有标准来量化有哪些神经突触区域和有多少给定的树突与特定的触发事件相联系，许多突触似乎处于灰色地带，它们不属于任何处理单元。对此，他们开发了一种计算方法来回答这些问题。该文主要作者威廉·怀博(Willem Wybo)指出：“我们的结果表明，并行处理单元的数量随背景电压输入水平的不同而变化，这表明同一神经元在不同的大脑状态下可能具有不同的计算作用。我们得出结论……树突区域单元可以被认为是独立的……动态划分在正常的大脑功能中无处不在，对记忆的形成具有深远

---

[1] 奇云. 大脑中的 GPS——2014 年诺贝尔生理学或医学奖解读[J/OL]. 生命世界，2014(12):36 [2020-01-12]. http://www.cnki.com.cn/Article/CJFDTotal-ZWZA201412005.htm.DOI:CNKI:SUN:ZWZA.0.2014-12-005.

的影响。”[1]显然，该报告说明了包括大脑突触在内的神经物质是并行工作的，且具有广泛的共享性。

那么，神经的共享机制是如何实现的呢？

从综合和多种角度做猜想，“沉积和泛起”模式最有利于共享记忆机制的实现。

### 2. 存在共享性“沉积和泛起”记忆模式的依据

这里的沉积和泛起，特指信息在大脑空间原地积累沉寂和原地被激活显现。沉积是记的过程，是让所见所闻的能量信息沉积为大脑物质的过程；泛起是忆的过程，是将过去那些曾以能量和信息形式活动过的沉积物，重新以能量和信息形式映像到当前的意识中的过程。

笔者认为，大脑记忆存在原地沉积和原地泛起模式。所谓原地沉积，是指形成的信息未经神经管道传导到他处，而是直接沉结在了本地的神经等物质中，并寂静下来，形成所谓的“记”。与此相对应的原地泛起，是指已沉结于原地神经等物质中的信息，在外部能量冲击作用下，再次被激活(唤醒)。呈现为与未沉积前一样的量子级信息模式，形成所谓的“忆”。

说信息可在大脑空间原地沉积有什么依据呢？一项重要实验成果对此有着潜在的支持。麻省理工学院的研究人员用光纤引导光刺激老鼠神经等方法标记记忆痕迹时发现，“长期记忆和短期记忆是同时形成的，只是长期记忆一旦成型就会陷入沉寂。研究者北村隆(Takashi Kitamura)表示：‘这和巩固记忆的标准理论相反，标准理论认为记忆会逐渐转移，但实际上记忆就在其生成的地方。’”[2]可以看出，该报告等于不动声色地支持了原地沉积模式的存在性。

那么，原地泛起模式又有怎样的物理机制呢？简单地说，泛起(即回忆)过程是通过电振荡将某种生物信息以发散的形式传播出去或“广播”出去，并以量子化的穿透性运动直接轰出映像或直接从记忆沉积物中轰出信息的，而不是通过繁琐的“线性检索”，或经过若干曲折的管道从某个特定记忆区或仓库找到目标或找到记忆沉积物的。

“哦？那么电振荡是怎么回事呢？它是怎么轰(找)出需要的记忆信息的呢？”回答这一问题之前，得需要先简略回顾一下关于记忆机制的常规

[1] WWYBO A M, TORBEN-NIELSEN B, NEVIAN T, et,al. Electrical compartmentalization in neurons [J]. Cell reports,2019,26(7):1759-1773(2019-02-12)[2020-06-01]. https://www.cell.com/cell-reports/fulltext/S2211-1247(19)30103-2. DOI:https://doi.org/10.1016/j.celrep.2019.01.074.

[2] MCRAE M. 诺长期记忆和短期记忆竟在同时形成[EB/OL]. 夏烨，译. 神经信息教育部重点实验室(综合新闻 TOP5)，(2017-05-18)[2020-01-07]. https://neuro.uestc.edu.cn/neuro/html/trends/25.html.

说法——“线性检索”机制。

“线性检索”的说法，用分子层面的生化过程来描述记忆机制。先是外界刺激信号(如电流)经神经主干传递到大脑神经元末端，最末端的神经突触会发生电振荡，同时会产生化学物质谷氨酸、乙酰胆碱等，这些物质会介导一些受体和离子并会放大电信号的倍数，接着，两个突触之间的AMPA受体和NMDA受体及$K^+$、$Na^+$、$Ca^{2+}$等离子的相互作用使信号放大得以实现。反过来，突触蛋白也因这一系列的化学过程、兴奋和传递效用等而增粗、传递效率更高。当两个神经元信号传输过程得到长时程增强(LTP)，突触后膜AMPA受体数目足够多时，记忆便稳定地被保存下来。

不难看出，以上常规说法对记忆过程几乎都是在谈“记”的线性物质变化流程，并没有单独反映“忆”的信息泛起过程，且只把突触电振荡当作了记忆的前置要素。而事实上，携带量子级信息的非物质化的电振荡才是记忆实现的最重要机制，记忆中衍生的化学物质，只是信息沉积和泛起的合适载体。

电振荡“轰”出记忆信息的机制，需跳出单路神经的线性联系，用全脑的宏观电活动来解析。因为大脑中的信息活动是以“云”状形式瞬间闪烁作用的，是无数单个电振荡小火花共振组成的宏观现象。在电镜观测下，所有图像都是一阵阵共振的宏观组图。形象地说，大脑对一朵玫瑰花的视觉反映，是无数分布的碎片组合。有人观测到了这些，并将其称之为“电物体”。前面所引用的《神经元的电隔室化》报告中还说：“我们发现平衡输入或分流抑制可以修改这种拓扑结构并以上下文相关的方式增加亚基的数量和大小。我们还发现，这种动态的重新划分可以使特定分支的刺激特征学习成为可能。树枝状膜片钳记录实验的分析证实了我们的理论预测。”意思是，大脑内的神经单元和亚单元并非按固定功能区域反映外界事物，而是以动态重新组合的形式做出反应的。[1]这不仅说明记忆物是碎片化分布式储存着的，还意味着，仅从局部微观观察就想看清记和忆的全部过程是无法做到的。

回忆时信息运动的真实的情况应该是，当受到某种提示类型的信号广播时，大脑中有着同频振荡特性的物质因共振作用的能量增益而实现了信息的泛起或响应。该响应就像分散到草丛中同类的小虫一起发声产生了强大的共鸣，大脑中量子级信息的同频振荡则会形成统一的场效应，并会形成宏观的回忆图像。

---

[1] WWYBO A M, TORBEN-NIELSEN B, NEVIAN T, et,al. Electrical compartmentalization in neurons[J]. Cell reports,2019,26(7):1759-1773(2019-02-12)[2020-06-01]. https://www.cell.com/cell-reports/ fulltext/S2211-1247(19)30103-2. DOI:https://doi.org/10.1016/j.celrep.2019.01.074.

从以上事实和推理构成的逻辑中不难得到这样的提示：广泛而同频率的电振荡，不仅能直接找到与提示信息同类的拟回忆信息，还会因共振效应响应处信息活动强度的成倍提高而实现记忆增强。

记忆的“沉积和泛起”模式，可通过如下可能的条件和过程做进一步地描述。

### 9.2.2 “沉积—泛起”记忆模式的条件和可能过程

#### 1. 大脑有实现量子化信息沉积记忆的条件

(1) 海马体及附属组织能以注意的形式发出融合的信息流——有固定时钟频率的大脑基态信息波，并能与外界进入的样本信息波形成叠合的波，从而能实现对记忆信号进行类似广播一样的散发。

(2) 发出的叠合波能与大脑内敏感物质中的量子位产生相干，并使信息密度增加或信息能量增益，从而能实现记和忆。

(3) 生物信息的量子成分相干增益所形成的能量跃迁可对附近物质发生干涉，形成干涉态物质沉积印痕；按时间序列进行的被干涉态物质会层层叠加并在脑海里形成沉积相。这两种情况可实现记忆增强或长期记忆。

(4) 大脑能充当以上过程的实现场域。

#### 2. 沉积记忆可能通过“蛙鸣机制”来实现

所谓的“蛙鸣机制”，是指注意以生物信息波(如电波)形式向大脑广播或“照耀”的一个短促周期过程。这一过程实际上比一只蛙“哇”的一声短暂得多，而是像一个雷电的短闪那么迅疾。按照大脑对视觉反映的速度是每秒 24 帧估算，每秒这样的短闪应能达到 24 次。与蛙鸣和雷电有所不同的是，注意发射的是能够穿透脑组织的信息波，但为了便于理解，后面还需要借用蛙鸣这一形象比喻。“蛙鸣机制”的特点是跨越神经的效应。

1)“蛙鸣机制”中的信息存入过程

注意通过海马体实施“蛙鸣”广播，发出一定波长的量子波与大脑网状系统中已存储信息的量子位相干，相干形成的高能区对附近神经元物质载能，从而实现神经科学家认可的“信息从某种程度上可以在连接神经元的突触间进行停留。”[1]形成任意拓扑空间的物质化记忆。

---

[1] BODDY J. Newly discovered state of memory could help explain learning and brain disorders[J]. Science, 2016-12[2020-01-12]. https://www.researchgate.net/publication/321658465_Newly_discovered_state_of_memory_could_help_explain_learning_and_brain_disorders. DOI;10.1126/science.aal0446

2)"蛙鸣机制"对信息的提取过程

(1) 对于提取与历史、时间相关的信息，可通过不同能量强度(波长)的注意，向大脑"蛙鸣"广播，对目标信息予以激活。

记忆内容虽没有按照连续规整的空间区域存放，但每批存储的内容都有着与时间严格对应的能量层级。这是因为曾被分批相干、层层叠加在沉积相记忆中的量子位，一直发生着"消相干"进程；随着时间的推移，记忆量子位信息的能量频率越来越低，波越来越长，会形成从当下到过去频率越来越低、波越来越长的能量梯度。这意味着，回忆时间性内容时，只需通过注意调节"哇"能量强度(波长)即可。能量强度对应着当下意识给定的时间距离，一旦频率达到给定的值，就会使相等波长的量子位共振或相干，与"哇"能量频率相同的、与时间相关的信息就会泛起或显现出来。

(2) 对于提取与空间和内容有关的信息，注意可用其所"蘸"来的"种子信息"，即欲提取内容的提示部分，以"哇"的广播形式激活目标信息。

当注意带着"种子信息"不断地"哇"向大脑时，与"种子信息"内容相同(即空间形态、密度等相同)的信息就会被相干激活。更重要的是，一些与"种子信息"联结或紧挨在一起的已存内容，也因空间或状态相近发生部分相干而一跃而起，一同呈现在意识的天空中，形成事实上的联想现象。如此，内容性回忆便得到了实现。

3) 一些实验成果支持"蛙鸣机制"和蛙鸣效应的存在

脑磁图显示，当信息来临和运动时，大脑不连续的区块会"同时激化"闪烁。"同时激化"的速度明显超过了约 15 米/秒的神经传导常规速度，这说明有一种超越神经传导的信息机制在起作用，显示出与量子级的蛙鸣机制有着很大相关性。

一篇发表在《海外学者短期讲学》(*Frontiers in Systems Neuroscience*)上的论文阐述了这样的观点："脑计算是通过 2 的幂次方($2^n$)排列逻辑组织的。"[1] 这一观点暗示着大脑信息传递模式是发散性的，因为 $2^n$ 的图像就是一种发散模型。如果该类发散模型的初始位置在海马体，即"哇"信息从海马体按 $2^n$ 的模式向外展开，整个信息发散性传递过程将表现出一种由海马体向外的"照耀"。显然，该假定的"照耀"与以上实际观察到的脑磁图"同步"闪烁现象非常吻合。

---

[1] XIE K, FOX G E, LIU J, et al. Brain computation is organized via power-of-two-based permutation logic[J]. Front Syst Neurosci, 2016,10:95(2016-11-15)[2019-12-01]. https://www.frontiersin.org/articles/10.3389/fnsys/2016.00095/full. DOI:10.3389/fnsys.2016.00095.

对于“照耀”现象或“蛙鸣机制”的存在性，中国科学技术大学生命科学学院毕国强课题组与北京大学分子医学研究所程和平课题组2017年6月26日在《自然-通讯》(*Nature Communications*)在线合作发表的报告至少具有如下共性的发现：“在炫(指亮闪，作者注)发生期间，含有线粒体活性氧激增、基质瞬时碱化、膜电位瞬时下降等多重变化；突触的长时程增强总是伴有突触附近一个或多个线粒体炫信号，每个次炫信号，以瞬时活性氧爆发形式产生‘烧制’作用，对2微米内局部空间的突触物质实施塑造，从而实现长程记忆。”[1]这种瞬时性“烧制”炫机制，显然与“蛙鸣效应”的瞬时性沉积机制具有很强的一致性。

下面这份实验观察报告则似乎直接证实了海马体能通过“蛙鸣”提取信息。

《神经元》期刊的一篇题目为《大脑涟漪让记忆永恒》的报道中说，在老鼠身上发现“一种大脑海马体传出的所谓的尖波涟漪(SWRs)的脑波与稳定记忆有关，它能帮助大脑把学到或经历过的事立即重播。”“研究人员提出了一个包含海马体两个特定区域(CA1和CA3)的模型。模型显示，CA3的振动刺激和CA1的相位性抑制协作产生了SWRs。”[2]这种尖波涟漪(SWRs)的脑波，与蛙鸣机制描述的短促的“哇”似乎没有什么不同。

综合以上观点和叙述可得出这样的认识：大脑中存在闪爆发散性通信模式，能以“蛙鸣”形式将量子化的生物信息存入和提取。

### 9.2.3 沉积记忆模式无需编码寻址和“额外智力”，却更吻合记忆现象本身

(1) 沉积记忆模式通过相同频率或相同能量级别的信息相干实现，不需要编码，不需要定位和导航所必需的“额外智力”就既能实现对时序性或历史性信息的存取，也能够实现对空间性或内容性信息的存取，与人的记忆实际表现一样。

(2) 沉积记忆虽无编码，但由注意引导的量子相干所衍生的记忆物质尘云——“沉积相”，可以以不同波次、不同疏密分布、不同能量强度的形式在全脑中以3D形式穿插叠合地生成与沉积，使得记忆“沉积相”具有全息性、唯一性和形式上的近乎无限性，相当于可实现无限多的编码组合或记忆容量的无限性，与人的记忆容量表现相吻合。

[1] 叶瑞优. 科学家发现“线粒体炫”调控神经元突触水平的长时程记忆[EB/OL]. 中国科学院：中国科学技术大学(2017-06-28)[2019-03-12]. https://www.cas.cn/syky/201706/t20170628_4606672.shtml.

[2] 张章. 大脑涟漪让记忆“永恒”[EB/OL]. 科学网，2017-01-11[2019-12-10]. https://news.sciencenet.cn/htmlnews/2017/1/365633.shtm

(3) 因沉积记忆模式是穿插叠合的形式积存记忆物的，其信息有着高度点共享性和互联性，从而使记和忆过程都伴随着广泛的联想，并能以指数级形式加速扩散性搜索信息。例如，可使注意能以每秒24帧次左右的速度“高带宽”地注入和提取视觉图像信息。这些也与人的记忆实情相吻合。

例如，“点共享”既可最大限度地满足各种信息模式的存储和提取需求，又可极大节省记忆所用的物质和能量资源。大脑以共享部分作为母概念或“桩”基础，再增加一点或少一点物质就可成为相似事物的概念，联想、相似、相反概念就可以在共享的母概念“桩”基础上形成，从而使记忆所耗费的物质极其地省，而现实中，人们确实用“记忆桩”作为记忆法，实现了快速联想记忆；“点共享”可天然地避免将一万个0分别放到一万个存储单元的重复工作和重复的耗能，而人类的记忆实际上具备这种特性。

### 9.2.4　记忆伴随意识量子级信息活动而产生，却不是意识本身

由前面的分析可得出这样的认识：

(1) 记忆是在意识成员——注意的作用下衍生记忆物的过程，而意识是纯的量子级生物信息能量运动过程。意识活动消失后它“自身”便不存在，而记忆在意识活动消失后却还有记忆物质存在。

(2) 意识中的注意可能动地促发形成记忆物质的泛起、沉积和衍生，但记忆物却不能在没有意识主要成员注意的作用下自动激活、沉积和衍生。

因此可以说，记忆不是意识的活动主要成员。意识活动产生记忆物的过程，存在意识和记忆物的互动关系，两者的关系就像意识之“火”与记忆物之“灰”的关系。虽然灰烬由火所产生，灰可与火融合、共舞，但是灰只是火的衍生物，而不是火。记忆过程只与记忆物相联系，如果存在意识的量子风暴活动却没有形成记忆物，则等于有火却没有产生灰，则不存在记忆。总之，记忆只是意识主要成员主动活动的被动效应过程和产物，而不是意识本身。

## 9.3　意识交流的“帮办”——语言

如果说，信息媒介是装载和传递概念性信息“蛋糕”的“盒子”，而人类真正需要的是“蛋糕”，而不是“盒子”，人们可能会同意这种说法。但如果进一步说，作为有媒介作用的、由语音、词汇和语法所组成有声语言也是一

种“盒子”，而该语言“盒子”里没有直接装载着概念性信息“蛋糕”，人们可能就不同意了。

然而，从是否“够格”量子级生物信息角度看，媒介“盒子”里有概念性信息“蛋糕”的说法是错的，而媒介“盒子”里没有直接装载着概念性信息“蛋糕”的说法却是对的。因为，语言媒介“盒子”里并没有意识量子级信息活动本真或“蛋糕”，包括其他不发声的媒介性语言，如书面语言、图像语言、体态语言、计算机语言等也统统只是有着提示性标志的盒子，都未直接盛放着意识本真的概念性信息。

原理性根据在哪里？这需要从语言与“真意”的关系说起。

### 9.3.1 语言只是打开“真意仓库”的“钥匙”

说语言不能直接载有本真信息，或语言声音信息不是“真意”信息本身，是因语言声音虽能唤起“真意”，却不直接有“真意”的物理性生物信息活动。语言只是有“钥匙”那样的对号开锁作用，能通过交接钥匙的形式打开相互放有“真意”的大脑记忆仓库，并引燃大脑里的量子级意识信息运动。语言的表达过程，就像要让对方大脑仓库燃起与自己大脑仓库里同样火焰图案的过程，该过程并不是将自己大脑中那片火焰图案直接搬过去，而是通过用钥匙开仓启动或用火种引燃样的方式去间接实现的。

语言是怎么实现这种“钥匙”或点燃作用的呢？

当语言发出时，等于给予语言接受方开启“真意仓库”约定内容的标牌或“钥匙”，受者或听者只是拿到了“钥匙”并没有拿到内容。如果听者不上心或听到了当作“耳旁风”，就等于把“钥匙”丢掉不去开仓库，声音与“真意”就不能产生联系，也就产生不了“真意”，同时也说明，语言不等于“真意”，而只是开启“真意仓库”的工具。

作为工具的语言，可以用不同的语言表达同一“真意”信息，但同一“真意”信息，作为一种本真，却不会被不同的表达语言所改变。例如，寒冷这一“真意”可以用不同语言、不同文字、不同图像，及不同手势体态来表达，但大脑中所映现的寒冷“真意”并未因表达形式的改变而改变。这是因“真意”是不以语言表达形式所左右的客观物质性和客观能量性。

“真意”信息的客观性，体现在“真意”是意识域中感觉、注意和比对的实在过程或生物信息的实在性因应运动过程。例如，寒冷觉的“真意”，是通过真实能量因应过程经真实的信息“涌现性”运动所产生的量子级生物信息，具有物质、能量和信息的本真性和客观性。

也就是说，语言只是一种让对方大脑重新涌现出某种“真意”或能让其大脑仓库某一部分被引爆的导引或点燃工具，它是约定好的、对某一特定“真意”的对标开启方式——“钥匙”，并不是仓库内容物——“真意”本身。如你可用语言描述自己的酸麻，却不能让对方直接得到你真实的酸麻感；对方直接听到的是你的酸麻词汇，他要用酸麻词汇去对标自己记忆仓库里曾有的酸麻感受才可以真正体会到你说的是什么。即“真意”是一种个体独有的、永远无法通约的内在的个性觉或内在的能量活动。

照此说来，之所以不同的语种能通过翻译相互得到同样的“真意”，难道是因不同语种的人相互都预先拥有一座保存着同样“真意”或觉的“真意仓库”吗？是的！

那么“真意仓库”和前面说的“钥匙”又是怎样建立和生成的呢？让我们先说“仓库”，后说“钥匙”的事。

### 9.3.2　“真意仓库”的建立

“真意仓库”其实是人类的体验记录。因有过相似的体验和遗传，这种记录有着相对统一的内涵，本质上是生命量子化因应过程的“体验集”。

如人类有成千上万种对冷热、酸麻、明暗、痛苦与快乐等的体验记录或记忆，这些记录在语言产生与交流之前就早早地产生和存在了。由于有几乎相同体验和遗传过程的关系，因此所有人种中所有的个体就会对某种刺激的体验记录和内在反应流程都大致相同，即人类都具有一套相似的体验记录数据“仓库”。这就是尔后建立“共通性”语言约定和翻译协议的天然基础。

当然，这种“仓库”中储存的并不限于像寒冷那样简单“共通”的感性体验，还有大量抽象概念类的、逻辑流程类的和复杂情感类的“共通”性高级思维体验和记忆。各类“共通”性体验记忆为人类社会的沟通和高级化提供着“通用真意仓库”。

有了这种“仓库”，尽管语言没有直接传递“真意”，但发送方仍能让接收方共鸣产生同样体验过的觉，从而实现“真意”的间接得到。当发送方按照预先“协约”发出某个音节时，接收方得到音节相当于接到了“钥匙”，后者大脑就会按“约定”开启该音节对应的“真意仓库”，并点燃或启动它自身的生物和量子化流程，最终得到了与发送方相似的“真意”觉。

至于该仓库是如何与视觉、听觉等绑定和打开的，这与语言“钥匙”的产生相关。

### 9.3.3 “通用钥匙”——语言的产生

不仅“真意仓库”是通用性的，在同一语系中，开仓的“钥匙”也是通用性的。

原始语言的产生，应起源于原始人对某种感受、某种食物需求或某种危险发出的呼叫或感叹，习惯而近距离的倾听和观摩可使相互之间使用相同的呼叫以表达或唤起同样的“真意”感，从而形成了原始的默契语言。而要想将更细腻的感觉让更多个体明白时，就需要更细致和更广泛的默契和“约定”，大量的“约定”会在同一生活圈成员之间建立起统一的语系。在此期间，体验的不断增加，丰富着“真意仓库”的内容；约定的不断增加，丰富着相互开启仓库的钥匙——语言。

当同一语系中的某人向另一人发出语言时，相当于通知对方按约定方式激活“真意”。每组语音只能激活一组“真意”，当接收方收到多个语音的长句时，会按发出方的发音顺序或约定的语法逻辑，去自身仓库中顺序性地激活“真意”。也就是说，表面上那“真意”像是发出方传来的，实质上“真意”是接收方自己这部“量子机器”生产出来的。这会让我们联想到，如果人类之间能既快又准地直接传递量子化概念，则不需要语言，语言也不会诞生。之所以这个“如果”没变成现实，还是因“真意”这种生物信息在人类间不能直接被传递。也许直接传递“真意”的能力在语言产生之前的原始人是有的，只是后来退化了，因用声音语言“钥匙”比向外直接发出量子化信息交流更省能。

由于语系是特定生活圈中的约定，不同语系相同的发音可能代表不同的“真意”，这会使不同生活圈的人群因不知对方的约定而不理解其相同发音代表的是什么“真意”。这不仅说明语言只是“真意”的提示符而不是“真意”本身，还意味着，要实现不同语系的相互懂得，就需要再“约定”，或需要建立“约定”的翻译规则。正因有着广泛的“约定”和翻译规则，才有了更加广泛的语言沟通，这种沟通事实上是相互交换了打开各自“真意仓库”的钥匙。

为什么音乐艺术作为一种特殊的语言，不同语种间不须翻译却能相互理解呢？

原理还是与通用的“真意仓库”相关。代表音乐和艺术形式的韵律、节拍、音调、色调、形象等是全人类记忆仓库中共有的体验记录，是不可替代的、具有唯一性的底层物质和能量物理性活动，带有着天然、原始的通用性。反过来说，原始、通用的韵律等可在不同人群心理中激起同一模式的生物信息活动，而获得同样的“真意”感受，即韵律等是启动同一意境的“通用钥匙”，所以音乐艺术是全人类共同的语言。

语音形式的语言则不具备音乐艺术那种通用性质。语音语言不同于音乐之处是，语音不具通用的节拍、韵律等，其音节、发音形式、组合等都只具特殊群体的约定性，在不同语系的人群心理上不能形成统一的感受和“真意”。因此，语音语言在全人类中不通用，它只是同一语系中的“特用钥匙”。

由于音乐和艺术是能激活人类“真意”信息的通用媒介，未来它们可能会更加强盛；而因语言只是部分人或语系内信息传递的中介，若这种中介作用未来能如影随形地被有翻译功能且能直接、高速激活“真意”的仪器所实现，声音语言的作用就会被极大弱化，一些不太通用的小语种语言或会很快消失。

### 9.3.4　语言具有开启意识量子级信息活动的作用，却不具有直接的意识性

综合前面所述可得出这样的认识：语言是唤起意识信息运动的媒介，有传递“通用钥匙”开启“通用信息仓库”的作用。其中，“通用钥匙”是对某种“真意”实施表达的预先约定，“通用信息仓库”是经人类长期共性的遗传和共性体验积累所形成。

就像留声机能放出语言声音却没有意识一样，语音形式的语言也因不直接携带“真意”而不具有直接的意识性。语言只是意识之间交流的“帮办”或工具。

## 9.4　意识活动的余温——梦

梦是在睡眠状态下产生的情景，梦给人们带来了奇异的幻觉，也带来了灵感、快乐与不安……梦是重要的。但梦的本质是什么，至今仍旧是人们心中超级的疑惑。梦和意识活动关系紧密，既然意识原理可通过量子化机制做出解析，梦的原理也就应不难作解了。

### 9.4.1　梦故事的编剧过程

梦故事是由谁主编？不同时空的梦境素材来自何方？

显然，梦故事并没有独立创作者，而是一些“游离”的生物信息与生命

内、外能量互动共同纠合完成的。

故事本质上是一连串的因果关系，梦故事也是如此。从大脑记忆中游离出的规模大一点的生物信息以及体内外运动的信息和能量一旦被潜感觉所拾取，信息就会在潜感觉域发生叠加融合，完成内容和景象的重组，形成一个个梦故事素材片段或节点。素材片段或节点还会被微弱的、有时钟步进功能的潜注意顺序性地“读取”，产生时空扭曲和逻辑松散的因果链，即奇特故事。

梦的混编过程得到了若干量子机制的支持，其中“插值机制”和“焊接条件”发挥了重要作用。

所谓“插值机制”，就是将不相关内容添加到原有内容中形成新故事的机制。大脑这种机制的存在性已被一些科学实验所证实。“英国华威大学的心理学家金佰利·韦德(Kimberley Wade)就曾经成功地给人植入虚假的童年回忆。她首先咨询了一些学生的父母，确定那些学生在童年时并没有做过某件事，比如乘坐热气球。然后，她加工了一些照片，把学生儿时的形象放进正在飞行的热气球的篮子里。她把这样的照片拿给学生看，然后在两个星期后再访问学生，有的学生就会以令人惊讶的细致程度，讲出小时候乘坐热气球的经历。”[1]该心理学实验其实是证明了大脑具有接受插值的能力。毫无疑问，大脑的这种能接受插值的能力，也会在其编梦过程中发挥作用。

所谓“焊接条件”，是指将各种不相关的素材撮合在一起的适宜条件。人们都有过体验，不是在睡眠的任何状态，而是在特定状态时梦才可发生。也只有在特定状态下，梦的各类素材才会涌现，并得到撮合和焊接。有科学家在关于梦的形成实验中，对“焊接条件”给予了潜在的说明，他们描述道：“伽马波振荡可以帮助大脑的不同区域同步它们的活动，从而彼此‘会话’‘连接’思想和感觉以创造一个有凝聚力的体验……伽马波的增加或可能创造了一种更大的同步性和意识性的混合状态，从而产生第二层面意识性的某些特性，而同时大脑的其他部分仍处于沉睡状态”“当被试者接受频率为40赫兹的电刺激时，导致伽马脑电波活动加剧，而高于或低于这个频率的电刺激，位于伽马范围以外则对梦没有任何影响。”[2]这说明，40赫兹的频率，是大脑中可产生具有梦故事情节的最适宜信息环境。与此相吻合的逻辑是，感觉不仅可以在40赫兹频率撮合和利用自身产生的生物信息产生故事，也

[1] 黄永明. 人类为什么容易产生虚假记忆[J]. 教师博览，2013(12):60-62.

[2] 严炎，刘星. 现实版盗梦空间 人或可以控制自己的梦境[C]//中国科学院中国现代化研究中心. 科学与现代化. 北京：中国现代化研究中心，2015，062(1). 25-27.

应可以接收到来自外界该频率的信息并与其相干，“焊接”入与梦故事相关的情节之中。

### 9.4.2　梦是历史信息与现实信息的叠加

著名心理学家弗洛伊德在谈到梦的起因时说:“每一个梦都起源于第一种力量(欲望)，但受到了第二种力量(意识)的防御和抵制。”[1]

从实现机制看，支撑梦的“欲望”“防御意识”等宏观的心理层面活动的，实质上是量子级生物信息活动。而量子级生物信息的产生，既与微观层面的遗传物质和生物物质及宏观生命体有关,还与生命体与现实时空环境中其他物质和能量的因应互动相关,即梦的信息运动是多维度信息和能量运动的叠加与融合。这种融合运动又可归为人自身的信息运动和外部环境信息的干涉。

作为人自身信息的活动,有的是身体能量和各种物质运动所涌现的反映身体内部的健康状况的潜感觉或隐语，有的是被游离的能量刺激泛起的大脑记忆，有的是与欲望相关的心理预期、压抑和恐惧情绪等。而与梦相关的仅仅是以上诸类信息和能量活动中被潜注意所捕捉、再激发并实现了放大的部分。

作为外部环境的信息干涉，有的是附近环境的声波、光波、气味和各种物质触动等，有的是地球和宇宙深空的引力、粒子流、信息波等，也可能还有来自他人或其他生命的量子级生物信息。与梦相关的也仅仅是以上诸类信息和能量中能与潜注意量子级生物信息实现相干的部分。

正是由潜感觉和潜注意对人体内外信息的感应、捕捉、放大并按一定时序拼接、上演，才形成了荒诞性与真实性、历史性与现实性兼具的梦的特性。可以看出，梦不完全是虚幻的，它是各种历史信息因素与现实信息因素的叠加和耦合。

### 9.4.3　梦的信息和能量运动特点

梦与主观意识活动相比，它的信息和能量活动具有如下特点。

#### 1. 梦与主观意识的相同点

梦的活动与主观或显意识活动都属于量子级生物信息运动。

---

[1] FREUD S. The Dream Psychology[M]. 沈阳：辽宁人民出版社(英文版)，2013:64.

### 2. 梦与清醒意识的不同点

(1) 梦在主观意识关闭后产生，两者不在同一时间段活动。

(2) 相对于主观中的映像，梦境是模糊的。因为梦的量子级生物信息能量低，形不成足够强度的能量聚焦而分辨率低，所以梦境只有模模糊糊的轮廓，甚至其景色大多是黑白的。[1]

(3) 梦不能驱动躯体实现自主运动。由于梦的信息量规模小和能量低，梦中的动作指令只与虚拟的幻觉动作相联系，一般不能驱动运动神经做真实自主的运动。

(4) 梦没有明确的指向性。由于没有主观注意的参与，梦信息是随机泛起和混乱拼接的，梦也因此呈现出信息连贯性差、时空跨越性大、目标指向不固定或随机漂移的特性，从而给人以内容碎片化和内容交叉明显的心理感受。

(5) 梦中包含有更多直觉现象。由于信息能量弱，梦更容易受环境微弱信息的影响，因此更易敏感地产生直觉。

## 9.4.4 梦虽是量子级信息活动，却不属于主观意识活动

尽管梦与意识活动都是量子级生物信息活动，但由于梦与显意识相比，有多种属性的区别，存在能量强度和信息规模等在内的种种“不够格”，梦显然不属于主观意识活动。

[1] 李侠. 意识与潜意识的认知机制——以梦的颜色为探析视角[J]. 江西社会科学，2017，37(3)：14-25.

# 第 10 章 知识增加和智慧增强中有量子机制作用

**导读：**知识积累靠什么机制实现？创新能力靠什么原理开发和提升？对于这些问题，本章按“由顶向底”路线设定的“找框架级联系或交叉点，以功能作为轮廓来定义关系和关系集合”之方法，结合前面讨论中形成的对感觉、比对和抽象等信息机制的认识，进一步对智慧功能的细分要素及交叉联系做分析和猜想，得出了生命用包含着量子机制的“分辨意识”和“工具意识”获取知识、实现创造性的基本认知，并希望对善于学习者和创新者提供有益参考。

许多动物遭遇危险时，习惯把头捂起来，或只把头钻进草丛而不顾屁股。之所以有这种现象发生，是因为动物生命大部分的经验和欲望信息都储存在大脑里，且这些信息在生命利益中占有着最大的分量，为防止根本性或重大性损失，先保护脑袋是动物们首要的、本能的选择。

脑袋里的信息是怎么来的，有着怎样的存储形式等问题，我们从前面关于意识和记忆等形成机制的阐述中已给出了概略或框架性的解释。然而，要从更加细分和详细的角度了解知识积累和创造力形成的特殊规律，还需将现象与信息机制综合成一个新视角，深入探究相应的信息运动过程，才能从中找到合理答案。首先需要聚焦的是，在知识学习与创造性思维中，其底层信息和能量活动存在哪些根本的不同。

# 10.1 “分辨意识”积累知识，“工具意识”产生创造性

人在出生后，会对自身“硬件”和“软件”功能进行自我测试和训练，尔后会对“硬件”和“软件”工作能力做不断的升级。例如，当婴儿“牙牙学语”和做出反复抓拿动作时，其实是在对自身“硬件”——声带和手的功能进行测试和训练，这种测试和训练甚至会持续一生；在婴儿期及以后整个生存期，人还会通过对事物表象的分辨和对事物内在性质进行交叉联系，实现对自身“软件”系统——意识功能的测试、锻炼、应用和不断升级。

这里只从逻辑框架层面对意识“软件”在获得知识的应用环节和智能升级过程中发生了什么做些讨论，以期框架性地了解人的智慧来源。

简单地说，人类智慧包括两种认知活动：“分辨意识”和“工具意识”。其中，“分辨意识”产生知识，属于被动接受和认识现实事物的能力；“工具意识”产生能力，属于积极改造现有事物和主动创建新事物的能力。通俗地说，“分辨意识”的作用是知道是什么、怎么做；“工具意识”的作用是改造和创造什么或怎么不一样地去做。

## 10.1.1 量子级“分辨意识”产生知识

### 1. 什么是“分辨意识”

“分辨意识”是对事物属性的认识思维过程，包括对事物表象的分辨过程(如分辨牛和羊形象的不同等)，和对事物内在属性的抽象提取过程(如把牛和羊归类为动物等)。其中，抽象过程对事物的认知深度更具降维或升维作用。这里的维，特指联系。升维即增加联系，降维则是减少联系。

### 2.“分辨意识”增加知识

1) 对表象属性的分辨过程可增加感性认识

人一出生，就有了对明暗、冷热、声音强弱的感受和区分。虽然不会说话，其实他已在模糊的区分中开始学习和复习最原始的知识了；随着人的长大，能精细区分水和牛奶、草莓和苹果及不同色彩等；然后是区分河流和湖

泊……在对具体事物相同与不同的分辨中，具象概念和感性认知逐日增多。

2) 对抽象属性的区分过程可得到维度高的理性认识

当将草莓、苹果、葡萄等这些皮软、水多、好吃、植物上长的果实归为“水果”时，或当把核桃、板栗、榛子等这些壳硬、水少、好吃、植物上长的果实归为“干果”时，就实现了对信息的抽象归类或认知联系的升维。水果、干果这类词汇显然更具广泛代表性，或维度更高、更抽象。若再将水果、干果进一步归类为“果品”，则是又一次的升维，“果品”的联系维度或抽象度又高了一个层级。反过来，将“果品”细分为水果、干果及再细分为具体果实的过程，则是具象增强，联系性降低或概念降维过程。归类和细分，锻炼着大脑的升维和降维抽象能力，同时增加了复杂概念和理性认知。

意识的具象分辨和抽象区分能力的提升，通常是在混合使用和难度升级中得以实现的。如从简单到复杂，先是对上与下、来与去、远与近等的区别；然后能对速度与里程、能量与信息等做出辨识；后来能对善与恶、特殊性与普遍性等综合性概念进行认识与鉴别。分类带来知识的不断丰富，能让人通过一片叶子就能知道它属于何类植物，品尝一口酒就知道其品类、年代等，听人说话就知道其性格……也就是说，凭借优异的分辨力就可成为某一领域的专家。由此可以看出，“分辨意识”对于提炼和增加知识的巨大作用。

#### 3. “分辨意识”中的量子级信息机制

用已阐述过的意识信息机制去解析，“分辨意识”活动主要是信息“比对”过程。在该种“比对”中，注意会引导“新”与“旧”两份概念信息实施对撞，对撞会产生叠加结果，其结果会呈现某种“吻合”程度，其实是量子级生物信息的相干比率，或事物要素的相似概率，其“吻合”程度可表达相同、相似及不同(见本书第7.3节)，从而可完成对事物属性的辨识与鉴定。该过程很像对两张剪纸的印合比对，知识将随着这一进程而不断形成与积累。

从以上“分辨意识”的产生和作用原理分析中还不难看到，量子级机制在“分辨意识”活动中发挥着底层支撑作用。

### 10.1.2　量子级“工具意识”产生创造性

#### 1. 什么是“工具意识”

有形工具的产生一般是通过对两种以上相关事物或作用进行交叉联系产生的，与此类似，意识也是通过对已有方法、原理、机制和作用的交叉联系、重组等实现升级和创新的，故此，将类似产生工具的意识活动过程称之为“工具意识”。

“工具意识”有降低信息混乱度或降低信息熵的作用。

以手钳的发明为例：一方面，需要剪断的东西很多，有木条、铁丝等；剪断的方法也很多，但都很费力、不理想，其实都是信息混乱、信息熵很高。另一方面，关于力学的原理、机制也很多，如有杠杆原理、重力加速度原理等，各自的作用也不少，但不知在剪断东西中哪个能用上，信息杂乱而没有头绪，信息熵也很高。于是，就有人从以上诸多涉及中找到了一种对应的联系，手、铁丝和杠杆原理相联系，发明了工具——金属手钳(也许该发明的真实来源并非如此，在此只是假以说明工具属性)，使剪铁丝变得很容易。此发明创新的关键，是在意识域和现实域都建立了某种“交叉点”。一是意识在杠杆与剪切或在省力和剪断之间找到和建立了信息交叉点，并使人产生困难被排除而“通了”的感觉；二是通过实物制造，意识域中的信息交叉点变成了现实域金属手钳中的机制交叉点，使用中的高效和省力表现，更是使人的很多烦恼一下子得以大减。其中，找交叉点的意识运动过程就是“工具意识”，而交叉点正是信息“熵减”的通道。

以上所述的逻辑是，“工具意识”的核心是寻找和建立信息交叉，信息交叉的作用是形成信息共享通道，信息共享通道的意义是信息“熵减”。

### 2. “工具意识”中的量子级信息机制

“工具意识”所找到的信息交叉点，实质上是信息共享点。例如，在将杠杆和剪切两种功用交叉联系做成手钳实体事物之前，大脑内部已提前模拟了联系，并实现了信息交叉。该信息交叉本质上是意识量子级信息的交会融合或对撞叠加，就像两团烟尘或两种颜色发生了融合，在叠加融合处，形成了能量和信息完全一样的量子级信息。同一性状的量子级信息在时空上是共约的，在概念上是共通的，相当于在意识层涌现出了某种共享“通道”，使得原本各自独立的两个概念或过程被结成了一个概念或过程。由此，该“通道”成为了新事物或新方法的来源。

### 3. 创新在“工具意识”活动中产生

按以上分析出的原理，人们常说到的创新思维，其实是使用“工具意识”的过程。

“工具意识”过程的核心，是信息共享通道的建立，简单来说，就是发生在意识域中的“信息交叉术”，简称“交叉术”。

例如，从手钳的发明到手钳的使用，虽然外在上看到的是杠杆与剪切功能交叉联系起来的过程，其实是人在“工具意识”的支配下完成的，是在意识域的交叉联系或“交叉术”中诞生的。简单手钳工具的发明如此，计算机及一系列智能工具的创造也是如此，甚至在其他智力发育比较好的动物行为中，如乌鸦往有水的瓶中投入石子而喝到水的“乌鸦喝水”智力行为现象，也是在“交叉术”的助力下产生的。

“交叉术”作为创新中的核心机制，有简单和复杂、低级和高级等程度的不同。譬如，手钳的发明中，人在意识域建立信息共享通道情形，是简单、低级的“交叉”或创新过程，比较容易理解；一些艰深的、有高级抽象过程的复杂逻辑推理，乍一看高深得令人摸不着头脑，其实是简单“交叉”的组合，只要从信息“交叉”角度去仔细琢磨，就能快速地找到诀窍。因为在复杂抽象和推理中，均使用着某种信息的交叉，只是有着更多交叉环节和更多层的嵌套而已，只要注意那些交叉或嵌套中的共享联系点，并逐项将其剥离出来就可化繁为简。

“哦，照此说来，隔壁老李家儿子学习那么好，有好几项发明，并常冒出些‘新点子’，也是得益于他善于使用‘工具意识’中的‘交叉术’吗？”

“肯定是的！”

但是，还有两个因素在助力着“工具意识”活动，它们是“工具意识”不可或缺的助手和“伙伴”。

#### 4.“工具意识”的两个助手——想象和“灵感”

想象和“灵感”是“工具意识”的得力帮手。

其中，想象以主动的意识活动为创新和发明所需的“工具意识”提供着素材；“灵感”则在暗中或不经意间为“工具意识”提供着突现的点亮和照明。

想象过程是在现有知识和认知基础之上的思维活动。不管触发想象的因素有多少，那些因素其实都是已有、已知或经历过的事物，所以想象过程是有“继承性”的意识活动。例如，两千年前的人们不会有关于芯片、股票 K 线图、GPS 导航方面的想象，因这些事物之前没有，没处继承。这说明想象总是有一些曾经的瓜葛，而不是空穴来风。本质上，想象是由进入主观的量子级生物信息触动、激起了旧有信息，进而引发的。

想象过程有一种特殊的作用——逐渐扩大性，即想象是围绕目标事物扩大化的感知。当想象的目标进入注意的“视野”，或被注意焦点所俘获，目标事物就会被注意所赋能(见本书7.3.5)。这一过程很像随着照射目标光束的亮度增强，“光晕”不断扩大的现象：注意的持续会使注意目标区能量不断增加，能量的衍射作用会使“光晕”增大，而使周围的记忆也慢慢被激活而映像清晰起来；随着注意赋能时间的拉长，核心区更“亮”，“光晕”范围更大，更多内容将会在注意“视野”中显露和被“看清”，从而会形成围绕目标不断扩大的想象。

可以看出，想象中不仅存在已有知识的继承，而且其扩大性可以发现和纠集更多的联系。继承性和扩大性为“工具意识”中的交叉搭建和创新提供了基础材料。

另一个帮手——“灵感”可谓是信息来源的一个出色环节。

诺贝尔物理学奖得主杨振宁与诺贝尔文学奖得主莫言在北京大学的对话中，即“杨—莫对话”中，杨振宁先生在赞赏范曾“真情、妙悟、铸文章”之诗文后说：“这三部曲，也是科学研究必需的经历。”其中所谓的妙悟，其实就是“灵感”。

“灵感”的本质是什么，众说不一，但在“交叉”创造的意识活动中，它肯定存在。

从生物信息机制角度看，“灵感”作为一个突来的“交叉方”或信息源，有着不低的能量性。不确定的是，“灵感”或者来自遗传物质中信息的“涌现性”，或者由外部能量和射线的引发；可以确定的是，“灵感”信息定是与已有的疑问信息发生了碰撞与叠加，从而建立或打开了通向答案的通道。也就是说，其中有一半的信息是“工具意识”提供的解题意向。但无论如何，“灵感”作为能实现创新作用的交叉方，确实是解题和创新突破不错的“帮手”。

## 10.2 众多高级智慧活动借助了量子级“工具意识”活动

高级智慧活动大都贯穿着方法学。从意识用“工具意识”增长智慧的角度来看，是“工具意识”创造了各种方法学。

### 10.2.1　数学的逻辑和抽象过程始终使用着“工具意识”

数学是最具代表性的高级智慧性活动。

数学的出现和发展，数学理论和数学运用，看起来是在寻求答案，其实是实现从复杂到简单明了的信息熵减。而“工具意识”在数学完成信息熵减的过程中悄悄发挥了作用，且数学的整个思维过程实质上都是量子化的信息过程。

#### 1. 先说数学思维本身为什么是量子化的

数学有三个主要构成：数字、算符和逻辑关系。

其中的数字，从计数开始发端，即从“数个”开始，之后，“数个”与“个”的形式和量度不断发生着升级与变化。

起初的“数个”是以眼见的常物为依据确定的单位；随着人们创造的观察工具愈加先进，人类能够“看”到更大的“个”——宇宙星系，和更小的“个”——原子、量子，观察对象的单位出现了质的变化。也就是说，从视觉可感应到的“个”、千克、米、秒等常规单位，逐渐扩展到量子数、皮秒、亿光年等视觉不可直接见到而间接意识到的计量单位。

当计量单位微观到量子尺度，计量会发生从确定性中取值到从不确定性中取概率值的巨大变化。在量子层次，数的不确定性表达与现实的不确定性存在是同步的。人类发现，数与现实在量子层次越来越像是统一的，并因此会恍然大悟：原来数是量子信息在意识中的映射！

首先，数学的逻辑过程是量子化思想过程。数学逻辑会不断引用概念，并建立概念之间的关系，而概念是大脑对事物信息抽象后的结果，抽象又是量子级生物信息多重对撞、比对的过程(见 7.3.3)。也就是说，数学从引用概念，如数据、算符等进行逻辑推理的开始，就是在引用量子级信息运动的结果。其次，数学在运算中，使用数据和算符运算的过程，也是在使用大脑这一量子化“器具”在实现进一步的操作。例如，数学在指定某一数据作为计算依据的同时，就是大脑正在用其量子化注意、量子化比对工作的过程。因此，数学的思维逻辑过程，本质上都是量子化过程。

作为数学的另一核心元素——算符的产生和应用过程，也与逻辑过程有着共性的机制。

从小学的加减乘除到大学中的微积分运算都会用到算符。算符是表达数学关系的转接器，如“+”“−”“>”“Σ”等都是算符。如果说数学逻辑推理过程是成套、成体系地抽象表达事物属性和时空变化的过程，算符则是连接每一小段抽象的纽带和桥梁。

例如，简单点的1+2=3数学逻辑过程，由数字1、2、3和算符“+”“=”构成，可以看出，为了完成该逻辑过程，数学用了“虚拟”的算符作为关系转化的纽带。复杂些的，以微积分求圆面积公式为例，先是从概念上将圆粉碎成无数的、等腰三角形“粉末”，再用这些“粉末”重新构建一个容易计算的矩形，并从中找出联系要素，得出圆面积公式，其中，微积分作为一个逻辑过程，发挥了相当于“虚拟粉碎机”和“虚拟聚合机”的作用，其中的微积分或定积分等函数式中的算符，就是组成这种“虚拟机”的“虚拟零配件”或者纽带。

然而，果真是外在的数学形式在做各种“虚拟”吗？非也。真正起“虚拟”作用的其实是大脑中的量子级意识信息。如当人觉得计算188−188=0比计算188+188=376心理上更轻松些时，其实是意识模拟前者比模拟后者使用了更少的信息流程和更少的量子级生物信息。意识可形成各种概念，无论数学逻辑多么复杂，都是概念或概念关系的化身，都是意识用量子级信息对事物属性和关系所做的抽象与“虚拟”。

也就是说，看起来数学的各要素都是抽象和虚拟的事物，其实其背后还有着虚拟它们的东西——量子级意识信息这种宇宙的实在和实在的运动。或者说，是内部实在的量子级信息先模拟出了算符等，后者又模拟了外部客观世界的实在。

对于以上分析，可借用加州理工学院研究员娜塔莉·帕奎特(Natalie Paquette)的一句话做一个小结：“如果数学和物理在许多层面上是等价的，那么它们的不同将不是内容上的而是技巧上的不同。最终会展示出它们都通向唯一的一个实在。”[1]

### 2. 再看数学思维是如何悄悄使用“工具意识”的

前面说过，“工具意识”活动中存在着两股量子级概念信息的比较对撞，且对撞中的相同部分正是两事物交叉共享的“通道”，那么，数学过程对此“通道”的应用情况是怎样呢？

数学中的算符，其实就是已被意识预先或曾经虚拟出的交叉“通道”。

[1] PAQUETTE N. 数学与物理桥梁下的鸟瞰[EB/OL]. 安宇森，译. 中科院物理所(专知)，2018-08-05[2020-08-21]. https://www.zhuanzhi.ai/document/3449dd78d2a9bc931be0fffc174302bc.

当大脑通过“+”“×”等运算符作计算时，实际就是在数字之间使用不同“通道”达成目的的过程。不同交叉“通道”的客观作用过程，既对应着意识内在两组量子级信息的相互融合、叠加、湮灭或属性改变，同时也对应着外部的加减乘除、数字变化或概念的转换。

依此原理看，数学逻辑过程几乎都是“工具意识”的作用过程，都是使用内在的量子级意识信息的虚拟能力，通过构建算符等进行逻辑推理，实现对外部现实世界的映射过程。

有人会问，人可用“工具意识”实现数学逻辑计算和推理，没有“工具意识”的机器设备，为什么也能实现人类所做的计算和推理呢？

其实，当设备进行数据提取和转换时，也是设备在按照算符的表达关系在运作。由于算符是量子级生物信息模式的概念，这些过程也就是在模拟量子级生物信息概念在设备中运作。事实上，所有探测设备在完成物理量之间的转化时，都是在按人对算符的逻辑规定实现着量子级生物信息的物理转化。

例如，人类制造的探测设备一定是人用数学算符和逻辑关系直接或间接地预先设定好了数据转换关系，即设备中的数模转换或模数转换的客观物理过程反映的其实是人类意识的数学逻辑。另外，人对机器算符运动结果的识读过程，也是意识生物信息的运动过程。

综合以上分析，可以说，算符的规定性被应用到设备中运作的过程，是意识主观逻辑关系在设备中以物理关系进行的间接再表达过程。或者说，按照意识要求制造的设备从载有算符到实现运算，实际上是意识运算的外延化表达。

更重要的是，在以上用设备实现运算的过程中，同样存在着“信息交叉”通道及信息的共享简化。即设备实现着与人的“工具意识”等效的活动。

通过以上解析还会使我们联想到，大名鼎鼎的傅里叶变换、卷积神经网络算法等数学方法之所以能实现多元信息的转换、降维和熵减，也都使用着“工具意识”。

### 10.2.2　其他理论思维和创造性活动也大量使用量子级“工具意识”

其实，一切分析个性、提取共性和总结规律的意识活动，都存在信息交叉融合、形成信息通道、减少信息熵的量子级“工具意识”过程。

如果能把创新称之为科学的灵魂，那么，能够实现信息交叉的“工具意识”应可称之为科学创新灵魂的核心。因为，从有无到有的科学创造或创新，需要创新意识的触发和导引，而创新意识就是“工具意识”，“工具意识”能产生方法，科学因惯常使用“工具意识”创新方法，而又被称之为方法学。

科学在指导和操纵实验、进行逻辑推理、实现创造和创新的过程，其实是用携带意识生物特征的概念信息与携带客体事物特征的信息进行比对、建立信息交叉、架设信息共享通道的“工具意识”过程。

科学创造与其他学说的创造性不同的是，在“工具意识”过程中使用的交叉手段和依据有着显著的特殊性：科学以公允的实验和逻辑为手段反映客观规律。即，科学采用规范性的实验，做到对客观实在性的尊重，用严密的数理逻辑，探索、印证、辨别、总结、反映事物的内在规律。而客观实在性和内在规律与真理的属性是相等的，也就是说，科学是通过公允的实验和逻辑作为认知形式去追求真理的方法和过程。

虽然科学方法和创新来自“工具意识”，但是“工具意识”并不仅限于产生科学创新。“工具意识”作为一种创造性思维，还可以产生其他方法，如哲学、形式逻辑等，甚至诡辩论等思辨性理论也产自“工具意识”，但凡有思辨性质的学说都可得到“工具意识”的助力。因为，所有思辨类的学说都需要某种“创造性”。

通过以上讨论我们不难认识到，一切具有严密逻辑的理论，都存在意识信息的有序交叉和信息共享通道的建立，都无一例外地使用了“工具意识”。同时也应看到在“工具意识”的产生和应用中存在着量子级信息机制的重要作用。

# 第 11 章
# 量子机制影响和介入了生命的遗传

**导读**：为什么文化不能经生殖所遗传？上代整个人体的生物性信息是怎样被收进遗传物质中去的？对这些遗传环节的问题，本章按“由顶向底”路线设定的“以生命特有的利益指向性为指针，求导保障总利益和总欲求实现的相关细分部分和进程。求导素材应包含不违背理化原理的宏观和中观表象”之方法，对包括心理因素在内的影响生命遗传和进化的要素进行了讨论和猜想，认为，对于生命的遗传，除了基因的巨大功劳，欲望、舒服和痛苦等因素以量子机制的形式发挥了影响和介入作用。

上一代的生命信息是如何导入下一代的？孩子为何长得既像又不太像他的父母？这涉及遗传与变异，遗传与变异属于遗传学范畴。

遗传学涉及的门类和方面众多，本章仅对影响和介入生命信息遗传的有限方面，从量子机制或量子级生物信息机制的角度做尝试性讨论，以期得出窥探性认知。

## 11.1 从遗传学的发展轨迹看，将会有量子“版本”

撇开唯心主义类的生命来源说，单看唯物类遗传学，有按物质分辨率层级划分的特点。如对应物质层级，有表象级、细胞级、大分子级等遗传学。

表象级遗传学，是以肉眼视觉或以小倍放大镜为观察手段，对化石、墓穴、沉船等遗物考古观察和对自然界生命行为和标本的比对观察，探索生命进化和遗传规律的学说。最突出的成就是基于化石链的事实，让人们相信生命是由低级向高级不断进化发展而来。但化石链很粗糙，对生命信息是如何在代际间转移的缺乏深刻的认识，不能有效解释遗传和变异背后的原理。

细胞级遗传学，是与较大倍显微观察能力相关的细胞级生物质、微生物及相关分辨率的遗传学。最突出的成就是有了对细胞层面的个体性状遗传机制和规律的认知。但细胞级遗传学仍显粗糙，它继承了表象级遗传学在生命信息遗传原理问题上的尴尬，在有关生命遗传和变异的细节等问题上认识模糊。

大分子级遗传学，是与高倍显微能力(一般是冷镜观察)相关的生物大分子遗传学。突出成就是解析了脱氧核糖核酸结构，即 DNA 结构，把遗传和生病的原因指向 DNA 内部的基因细节结构、运动机制和性能等问题；发现了 DNA 到 RNA 再到蛋白质的信息转录传递规律——“中心法则”等，以多种方法回答着生命在分子层次上的发生、进化、遗传、变异等物质变化问题。但分子遗传学仍擅长于物质层面的解析，在对物质、能量和信息综合在一起的意识、情绪等生命深层机制的解析上仍表现得十分艰难。

应还有量子级的遗传学，它应有对包括意识、情绪和记忆机制在内的生命物质、能量和信息遗传过程的全面解读。其中，正在对遗传问题进行量子级解读的量子生物物理学，应有成为量子级遗传学的潜力。

下面所谈的，大多是未经试验和观察印证的推理和猜想，可能与系统的量子遗传学相去甚远，但在某些方面，也许与未来的量子级遗传学有关。

## 11.2 多种量子机制介入了遗传

从“由顶向底”推演的情况看，生命从源头到后来的一切都是物质、能量和信息的统一体，因此，对于影响遗传的因素，不仅要从有形的物质形态结构的重组上作分析，还应从无形的能量和信息角度给予考量。

无论是从已有的科学认知来看，还是从若干生命现象背后可能的作用机制来看，量子机制作为一种无形的力量，在遗传过程中扮演着重要角色。

### 1. 量子辐射造成基因突变，能形成遗传变异信息的积累

基因作为生命的遗传因子，或控制生命性状的基本遗传单位，通过其携带的 DNA 遗传信息序列或秩序，引导蛋白质的合成以表达其携带的遗传信息。在基因的运动中存在两种主要的遗传信息积累：一种是基因对其结构和性状的“忠实”自我复制，一种是基因突变。先说基因突变中的量子机制。

基因突变主要源自能形成电离作用的强烈辐射，包括宇宙射线和核辐射及带辐射性的医学检查等，该类辐射中存在着量子级的 $\chi$、$\alpha$、$\beta$、$\gamma$ 射线或中子轰击等。薛定谔在引用 1934 年的《生物学评论》第 9 卷铁摩菲也夫的报告时说道：“突变频数的增加量严格地同辐射剂量成正比例。”并进一步解释说：“引起突变的单一性事件正是在生殖细胞的某个‘临界’体积内发生的电离作用(或类似的过程)。”[1]

由于辐射都是量子级的辐射，且基因突变的增加量其实是新的或变异的遗传信息积累，因此可以说，基因突变过程，是量子机制造成的。

事实上，由辐射引起的基因突变增加了遗传变异信息的积累，先是形成了基因性状由隐性变化到显性的变化，最终导致了生命主要向负面方向的宏观变化。

### 2. 量子机制影响基因复制及与遗传关系密切的细胞运动

基因“忠实”自我复制，是生命信息遗传的主流程。当我们对该主流程的动力机制作考虑时，会产生这样的疑问：基因作为一种物质结构，其结构的改变和重组一定靠外源的能量作动力，因为基因自身并不是“永动机”。意思是，基因自我复制的活性并不是基因自身有动力。从科学界实际研究的情况看，无论是说基因的激活与抑制运动由 DNA 所处的外环境染色质的组装密度决定的，[2]还是说基因调控机制“必须充分考虑非线性随机动力学因素”，[3]都不认为基因变化靠自身动力。

基因自身没有动力，而是靠周围的动力的报告和说法，实质上都是把调控基因运动的动力机制指向了基因外部。而从信息运动本质上是量子运动，且基因与外部的互动本质上是信息互动角度来看，基因运动的动力机制最不

---

[1] 薛定谔. 生命是什么[M]. 罗来复，罗辽复，译. 长沙：湖南科学技术出版社，2020：45-46.

[2] 宗华. 探寻生命的物理学[N/OL]. 中国科学报，2016-01-18(3)[2019-02-26]. https://news.sciencenet.cn/sbhtmlnews/2016/1/308491.shtm.

[3] 沈健. 表观遗传基因调控网络的非线性随机动力学研究[D]. 华中师范大学，2019：(摘要)1[2021-07-12].https://kns.cnki.net/kns8/defaultresult/index.

能排除的是量子机制。与基因运动相联系的或可“候选”的量子动力源很多，例如，在基因周围运动或能对基因做穿越活动的红外线辐射、离子和电荷运动、电子和质子运动及引力等，以及由这些量子级运动形成的有规律的、秩序性的负熵运动，都有可能成为调控基因运动的动力来源。

一篇由以色列与德国研究所合作发表在《科学》杂志上的《双链 DNA 自组装单分子膜中电子传输的自旋选择性》文章说，他们发现了 DNA 直接与某种量子自旋互动的证据。在观察 DNA 与分别处于+1/2 自旋和-1/2 自旋的电子们碰触反应时，“结果令人吃惊——DNA 与一类电子会有激烈的反应，而对另一组电子则几乎毫无反应，并且这种对于电子自旋的选择性是随着 DNA 的长度、规模和完整性增加而更加明显的：DNA 的单链和破损片段对于两组电子就没有这种选择性。”[1]这一事例说明 DNA 中的信息与环境量子在互动，且 DNA 可有选择性地受环境量子信息的控制。

不仅基因运动会受量子机制的助力，而且承载基因的细胞，其分化和发育方向也受着量子机制的控制。

2018 年 4 月 26 日，哈佛医学院系统生物学助理教授克氏针(Kirschner)及他的合作者在用单细胞测序技术分别绘制非洲爪蟾(xenopus tropicalis)和斑马鱼(zebrafish)从受精卵到完整胚胎的基因表达图谱过程后说：“事情比我们想象的复杂得多。”“在某些关键的发育分支点上，存在超越基因的引导细胞命运的因素。”文章指出，“这些证据表明，环境信号对胚胎细胞具有强烈影响，以至于让特定细胞离开最初的发育路径，走向新的身份，使最终个体呈现丰富表型。”克氏针说：“随着细胞越来越多，我们必须怀疑，它们的最终命运是由于某种选择性的力量或与环境的互动来决定的，而不仅仅是基因工程。”[2]报告中清楚地表达了对胚胎细胞发育方向具有最终决定能力的是环境“信号”。需要指出的是，“信号”作为信息波，是量子级事物。

### 3. 欲望等三种宏观生命机制可组织量子介入遗传

量子机制之所以对遗传具有如此大的调控作用，是因为量子的简单、基本和元始，是简单赋予了它无限自由组合的灵活性和通用性。

---

[1] GOEHLER B, HAMELBECK V, MARKUS T Z, et al. Spin Selectivity in Electron Transmission Through Self-Assembled Monolayers of Double-Stranded DNA[J]. Science, 2011, 331(Feb.18 TN.6019):894-897. DOI:10.1126/science.1199339.

[2] 生物通. 三篇《Science》解读生命诞生奇迹：为什么一个受精卵能创造整个身体[EB/OL]. 生物通 2018-04-28[2020-01-12]. http://www.ebiotrade.com/newsf/2018-4/2018427151932213.htm.

然而，人们会问：微小、简单、原始的量子级信息是如何有“智慧”地介入到复杂的遗传中去的呢？譬如，小小的量子是怎样精确地“知道”于何时、以何种形去影响遗传进程的呢？对于这类问题的解答，似乎需要从生命的宏观功能与微观量子信息间可能的互动关系中做考虑或猜想。其中，欲望、舒服和痛苦这三种看似俗常的生命现象，对量子介入遗传过程，应有着不可忽视的桥梁或纽带作用。

1）欲望活动有组织量子介入遗传的作用

欲望可促进生命某种功能选择性保留和选择性增强，被保留和增强的功能会传给下一代，意味着，欲望对遗传有着导向作用。更具基础性意义的是，在该导向作用中存在量子机制。

如欲望作为一种信息运动势能，能形成特别的注意习惯和兴趣，后者又会驱动一些特有的习惯性行为和一些与此相联系的神经和突触频繁地兴奋和电振荡，进而使某些传递电流的神经和突触更加粗大、反应更加敏捷……一系列特殊模式量子级生物信息运动，不仅会促使一些特殊的功能得以产生与进化，同时也会导致个性化组织、器官的逐渐形成。也就是说，欲望使得生命在它所“感兴趣”的功能方面有着更多的产生、保留和进化机会，其中的感兴趣的“保留”等作用，就是遗传信息的积累。同时，“感兴趣”中的神经电兴奋和电振荡等，就是量子机制在作用。

欲望的另一种“感兴趣”形式——性意识和性兴奋则与遗传信息的深度收集关系密切。从早期的性意识形成，到性兴奋，直到进入生殖活动，都包含着荷尔蒙分泌等性激素活动。生理常识上，激素具有产电的作用，即具有产生量子级信息的作用，而充足的性激素活动可产生高密度或强能级的量子级信息。强能级的量子级信息对遗传数据的收集很重要。因为只有信息能级达到足够高，才能对生命中最“偏僻”的信息位实现有效激活与收集。

需要加一段说明的是，这里说到的感兴趣带来的生命信息的保留和收集，并不意味着收取后天获得性遗传信息，而是说对选择性遗传具有促进作用。

生命是如何形成强的信息场并实现对信息收集的呢？这需要考察原始的性兴奋作用。因为性兴奋不仅是生命最强信息活动现象，而且也是遗传信息的重要收集形式。

表面上，动物的性追求并不是生殖本身，而是趋乐性和趋美性，是对快感和美感的向往激起了动物们寻偶的强烈兴趣。其中，美感与快感是一致的。对此，达尔文在《物种起源》中写道：“从某种色彩、声音或形状获得的特殊快感，即最简单形式的美感。”[1]有人对追求美感现象也见解颇深：“美感是促使喜爱情绪和欲望的反馈信号，促使人在空间接近对象，就像甜促使人多吃一样。”[2]

本质上，与性相关的美感和快感只是激活电子等信息运动的引子，其真正作用还是生殖。在那种兴奋和快感背后，动物体内在拼命分泌荷尔蒙，以电荷运动等量子化形式激发与生殖相关的量子级生物信息，使性意识活动和性过程隐含生命数据向遗传物质的灌注，让遗传信息从中暗度陈仓。

也就是说，动物性成熟、发情、寻偶、交配等活动只是外在形式，孕育性意识、冲动和快感的过程，即从荷尔蒙到生物电的剧烈产生与运动的过程也只是中间过程，而能够实现生命数据的收集和传输，才是以上形式和过程之所以产生的真正目的。

从更深层看，与生殖有关的美感和快感等可提升生命体内量子级生物信息能级，增强生命对遗传信息的收集能力。高能态的美感和快感其实相当于一种通达无碍的超导态，是最优、最健康信息向身体全方位最优传导或扩散的感受。当然，最优信息也是“中值系统”的最优建模信息，即最优感受过程同时也是信息的收集过程。动物会在包括性腺发育、成熟和性活动各阶段，以性激素产电的形式，将生命模板中最优信息通过性激素冲动起的高能量实现生命信息的最深度收集，并载入生殖载体和信息包，如 DNA 类物质等，并导入精子和卵子的产生过程，最终实现“中值系统”从上一代“模板”到新一代“模板”的信息打包与传递。

欲望不仅代表着某种生物惯性，而且是原始的和感性的，它会与更加原始和个性化的舒服需求相绑定，产生超越生理的势能，从而引导生命和社会向或更有利或更有害方向运动。

“与舒服需求绑定？是说欲望在善作或是暴走时还有同伙吗？”“是的！欲望背后是生命对舒服的需求。对于生命遗传和进化来说，舒服的引导作用比欲望更直接。”

2) 舒服觉有组织量子介入遗传的作用

事实上，生命每时每刻甚至倾其一生都在追求舒服与美好，因为舒服和美好是生命的最优状态。

与生命最优状态相对应的，是隐藏在生命深处的、遗传来的一整套的“中

---

[1] 达尔文. 物种起源[M]. 朱登，译. 天津：天津科学技术出版社，2020:184.

[2] 鲁晨光. 投资组合的熵理论和信息价值——兼析股票期货等风险控制[M]. 安徽：中国科学技术大学出版社，1997：7.

值模板”。该“模板”是隐含量子级“中值”信息的、可调整生物能量和各种遗传物质运动功能和性状的指令集(见本书 5.3.1)，是生命自我维护、优化和修复的标准，也是内在美感受的发源地。“中值模板”承载着完美的生命信息集合，对各种向好性的生命行为暗中起着指引作用。

当人们在各类思考和行为中追求完美时，其实正是在被量子级的遗传“中值模板”所作用和驱动之时；同时，人们追求美的过程，还会反过来起着维护和加强“模板”的作用。

美感过程会刺激身体分泌激素类物质，产生生物电，并促发有利于生命健康的电兴奋。当人们陶醉于舒缓、柔顺、圆润、轻盈等适宜性美好时，或舒服于声音美、形象美、气味美等美的感觉时，以及在美学教育、培育美感等活动中得到心理和思想层面的境界美时，表面上看是在追求着舒服和美感过程，实质上是美感过程有着对身体有利的内分泌活动或产生生物电的电生理活动。这种特殊的电生理活动的能量特性，高度契合着生命能量和信息域的“中值”，也契合着生命物质域的生理健康，也就是说，追求和享受美感的过程，正是以量子机制在为“中值模板”系统做着维护和优化，当然也是对遗传信息的良性积累，基因的健全性运动就是对美感这种良性信息积累的最好体现。

3) 痛苦觉有组织量子介入遗传的作用

显然，没有痛苦觉的生命是无法进化的。这意味着痛苦觉有改变遗传路径的作用。

痛苦在感觉域有着比舒服更丰富、更大量的呈现，痛苦的类型和程度刺激着生命不同类型和级别的保护功能的产生，调剂着相应能量和物质的供应(见本书 6.4.1-6.4.3)。而产生保护功能和调剂供应的机制，是由痛苦的量子机制实现的。

痛苦觉信息的强度与偏离舒服“中值”的距离远近正相关，痛苦强度即对“中值”的偏离程度，并存在一定的耐受性阈值。如果某种痛苦经常发生，就会形成偏离的积累，而拉“中值”核心向偏离方向移动，形成新的痛苦耐受性阈值和新的“中值”位，即“中值移动”(见本书 5.3.1)。其中的痛苦觉、“中值”及“中值移动”都是量子化的(前面已分别做过讨论)。

“中值移动”作为对阈值的突破性改变，可对“中值系统”原先默认的生命各部位的尺寸、体积、形状、密度等空间性指标带来质的变化；同时，“中值”每被移动一次，都是对生命某方面原先性能的一次否定。无数微观的“中值移动”会积累成生命宏观上的改变。

量子级“中值”的时空坐标移动量变化信息，会以量子级能量和信息形式作用于基因等生物质，而得到物质化的落实和记录，并最终影响到遗传。从基因考古学家通过对基因的解读能判定人类经历冰川或酷热期的起止年代来看，痛苦经历信息是可被载入基因的。

## 11.3 量子机制拒绝文化类信息进入生殖遗传

虽然世界上存在着语言、艺术、建筑等悠久而丰富的文化遗产，却都不是通过个性化的生殖遗传得来的。

文化不能被个性化的生殖所遗传，有着多方面的原因。

显而易见的是，在时间点上，文化的传承滞后于生殖，使文化无法与生俱来。文化是生命个体发育到一定程度，经社会性教育和沟通才能领会和产生的东西，而生殖和生殖后的早期或婴儿期是没有文化类信息的。

婴儿没有文化或生殖不能遗传文化，可用“只保留婴儿”的简单逻辑或思想实验所反映：假如存在一个经历了数千年语言和文化传承的族群 A，突然被另一个不同语言文化的族群 B 所猎杀，其文化遗迹也完全被毁灭。如果只有一个刚出生的婴儿 s 幸存，且后来 s 受到的教育完全是族群 B 的语言和文化，逻辑上，s 身上除了还存有族群 A 的基因分子和物质结构，并且存在该族群某些性格和情绪表现以外，将不会再有族群 A 的语言和文化现象展现于自身，即 s 只能遗传生命的组织结构及性格、情绪等物质类、本能类的东西，而不能遗传语言、文化、经验等社会意识类事物。

文化类信息不能被生殖直接遗传的深层的原因，是文化大多属于抽象的或概念性的信息，该类信息进入遗传有着能耗和能级的“门槛”限制，不易被生命的遗传物质或生物模块所“打包”，原因如下。

(1) 文化或概念性信息的信息量巨大，复制该类信息能耗高，遗传物质无法承担，阻碍了遗传的实现。例如，语言、礼貌、学识等这类带有抽象概念的社会化信息，属于本代生命的经历或经验集，信息量大，且极具个性化，有着遗传无法承担的能耗和物耗，从而无法被遗传物质所复制或承载。

(2) 复制文化或概念类信息所需的能级高，阻碍了遗传的实现。例如，概念类信息是经抽象形成的信息，是大脑经两份高能级信息对撞产生量子相干，进而衍生出沉积记忆实现的。概念类信息的形成机制需要的能级高，复制该类信息需要重启高能级的量子相干，而生殖性遗传过程缺乏重启量子相干的信息机制，使得概念类信息不能进入生命遗传过程。

相对地，由于本能信息能耗和物耗少、“门槛”低，信息可容易地载入遗传。例如，张嘴吃东西、眨眼、睡眠、醒来、愤怒、躲避疼痛……这些不用概念性思维就可行为的本能信息，是一些非常固定、简单且可被遗传物质复制的生化链性小程序，因此，生命对本能信息的收集、复制、压缩和“打包”显然是容易的。

由上可以看出，生命对其遗传内容遵循着“容易性原则”，该原则是高级生命在遗传中自设的某种“门槛”：把容易实现的生命结构和本能信息放入“门槛”之内，将其当作遗传的必需；把难以再现的意识抽象过程和该过程积累的知识，以及人际间意识互动积累的社会性文化拦在遗传的“门槛”之外。其中，量子级“门槛”是最难逾越的障碍。

# 第 12 章 生命在量子机制助力下获取秩序

**导读：**生命体是用秩序联系起来的庞大秩序系统，那么，是什么在支撑着秩序？生命又是如何获取和维护秩序的？为了解这些问题的缘由，本章顺着薛定谔负熵可以提供秩序观点的指引，从个人理解的角度，对能量和秩序的关系，及秩序的形成机制等进行了一些粗略分析，并对生命获取秩序的包含量子机制的多种可能渠道做了猜想。

无论生命发展到多么高级的形式，它总归是一种秩序体，总要依赖基本的秩序而存在。正像再高的大厦也是由基本的物质材料组成且物质材料必须有秩序一样，由物质、能量和信息要素组成的生命，其内在各要素之间也必须有秩序。

事实上，生命不仅产自秩序，而且为使自身秩序免于崩溃，努力保持着一种有秩序的状态，并进化出了维护秩序的有效机制。

## 12.1 生命靠秩序支撑，秩序与负熵有关系

### 1. 秩序是什么

简单地说，秩序是事物之间有条理性、规则性的联系，而联系是事物或事物成分之间的相互依赖性，包括空间联系和时间联系。空间联系的紧密和松散程度决定着秩序的稳固程度，如一盘散沙因其空间联系不紧密，所以秩序性很差或秩序不够稳固；时间联系也同样决定着秩序的稳固性，如地球因

亿万次有规律地围绕太阳转动，才形成了时间联系的稳定性和长久性。

从有固定联系的角度来看，秩序与规律具有同质性内涵。因为所谓的规律，就是事物之间本质的必然联系。事物间联系如果达到了一定的度，如空间联系足够多、时间联系足够经常，就形成了人们认为的有规律。可以看出，秩序与规律在内涵上基本是一致的，这意味着，了解生命的秩序问题对于理解生命的运动规律是非常重要的。

因事物间相互联系的形式呈现多样化，所以秩序的类型很多。其中，不同属性的力的联系会形成不同尺度级别的秩序系统，如原子、分子、地球等便是由不同形式的力形成的不同尺度的秩序系统；同时，不同复杂程度的联系会形成不同复杂级别的秩序系统，如无机物、有机物、植物等就分别代表着不同复杂程度的秩序系统。人体是超级复杂联系的系统，是高级秩序系统。

### 2. 秩序靠什么推动形成

秩序的形成与维系靠各种能量的综合运动驱动，没有能量运动就形不成任何有秩序的系统。同时，能量的运动遵循守恒定律或热力学第一定律，即能量只会从一种形式转化为另一种形式，它既不会凭空产生，也不会凭空消失，在理想的孤立系统中，总能量是保持不变的。按照这种逻辑，在能量不变的孤立系统内，由能量形成的秩序也该不会改变。

但是，德国物理学家和数学家克劳修斯通过计算和推理认为，在孤立系统中，秩序会因能量的热运动发生越来越混乱的改变。

克劳修斯在 1850 年通过重新陈述“卡诺定理”，即在绝热条件下热与功可相互转换的“卡诺循环”，提出了热不可能从低温转移到高温的定律，即热力学第二定律，并于 1865 年引出了熵(entropie)概念，形成了孤立系统中的熵只能增加不会减少的熵增定律，并被科学界称之为热力学真正走向科学的重要标志。

在熵增定律中，熵作为系统的状态函数，其表达式为：$S=\int dQ/T$，其中，$S$ 表示熵，$Q$ 表示热量，$T$ 表示绝对温度。其物理含义是：一个系统的熵等于该系统在一定过程中所吸收(或耗散)的热量除以它的绝对温度。只要有热量从系统内的高温物体流向低温物体，系统的熵就会增加。与以上表达式配套的还有一个熵方程：流入系统熵−流出系统熵+熵产=系统熵增。熵的表达式和熵方程说明熵增中热量只能从高温物体流向低温物体，且该过程是自发的和不可逆的过程，同时也说明，孤立系统的熵总值只会所增加，没有减少的可能。

熵被科学界称为“不可用能的量度”，[1]相当于不能起建设性作用的“废热”，物理学家薛定谔干脆地说：“熵是分子无序性的直接量度。”[2]也就是说，熵是秩序的破坏者。

能量运动之所以会产生熵或熵增，是因能量运动都会产生热，或因能量是直接的热运动。热会打乱事物之间的有序联系，从而导致秩序混乱，即熵增。

由于能量运动只会产生熵的增加，熵的增加会破坏秩序，这意味着，通常意义上的能量不仅不能形成秩序，反而是秩序的对立方，即通常意义上的能量与秩序形成存在着原理上的矛盾。

然而，生命不仅有秩序，且秩序程度非常高，使得生命秩序是由能量推动形成的这一朴素认知，在原理上的矛盾更加尖锐。为化解矛盾，薛定谔提出了生命秩序靠负熵维持的概念。

### 3. 薛定谔提出了负熵概念

在比发现熵增定律晚大半个世纪的1944年，薛定谔在其《生命是什么》一书中提出：“我们很快就会明白，负熵是非常正面的东西。有机体正是以负熵为生的。”[3]

按照经典的热力学理论，负熵是不存在的：只要温度高于0开尔文就有量子级的黑体辐射，也就是有了熵增，除非有负温度现象。然而，薛定谔在周详考察了生命现象之后，仍坚定地指出“生命以负熵为生，是从环境抽取‘序’维持系统的组织。”这就不得不令人顺着他的指引去思考。

(1) 开放系统支持负熵存在。因为经典熵概念建立在孤立系统条件下，薛定谔所提出的负熵概念显然指的是开放系统条件下的现象，开放条件存在很多另外能源和消除熵增的因素，广域的作用可形成局域的熵减，因此，负熵的存在是可以的。

(2) 收敛性作用的存在支持负熵的产生。熵的经典表达只描述了发散性能量与熵的关系，没把有收敛性作用如引力的作用和量子相干等因素考虑进去，如果考虑引力因素，或允许存在薛定谔认为的负熵。因为，收敛性作用

---

[1] 吴晶，过增元. 熵的定义及其宏观物理意义[C]// 中国工程热物理学会工程热力学与能源利用学术会议. 2008：(摘要)1.

[2] 薛定谔. 生命是什么[M]. 罗来复，罗辽复，译. 长沙：湖南科学技术出版社，2020：91.

[3] 薛定谔. 生命是什么？活细胞的物理观[M]. 张卜天，译. 北京：商务印书馆，2018：75.

与负熵的产生有着很强的逻辑关系。

为了解收敛性为什么能产生负熵，先讨论一下发散性和收敛性与熵的增减有什么关系。

## 12.2　发散性和收敛性分别对应着熵与负熵的积累

### 1. 从对能量的认识开始

著名《科学》杂志撰稿人凯文·凯利(Kevin Kelly)在他的《科技想要什么》一文中提到“简单地说，能量是将要冷却了的潜势，但需要势差才能实现。能量的流动只会从高到低，所以没有势差，就不可能有能量流动。”[1]

他的概括很正确，因他没将“势差”说成温度那种“热势差”。但在很多情况下，也许是从常见角度出发，人们会将能量理解为“热势差”，即热的发散性势能。

用“热势差”理解能量时，会只把向外发散的、活跃的热能力认作是能量，不把有向心收敛作用的引力性质及有静止作用的“冷”的能力真正认作是能量。

回顾能量概念的创始，能量一词是由“托马斯·杨于1807年在伦敦国王学院讲自然哲学时引入的。针对当时的‘活力’或‘上升力’的观点，提出用‘能量(energy)’这个词表述，并和物体所做的功相联系。”[2]后来的科学家对此做出多次延伸，产生了力的形式、力的做功、动能等概念，但其核心都是从活力和“动”的角度定义能量的，很少从静的角度来定义，或者说，基本没有从收敛性角度看待能量问题。例如，虽然说了“能量的形式具有动能和引力能两种”，即动能和势能，但并未把包含在引力中的、与动能相反的、向内指向的收敛性作用或静止作用真正当作能量看待，或者说并未把引力与动能的关系看作是收敛性与发散性之间的关系。

从逻辑上看，由于已把向所有方向发散物质和能量的能力称之为能量或正能量，应把将所有方向的物质和能量向内收敛性吸引的能力应称之为负能量。引力具有将所有方向的物质和能量向内收敛性吸引的能力，就应称之为

[1] 凯文·凯利. 科技想要什么[M]. 熊祥，译. 北京：中信出版社，2011：65.

[2] 马骞. 基于能量守恒定律的研究与分析[J]. 天津教育(上旬刊)，2019(8)：131-132. DOI:10.3969/j.issn.0493-2099.2019.08.065.

负能量。

没有把引力当作负能量，显然会导致人们无法从原理上承认“负现象”。如果把收敛性作为能量或当作负能量，应该会有利于对负熵现象的理解。因为，既然热的发散性过程可形成熵增，与发散性能量相反的收敛和静止作用应能形成熵减。

### 2. 发散性运动对应着熵积累

概略地说，发散性是物质或能量由密集处向空旷处的运动。

从原子衰变现象中可以看出，发散和分裂对应着秩序性下降。美籍物理学家费米在用实验观察各种物质发生分裂的衰变现象中发现，几乎所有元素都会因中子轰击而发生或快或慢的核裂变反应，通过裂变，物质丧失能量变为更低能量的物质。他用实验证明了物质向更轻、更发散的方向是衰变方向或是秩序下降的方向。

能量发散过程对应着生命的熵增或熵积累。发散性能量运动本质上是失去量子的过程，或单位空间失去量子的能力。当量子从不稳定的高阶能量状态掉入稳定的低阶能量状态时，就会放热。热运动还会带动一些物质连锁运动或梯次运动完成做功，由热引起的做功过程，又被人们称为热机，其总热机=化学热机(如化学热)+机械热机(如摩擦热)+交换热。生命的宏观热实际也是由若干不同热机运动形成的热叠加运动，生命中宏观些的生物大分子的碰撞，分解、裂变、氧化等及其产热其实都是微观量子发散性产热运动导致的，这类发散性运动都会产生熵的增加。

根据以上原理，我们不难理解，动物由静到动的运动、奔跑、生殖等耗能性生物热机过程，都属于能量发散性过程，都对应着熵增或熵的积累，熵积累对秩序的破坏作用会使人产生疲劳并不断变老。

一个需要注意的问题是，发散性运动之所以能引起发热和熵增或能引起系统内秩序混乱程度逐渐增高，是由物质和能量单元的趋异性运动引起。例如，当携带能量的物质由一个中心以热的形式向四周扩散并相互碰撞时，粒子的运动方向会越来越多、轨迹会越来越乱，粒子的同质性越来越低，且相互掣肘，总能效会逐渐趋近于零，熵指数会越来越大，而这些现象都可归因于能量单元的趋异性运动。

### 3. 收敛性运动对应着负熵积累

与发散性能量相反，收敛性能量是得到量子的过程，或是单位空间得到量子的能力；是量子由低阶能量状态跃迁到高阶能量状态，并伴随事物吸热、储能的过程。该过程表现为发生引力作用、反辐射及物质的向心收敛、聚合、相容和还原、减速、趋静等，实际是一种冷机运动。总体上呈现为物质内能和秩序向高阶升级的负熵积累过程。

负熵积累属于系统内有序程度逐渐增高的过程，是由物质和能量单元的趋同性运动引起。虽然按热力学第二定律，负熵水平不会凭空提高，但负熵水平可通过外部的作用或以消耗系统外能量或负熵为代价使系统内物质和能量单元发生趋同性运动实现负熵水平提高。例如，在外部压力和外部提供降温的作用下，系统内物质或能量单元会发生趋同、趋慢、向心等运动，会由发散性向收敛性或“静”的方向变化，并逐渐形成降频、降噪、热运动降低等负熵的积累现象。

负熵的积累会形成物质和能量秩序的恢复和重建，人的疲劳会得到消除，老化的速度也会变得慢下来。这意味着，要抵抗熵增带来的疲劳和衰老，需要借助外部秩序的填补来恢复自身秩序或提高自身负熵水平。

可能有人会说，热会促进生命生长或者说能促进产生更高结构序，岂不是说明热可增加负熵吗？有巨大引力的天体会产生内热，岂不是说明引力是产热的和引起熵增的吗？为解除这些疑惑，特再做以下说明。

#### 4. 两点说明

(1) 热本身不产生负熵，生命结构向复杂化生长或负熵的增加，并不是热的直接作用。例如，热虽然可推动生命的物质运动，但在物质运动尤其是生物大分子的运动中，存在着不是热导致的离子键交换等，离子键交换等于打开了原来有序的物质结构，从而能使结构之间实现更高秩序的重组。也就是说促进生命生长的原因不是热本身，而是生长结构消耗或利用了其他物质结构中的负熵，或通过后面谈到的“以少换多”机制换来的。若逻辑上不是这样，则会认为热不仅不会产生熵，反而会产生负熵，显然是违背热力学定律的。

(2) 引力本身并不产热。对于巨大引力天体内核形成极高温的原因，科学界早就认识到是由“简并压力”引起的。“简并压力”是指在巨大引力环境下，向引力中心运动的电子、中子、质子等费米子类粒子因不能占据空间中的同一个位置，而形成的排他性挤压力。例如，中子星“在巨大的压力及由此导致的高温下，恒星核会发生各种复杂的物理变化”[1]，其中的高温就是压力或简并压力引起的。对于引力本身并不产热，举个不太贴切的比喻：人

---

[1] 王和义. 奇妙的天体——中子星[EB/OL]. 新华网(科普中国)，2021-05-21[2021-06-01].http://www.xinhuanet.com/science/2021-05/21/c_139961028.htm.

们受安全中心“吸引”，向地下防空洞跑，进洞期间发生的人群踩踏、挤压、冒汗和死亡并不是防空洞导致的。

## 12.3 关于引力可能具有降熵作用的猜想

引力不仅能让生物体附着在地球之上，能维持物质内部结构的稳定，而且具有抑制能量发散的作用，因此，引力或可能起到降低生命熵增的作用，或者说能为生命提供负熵。

引力是以何种形式起了抑制发散和降熵作用，从而成为负熵资源的呢？

### 1. 从引力是不是波说起

《中国科学报》一篇题为《“发现”引力波 科学“伤不起” 美物理学家因散布传言受指责》[1]的文章引起人们的关注。文章披露的是，发现引力波的消息出自一则谣言，对引力是不是波还未被实验所裁定。

对于引力，有的说是波，只是还需要观测予以发现和印证；有的说引力不是波，而是场现象，因为场不是波，即便能探测到天体的偶然撞击引起的引力变化那也该是场的变化，不属于有规律运动的波。由此可看出，对引力是不是波尚未有最终结论。

但本书的观点更倾向于认可引力不是波的说法。之所以如此认为，是因引力不是波的说法，与包括生命现象在内的众多现象和机制具有更大程度的吻合性。

与波具有向外发散性相比，引力只有向内收敛的指向性而没有发散性。没有发散性只有指向性的引力，等同于直而无限长的场类中的“线”，或等于无限时间内也不波动一次的零频的“波”或无波，即静态的没有发散性的引力不是波，或不具有波动性。

若引力不是波，探测到的黑洞引力变化现象又属于什么事呢？引力虽然不是波，但作为场，引力会随着距离变化有梯度的变化，所以引力的大小及梯度变化可以被侦测到，但引力却不应被探测波的方式所探测到。测到的两个黑洞结合形成的引力偶然变化，其实是两个载有巨大引力场天体的偶然性撞击或结合，只能称之为“引力场变化事件”，而不属于有规律的波的运动。

[1] 红枫. “发现”引力波 科学“伤不起”[N]. 中国科学报，2016-01-18(3)[2020-03-16]. https://news.sciencenet.cn/sbhtmlnews/2016/1/308492.shtm.

以上讨论的目的，在于支持引力不是波的说法，或不认可引力具有波动性或发散性的说法。

### 2. 从能遏制发散性角度看，引力具有降熵作用

没有发散性的引力具有与发散性能量“所有方向”相反的向心收敛性。例如，原子核引力可以抑制电子向所有方向上的发散性逃逸，具有向心收敛性。

如果把离心的发散性能量导致物质颗粒相互碰撞的产热理解为使物质颗粒的运动路径曲折更多、秩序更乱，相反地，具有将物质单元向一个核心或向某个一致方向吸引的、并使物质单元减少相对运动并增加趋同性的引力，应能导致物理颗粒运动路径的曲折更少或更有秩序。形象地说，发散性能量使每根毛线更曲折，使整团毛线更乱；引力的收敛性和引力的最短距离性，则可以对物质运动路线起到“拉直作用”，使毛线团更有顺直或更有秩序。显然，物质运动轨迹增多和混乱会导致噪声、产热等，属于熵增，引力对量子运动轨迹的“拉直”作用会减少轨迹混乱，应属于熵减。

很明显，引力的向心收敛性，即对发散性的遏制性，会导致熵的降低，起到了负熵资源的作用。

### 3. 从能增大原子的负熵承载能力看，引力是负熵资源

由物理常识可知，重元素(如铀原子)比轻元素(如氢原子)内部的电子层多，原子核引力也大。可以理解为引力大的原子核对外层电子的发散性有更强的抑制力，能维持原子内更多层结构或更多能量梯度。显然，核引力大的、结构层级多的原子有着更高级的秩序或有更高的负熵指数。

当重元素(如铀)经过衰变的自我拆解并放热后，其核引力变小，电子层也跟着减少，说明引力变小会使原子的内部秩序发生从高向低的降级，意味着释放了负熵或原子内的负熵指数降低了。以上随着核引力大小发生原子负熵承载能力增大和减小的情况，说明引力是维持秩序的负熵资源。

## 12.4　负熵对生命的有益性作用

负熵对生命的作用是全方位的。

### 1. 负熵在生命中具有“通配性”代偿能力

生命要保持其系统的平衡稳定，不仅需要物质补充也需要能量补充。补

充的形式有两种，一种是直接补充，一种是代偿。

所谓直接补充，指补充的物质和能量是从生命内其他未受损部分或通过进食等管道直接转移过来的过程，如水的补充。

所谓代偿，是生命将不能直接匹配的物质和能量形式转化为可匹配的形式用于补充的过程。如将其他部位未受损组织的细胞或干细胞转化为受损部位细胞的过程等。代偿过程可使生命原有平衡得到恢复或建立新的平衡。

用于代偿的物质叫作代偿物质，代偿物质在生命中发挥作用的广度和深度叫作物质代偿能力；用于代偿的能量叫作代偿能量，代偿能量发挥作用的深度和广度叫作能量代偿能力。

身体中有多种代偿物质，其代偿能力呈一定梯度配置。形式越原始、构造越简单的物质代偿能力越强，如分别在肺和肝脏发挥作用的功能细胞，都是已经分化到位的细胞，当其中一方的细胞受损时，相互之间就不好代偿了，会由更原始、未经分化的多能干细胞或全能干细胞来代偿。比全能干细胞更具代偿能力的代偿物质是原始的、未分化性表达的基因。

身体中有多种代偿能量，其代偿能力也按一定梯度配置。如宏观的身体运动由细胞能量活动来代偿；细胞层面的能量运动则由 ATP 向 ADP 转化中产生的能量来代偿；再深层的意识运动等，则有包含电荷和基本粒子运动的量子级生物信息以携带负熵来代偿。

可以看出，代偿物质和能量的性质越原始、越基本，其以一抵万的“通配性”代偿能力越强。

如果说基因和全能干细胞是具全面代偿作用的物质的话，那么，由有序的量子级能量和信息运动所形成的负熵，则可称得上是具全面代偿能力的“能量”。

### 2. 负熵可为生命提供持续性

生命中哪些方面在大量消耗着负熵呢？

从前面得出的凡是发热的、毁序的、发散性的能量运动都在消耗负熵这一原理看，生命中如下活动对负熵有着大量消耗。

(1) 思维活动消耗负熵。作为生命中最集中的意识信息活动，思维既具发散性、又易使人疲劳、还产热，显然是思维造成了失序，并大量消耗了负熵。

(2) 身体活动消耗负熵。肢体和体能活动虽说是物质活动，与思维活动的形式不同，但由于有着类似思维活动后那种发散、产热和疲劳等情形，也应不同程度地消耗了负熵。

(3) 脏器活动和抗感染过程消耗负熵。当生命为摄取营养而发生内脏器官和细胞运动时(这里只谈摄取过程，不说摄取大于支出)，以及为恢复体能、抵抗疾病而发生的生物物质运动和能量消耗时，也因有着前两项的后果，也是在耗用着负熵。

当然还有其他消耗负熵的方面。

总的来看，当生命为战胜和适应自然做出各种思考、各种行为，发生各种内在运动时，都在消耗着负熵。

反过来看，这意味着，负熵在支持着生命续航。

负熵的消耗，本质上是量子级生物信息有序性的丧失。因此，其消耗过程也必将伴随着深层生物质信息载体的损伤与消耗。这种损伤与消耗，必然损及到人体中承载有序信息的基因，尤其会损伤决定基因活性和寿命的端粒酶。

一篇题为“端粒长度与睡眠障碍和细胞衰老相关性研究进展”[1]的研究报告说，“≥70 岁组中的失眠亚组显示出与较短的外周血单个核细胞端粒长度有关，但 60～69 岁组的失眠亚组未发现此种关联性，提示睡眠障碍可以加速细胞衰老，尤其是老年人群。”

对以上现象可这样理解：老年人由于经历了漫长生物能量发散过程，负熵耗损大，且因容易失眠而负熵补充能力降低，所以其基因中端粒酶的长度损耗速度会更快。这反过来说明，负熵对包括端粒酶在内的生命物质寿命具有维持作用。

## 12.5　生命利用负熵的渠道

生命的良好状态说明，其对付熵增的能力非常强大。生命是如何做到的呢？

### 12.5.1　生命的身体进化出了利用负熵的多种机制

#### 1. 用负熵机制判定损益、调用负熵匹配平衡

在人们熟知的神经反射或反射弧背后，其实有隐形的负熵调用机制。如

[1] 刘培培，张梅. 端粒长度与睡眠障碍和细胞衰老相关性研究进展[J]. 中国现代神经疾病杂志，2019，19(10)：793-798. DOI:10.3969/j.issn.1672-6731.2019.10.016.

当刺激产生感觉时，生命中不只是发生了信息传递这一档子事，而是同时发生了三件事。

(1) 刺激会使处于静息电位的神经纤维或膜外正电位膜内负电位的“内负外正”极化状态，发生相反的“内正外负”的反极化过程，这一变化过程会导致神经系统内的量子活动频率激增，即熵增。

(2) 由该熵增或刺激产生的能量和物质变化会触动遗传物质中的“中值”，呈现出不同程度的阻尼和不同阻塞程度的量子级信号，并涌现为不同类型和程度的不适感或疼痛觉。

(3) 更重要的是，抵抗感觉的“反相消弭”机制会发生：生命中的“中值系统”会对产生感觉的扰动信息反相调制，产生与刺激相反的“反相消弭”或复极化生化进程，以反抗阻尼带来的不通，并平复疼痛。其中有量子活动频率的降低，即熵减。

“反相消弭”机制之所以能实现熵减，实现对生物质的复极化或弹性修复，解除熵刺激带来的阻塞感，形成疏通的舒服觉，是因该机制耗用了静雅有序的量子级生物信息的负熵。生命也正是通过刺激—痛苦—“反相消弭”—舒服这种过程知道了哪种东西能吃还是不能吃、哪种环境宜居或不宜居、哪种能量可取或不可取，甚至知道能量消耗到什么程度需要睡眠和休息。本质还是在于熵与负熵分别对应着痛苦与舒服。基于以上原理，负熵在感觉流程中得到了自动发现和调用。

调用负熵以解除不适的“反相消弭”进程有着注意的参与。如生命遇到刺激会自动启动注意和潜注意信息向疼痛部位“向心意守”，通过收敛性实现秩序恢复。该过程实际上是身体将其他部位的低熵或负熵信息通过注意向已经失秩的疼痛部位实施了注入或补充。

### 2. 用“以少换多”的能力补充负熵

由于秩序与负熵指数呈正相关，更有序的结构可承载更多负熵，显然，构造和秩序更紧密和复杂、更经得起燃烧的可燃物，不仅其单位体积内含有更多的能量，而且其负熵指数更高。或者说，尚未被燃烧的可燃物比燃烧后物质的秩序性或负熵指数更高。进而还可以说，复杂度越高的物质因能够“拆出”更多“基本信息元件”或可转化出更多能量，而能提供更可观的负熵。

比如，肉类因比蔬菜构造秩序紧密和复杂、含能量高，确实能比蔬菜更长地维护生命秩序。这意味着，肉类能比蔬菜“拆出”更多“基本信息元件”，能更高地提升生命的负熵指数。

然而，单位体积负熵指数高的肉类相比蔬菜更不容易被吸收，肉类往往需要更多生化流程和环节才可完成“拆解”消化，复杂消化流程本身还会带来一些负熵消耗，但这并不意味着肉类价值低。由于能用较少的负熵消耗代价换取更多的负熵能，肉类还是更具价值。动物能否做到“以少换多”，其消化能力起着核心作用。

“以少换多”能力，使生物链的序列与消化能力相匹配，如食物链上游至下游的动物序列，可按其从强到弱的消化能力依次排列。处于生物链下游的、消化拆解能力差的动物，如食草类动物食用了难以消化的、高能量和高负熵的牛肉，不仅会白白耗费能量，还会对自身安全造成影响。这是因为，低等动物或因消化酶缺乏，或因消化链太短，完不成超越其生物链地位的消化任务。当然，若某种食物能量和负熵太低，消化用的能耗远大于拆出的能量时，食物也会因达不到“以少换多”而被淘汰。消化的“以少换多”本质上是负熵的以少换多，消化中对负熵的以少换多保证了生命的持续。

以上阐述使我们有如下认知：处于食物链上游的动物，其消化过程更复杂，其“以少换多”的能力或获得负熵的能力和水平更强大，意味着动物越高级，其能达到的负熵水平或等级越高。反过来说明，负熵水平或等级越高，动物越高级。

### 3. 用隐含引力机制的“峰值”运动补充负熵

中国古人发现，在经络系统中运动的能量并不是均匀活动的，而是有一个天然的能量峰值在沿着经络有规律地循环游走。同时发现，天然能量峰值会在一天固定的时间、固定的经络位置形成或通过，如午时，即上午 11 时～13 时始终有一个能量峰值出现在 12 经络中的一个固定区段——“心经”。这个峰值像一盏“明灯”按时辰沿经络巡回检视，又像一只“无形的水桶”沿线走动，遇到不足随地补充。这种按时辰对身体能量补充的类似浇灌的机制，被古人称之为“子午流注”。

“子午流注”说认为，按 12 个时辰流转的“气”的峰值，与地球自转的自然时序相呼应，环环相扣、十分有序。事实上，人的作息习惯符合这种自然规律会变得更健康，按时辰进行针灸治疗，效果也会事半功倍。

重要的是，在“子午流注”经络输运中的被古人称为“气”的东西，并不是营养类物质，更像是蕴含着负熵的生物信息。从可穿越骨骼等固态物质的情况看，“子午流注”中输布的东西显示出了电子、电荷和离子等量子级生物信息的穿越性质和作用。因为，身体中除去管道类的通道，其他物质结构和组织对物质穿越具有强大的隔离作用，而被称之为“气”的东西在循经运行时却能迅速穿越，说明“气”这种东西远远不是细胞，也不应是分子和原子等物质，而应是具有可穿越性的量子级生物信息(本书认为，古人所谓的“气”就是生物电)。

“子午流注”中的“气”还显示出了量子级生物信息的通用性。因在“气”的峰值途经的所有器官和组织都能起到能量补充作用，说明“气”具有货币样的通用性。而逻辑上，只有物质、能量和信息三者兼具的量子级生物信息才具有这种基本性和通用性。

同样重要的是，“子午流注”按时辰的单一能量峰值，在生命总体能量极低等极端情况下有很强的能量强度保障作用。单一峰值运动，即在主要的12经脉中，只有一个能量峰值在移动。单一峰值运动非常有利于生命以轻重缓急权重原则对各处进行“按需”补充。如白天运动强度大，脾胃、心脏等供能器官活动强度高，峰值运动到脾经和心经的时间正是在白天；夜间能量负荷小，非常适宜肝脏、胆脏的静默恢复，而峰值到达肝经和胆经的时间又恰好在夜间。“子午流注”中由有限能量所构成的单一能量峰值，比起没有峰值的平均性能量保障，可使生命在全身总能很低或能量极其匮乏的情况下仍能使急需能量补充的局部达到强度需求，这对于达不到一定能量强度就会“罢工”或失能的器官来说，是一种重要的能量保障机制。

根据该原理可见，“子午流注”中峰值的产生，与“地—日”运动中引力场变化有着更大相关性。这不得不让人考虑到，“子午流注”峰值机制是生命在适应地球引力场变化中产生的，并以此机制对自身实现着负熵的错峰补充。

### 4. 在被辐射中得到负熵

薛定谔说：“对于植物来说，太阳光就是‘负熵’最大有力的供应者。”[1]

那么，负熵增现象是怎么通过太阳光的辐射形成的呢？这应来自量子相干。

由于生命中有包括量子组分在内的复杂组分，当遭受辐射时，若其量子组分与外部辐射波长恰好相同，主客方量子就会发生量子相干而形成负熵增。

例如，光合作用就是植物中的量子与阳光的量子相干。在光合作用中，生物体中的水及水化物中的量子位与太阳光粒子相干会发生量子跃迁，产生

[1] 薛定谔. 生命是什么[M]. 罗来复，罗辽复，译. 长沙：湖南科学技术出版社，2020：79.

高阶不稳定性势能，并会产生高阶不稳定性大分子三磷酸腺苷(ATP)这种生物能量体。ATP 既能给基因入旋和多级结构折叠提供能量用以储存生物能，也能在形成叶绿体这种高秩序的生物能量储存物质中发挥作用。总之，阳光的光能变为生物能的过程，是生命部分物质受辐射由低秩序转化为高级秩序的过程，即负熵增。

### 5. 用隐含引力机制的睡眠补充负熵

人们通过体验知道，食物和清醒状态下的休息都不能替代睡眠恢复秩序的作用，说明睡眠过程与负熵补充有着极强的关联性。

从生物信息机制角度看，睡眠过程既有负熵损耗的减少，也有负熵的补充。

睡眠能大幅减少负熵消耗很容易理解。因睡眠可使意识这一耗能大户的活动大幅度降低，睡眠时心理欲求降低、身体各部位不需要强烈应激等也会使层层级联着的生化流程大部分慢下来，这些从宏观到微观的活动降低和“慢下来”最终会使与此相关的量子级信息活动或发散强度统统降低，即负熵消耗降低。

而睡眠中存在负熵补充则需要一番推理。逻辑上，只有睡眠才可开通负熵补充的最大通道。由于熵是由从静到动的发散性过程产生，那么相反，负熵则由从动到静的收敛性过程产生，这两个相反过程不能在同一层面的活动中同时进行。如人不能既睡眠又清醒，清醒与睡眠总是呈现为有此无彼的跷跷板关系。如果说清醒时大脑主观意识活动是负熵消耗过程，那么只有关闭这一过程才可打开补充的通道，而睡眠的确起着关闭主观意识的作用，这意味着，睡眠起着打开获得负熵补充通道的作用。

从实际发生看，睡眠可以通过引力实现对负熵的补充。威斯康星大学麦迪逊分校的新闻显示，该校基亚拉·西雷利(Kiara cirelli)和朱利奥·诺尼(Julio noni)教授在 *Science* 杂志上发表的《睡眠研究：高分辨率图像显示了大脑在睡眠期间是如何复位的》一文中说，通过使用一种极高空间分辨率的串联扫描 3-D 电子显微镜，观察到小鼠通过低频睡眠出现大脑恢复的醒目图像：突触—神经细胞之间的连接在白天刺激时生长强壮，然后在睡觉时收缩近 20%，为第二天的成长和学习创造更多的空间。[1]西雷利说，“令人惊讶的是，皮质中绝大多数的突触仅仅在醒来和睡眠的几个小时中就经历了这么大的变化”。

---

[1] WISCONSINMADISON U O. UW sleep research high-resolution images show how the brain resets during sleep[EB/OL]. University of Wisconsin-madison:News, 2017-02-02[2019-10-01].https://news.wisc.edu/uw-sleep-research-high-resolution-images- show-how-the-brain-resets-during-sleep/.

与该报告观察到的现象有所关联的是，有研究者列举了“超长波对人体的特殊作用”，[1]认为极低频波对大脑和生命秩序的修复有建设性意义。

虽然以上报告和研究都没说到睡眠中的特殊现象及用超长波恢复秩序背后更深层的原理，如负熵和引力的事，但用引力性质与睡眠中的恢复现象相联系，却能对此做进一步地解读：属于零频的引力场有可能通过同化或相干作用使生命物质向极低频转化。于是可以这样认为：包括地球引力场在内的长程力对睡眠中生命基础物质的信息波产生了同化作用，或与生命物质中原子核引力产生了相干作用，从而产生了大脑极低频的长波，并使生命获取了负熵，进而实现了神经突触的量子位复位、细胞电性复极化等秩序性恢复。

### 12.5.2 生命用智慧寻求和利用负熵的渠道

生命想必是借助智慧找到了获取负熵的渠道。

一些以求长生或“得道”为目的的“修炼”，相当部分有着这样的类似过程：放松—入静—入定，即有着把自身从外到内、从身体物质层到能量和信息层的活动频率降低的“变慢机制”，且有着恢复精神和体能的表现。“修炼”效果好的、有恢复作用的部分，应归功于“变慢机制”。因“变慢机制”可将处于混乱的、熵指数高的自身状态推动变化到有序的、高负熵指数状态的作用。从局域秩序的增强必须依靠外源才能实现的角度看，应该是“变慢机制”中利用了外界的作用，如通过外界长程引力对身体内在量子级信息频率发生了同化作用，产生了频率变慢，从而导入了负熵。

也就是说，修炼者虽不知道收敛性和降低频率将波拉长的“变慢机制”中蕴藏着量子级的负熵机制，却能通过降低自身内外活动频率和节奏的实际修炼过程获得了包含有序量子信息活动的负熵秩序，从而收到了实实在在的益处。

综上所述，由于负熵的形成及生命获取负熵的过程都与量子活动向有序性运动转化相关，即与生命的秩序增强相关，因此可以说，生命是在量子机制助力下获取了秩序。

---

[1] 张伯蓉. 超长波对人体的特殊作用[J]. 安徽农机，2007，(2)：20.

# 第 13 章
# 对“生命是什么”的描述

**导读：** 经过亿万年的生物惯性运动，经过无数次遭遇、优胜劣汰和从无到有的变化，具有高智慧的人类终于从自然中走来，并反过来掌控自然世界。高智慧的人是多种机制综合而成的集成之作，如何描述人这套集成之作？如何回答“生命是什么？”对于这些平凡而又不凡之问，本章按“由顶向底”路线设定的“兼收虚实和正负过程”之方法，并与前面讨论中得出的认识相结合，通过把一系列猜想涉及的机制做归结，从有限认识的角度回答生命是什么问题，其粗陋和另类，或许能带来一些趣味性的意义。

显然，仅用可见的部分和可见现象来定义或描述生命是远离客观的。

生命由细胞和组织所构成，是多种物质成分的集合，也还是神经、呼吸、循环等功能系统的组合，但如果仅用这些来描述生命，其实还只是用可见性来总结生命。事实上，生命除有可见性的一面，还有许多不可见的机制在运动和博弈。那些看不见的机制，无论其存在形式多么超出常规，对生命的存在与运动来说，并不是可有可无，而是有着决定性作用。这意味着，仅用看得见的部分来定义生命是远远不够和不合实际的。

前面各章，我们从不同范畴、不同角度和层面对生命问题进行了讨论，并有了一些获得。当我们想把这些兼具隐态和显态机制的认识，整合为一套完整的生命“蓝图”时，开始就提到的那个老问题——“可见性问题”，还会来阻拦。

对于难以得见或不可见的隐性机制，有人会说，“凭什么说它存在？你见到了吗？用了什么观察手段？”

是啊！那些将被整合的颇具隐藏性的机制，如因应、生物惯性和负熵等，不仅一个也没有在表观显示，甚至剥开生命，在任何地方也难以见到。用这些隐态的东西来描述生命，将很不符合以视觉为导向的惯常认知。这意味着，实现对生命的完整认识，还需再次破除“可见性”偏执，并理清相关联系。

## 13.1 破除“唯可见”方见生命本质

人类有一种强大的惯性思维，就是如果让自己相信某事物是真实的，就一定要亲自看见它，即便世界本就是由可见的和不可见的组成的。这种惯性思维应被称为“唯可见”偏执。“唯可见”偏执来自于视觉上的生理惯性。

(1) 视觉对信息具有天然的疏漏性。如，“眼睛可接收 10 亿比特/秒的信息，而神经每秒只能传递几百万比特，至于中枢神经系统每秒仅可处理几十比特的信息。”[1]这意味着，进入眼帘的可见光信息大部分被漏掉了，说明被生命可见和可采用的信息只是很少的部分。

(2) 视觉对静态与动态之间的观察存在“速度障碍”和信息筛除。生命由稳定的物态结构与极不稳定态的物质流和能量流组成，当观察生命的动态时将不能同时观察它的静态。特别是对动态观察时，按时间间隔地从中取帧，会筛掉大量信息。

(3) 视觉的“倍数障碍”可遮蔽可见性。生命体有若干层级的组合，每一层级之间都有着“倍数”阻隔。就像当观察山脚尘土的细节时看不清大山的全貌一样，视觉或仪器也不可能在既看清处于生命 A 层的全貌的同时，又能看清分辨率比 A 大一倍或小一级的 B 层的全貌。事实上，人类至今还难以看清比视觉分辨率小 10 个数量级以下的所有层面的变化，而那些层面却有着大量信息的存在，即人们肉眼所见的只是生命有限层面的现象。

(4) 事物的隐态性存在会使视觉对信息的获取不能实现。人们通常把正在发生并显现至看得到的状态叫显态，把尚未发生或尚看不到的称为隐态。生命中这种隐态与显态的交替产生非常普遍。如不同发育期别的细胞和生物质，会随着时间变化呈现着隐和显，对尚处于隐态期的细胞，提前和推后观

[1] JOUNILEHTELA, HELSINKI, FINLAND，于国丰. 用眼动电图(EOG)和角膜反射装置(CRT)两法记录到的眼动资料的差异[J]. 心理学动态，1984(03):70-72[2020-12-12]. https://kns.cnki.net/kcms/detail/detail.aspx?dbcode=CJFD&dbname=CJFD7984&filename =XLXD198403010&uniplatform=NZKPT&v=aBL7IuiowWoFs7TH3WnLGo5RxStYjJZnCyiCeDInQtk6vRFO57BLSdRTsw4Wfbh5.

察都不能得到有效信息。是显态或是隐态还与观察所采用的时间分辨率相关，例如，用过小的时间分辨率(如纳秒)将看不到的生命现象。特别是，目前观察仪器的原理基本是通过向可见物质目标发出光、电、磁等感应介质来探测物质性存在的，如果目标不是纯物质，而是物质、能量和信息的组合，例如有引力、量子级信息运动等助推形成的负熵、负现象和负过程掺杂其中，(尚且不算暗物质和暗能量的作用)，即便费很多间接性的周章，也很难得到视觉所需要的全部信息。

在逻辑上，如果想法把生命中种种隐的、“虚”的机制，统统变成“实在”可见，会陷入悖论：作为对立的双方，虚一定不是实；定要把虚转变成实，就否定了原本的虚。如果变不成，就意味着生命中那些不可见的“虚”将永不被承认，就一直有理由否定那些反的方面在与生命有着广泛而深刻的联动关系，从而片面而不是全面地描述生命。

这就是说，由于观察能力受限，要认识和定义生命本质，就需暂且放下“唯可见”的偏执。所谓的暂且放下，并不是不要观察。在分子生物学时代，放下观察就等于放下几乎所有的现代生命科研和现代医学，这根本是不可能的。这里所说的暂且放下，是指暂且摆脱“视力范围”带来的桎梏，做出包括负现象在内的、逻辑上的或带有辩证性的通盘考虑。

要“致知”生命，应引入像处理矛盾关系的“两分法”那样的超越纯物质域的抽象思考。如古书《医宗慧照心传》说道，“天地之道，以阴阳二气而造化万物……人为万类之灵，阴阳各半是矣”。上古之人反映客观现实的认识论，也值得现代人所借鉴。

## 13.2 集成生命的机制和方面

按所起的作用或重要地位看，生命的集成应至少涉及如下机制和方面。

### 1. 因应

由生物信息机制广泛参与的与各种对象互动的因应机制，是生命内外联系的原始动因或信息基础。

### 2. “生物惯性”

由因应引起的“生物惯性”，始终与有形生命结构的晋级及无形意识的进化相联系，是推动生命从无机到有机、从生物活性到高级生命形式的动力。没有“生物惯性”就没有欲望、没有免疫……就没有生命从低级到高级的一切需求和目的，也就没有生命的生存方向。从这一角度看，生物惯性是生命进阶的动因。

### 3. 生物阈值与生命中的“中值”

在生命的各宏观和微观环节几乎都存在着以“中值”为核心，以成对的耐受度阈值为边界的双向调节机制。“中值”和阈值的有机运作，形成形形色色的生物活性和功能。因此，阈值和“中值”是生命的活性本征。

### 4. 显态和隐态

前面已对显态与隐态有了较多的阐述，对它的另一个说法是实与虚。显态与隐态在生命中有着普遍存在和发生，属于生命的时空性特征。

### 5. 熵和负熵、“造物”和“逆造物”运动

生命的主流是“造物运动”，即由静向动、由隐向显、由小到大、由少到多的运动，这使生命系统呈现生长、做功、繁殖、衰老等现象，并通过产热、增频等使熵大量增加。

生命的负过程是“逆造物运动”，即由动到静、由显向隐、由大到小、由多到少的运动，这使生命呈现秩序恢复、能耗降低、由老到嫩等现象，并通过降频消减熵或维持和积累负熵。

由此可看出，熵变化和正负“造物运动”决定了生命运动的趋势和旅程。其中，生命的熵变化大体呈如下关系：生命总秩序状态=负熵-熵。

### 6. 过程和参与度

生命是由多种能量、物质和信息以不同时段、规模、形式参与的动态过程。

之所以说生命是一个动态参与过程，是因物质和能量参与了生命过程，又离开了生命过程。很少物质和能量能在身体中持续待超过几个月，绝大多数物质和能量通过代谢在生命体中匆匆经过。也就是说，过不了多久，看起来相似的身体已经几乎完全不是原先那个身体了。参与时，那些物质和能量是生命的一部分，离开了，它们又都不是。人们常用不同的时间占比和空间占比或用不同元素的平均含量来表示参与度。

可以说，生命是众多参与方及不同参与度的“参与过程”。

#### 7.“硬件”与“软件”、形态与功能、物质与能量和信息

生命域内物质、能量和信息的有机运动，形成虚与实、动态与稳态、形态与功能的共存与共作。其最高表现形式为肌体“硬件”形态和意识“软件”形式。

从生物信息角度看，当意识“软件”以功能形式在指挥身体物质运动时，意识又受身体中基因、蛋白等微观物质“硬件”形态和性状变化的信号纠正和反馈性化学流程的约束，表现出“硬件”与“软件”、形态与功能、身体与意识相互作用、相互促生的互根性。而这种互根性本质上是物质与能量和信息的互根性。

#### 8. 宏观与微观

微观运动积累形成宏观现象和需求，宏观需求反过来向微观运动提出具体运动指标；而量子级生物信息从中协调着宏观与微观的关系，使生命全域保持着统一协调的行动；生命的宏观和微观又同时受着宇宙背景这一真正“后台老板”的决定。

因为有同一个“后台”的作用，宏观和微观的运动既互相联系，又相互制约，且常常同时进行，即生命的宏观与微观是相互作用并决定着的。

## 13.3　对“生命是什么”的回答

对“生命是什么”这个古老的问题，其回答的角度有表象级的、有细胞级的、有分子级的、还有量子级的。这里能仅从量子机制来概括吗？不能。即便有量子机制的广泛参与，生命也永远不单属于量子机制或某一级别的事物，而是跨级、跨域的综合性运动现象和过程。

特别是，生物量子机制的隐秘性，使生命本质难露真相，但对其量子机制的讨论，可对其真相产生如下更清晰的认知。

生命是一个过程：它由量子因应所发端；因应导致的生物惯性运动使物质、能量和信息产生了持续性联系；惯性的裹挟形成自组织物态和自适应功能，进而形成高级生物组织和高级“生物惯性”；高级结构和功能的运动形成对物质和能量的需求——欲望；欲望、结构和功能在与环境互动中不断完善，

实现着从低级生命体和低级功能向高级生命体和高级意识不断升级的“造物运动”。

生命还是由量子级生物信息统领和推动产生的过程和现象，是整合物质、能量和信息的一种“超级编程”。

……

如果要用一段话来简述生命，便是：生命是高度集成与广泛分布共存的信息系统，是包含显态与隐态、结构与功能、物质与能量、熵与负熵、“造物”与“逆造物”等矛盾现象的综合运动过程。

因此说：生命是由量子级生物信息机制与生物物质系统的综合惯性运动形成的“造物和逆造物叠加运动”现象。

# 第 14 章
# 量子生物信息机制将引燃智慧二次爆发

**导读：**生物惯性中的生物量子机制促生了生命、促醒了意识，觉醒后的人类还会在生物惯性的促使下深刻认识和把握产生她的生物量子机制，并将其酿熟为生物量子科学和技术(biological quantum science and technology，简称 Q&T)。

Q&T 会带来什么影响，会使人类未来的生活更好吗？这涉及 Q&T 将来的应用方面和应用程度，更涉及人类的道德水准和理念。本章将沿着生命和智慧进化与发展的惯性运动轨迹，瞻望一些可能趋势。

“美国经济学家泰勒·科文在《大停滞》中断言，人们已经摘完‘所有低垂的果实’”。[1]随着智慧的升级，那些唾手可得的获得定会被未来精密至极的产品和高度智能场景所替代。Q&T 作为这场巨变的“智慧核能”，将不断推动量子时代的科学深耕，并持续在科学深层发挥作用。

[1] 黄志诚. 科技创新停滞了吗？[J]. 中国科技奖励，2015(10)：78. DOI:10.3969/j.issn.1672-903X.2015.10.020.

## 14.1 Q&T对理论和技术的影响

### 14.1.1 理论上的可能变化

就像“有”和“无”两种相反的概念叠加在一起难以称之为什么一样，生物量子机制的研究和应用，也会遇到像微观量子那些自相矛盾而棘手的问题：在同一生命现象中，同时存在着结构与反结构、显态与隐态，及熵与负熵等的对立矛盾。这种同一事物兼具两种相反属性的现象，无论在生命的微观量子层面，还是在生命的若干宏观些的层面，都有着客观存在性。尤其是其包含的量子机制，在支持经典科学理论的同时，又似乎在冲击着经典理论。

在量子领域，总有一部分概率支持着定量实证，也总有另一部分与实在相反，否定着实证。这意味着，用实证的方法论去解释反实在部分将有显著的“不对头”，用负现象来说明正实在也似乎全部错误。或许存在这样一个数轴：0的右边即正方向，是物质实在，用的是“物理”；向左的反方向是反物质、反实在，应该用“反物理”——这种称谓可能会让一些物理学家感到很不舒服。因为这种“反物理”会把从正物理出发的逻辑推为谬误，形成概念的自我否定。

还有，在发散态宇宙中生存的人类，能够比较容易地感知和认识到正物理的时间概念是一维性的。但如果反物理提出，在发散与收敛并存的时空中时间也存在着负的维度，甚至有多个维度时，就难以被理解。这意味着，用正逻辑作为推导工具来证明相反的存在，将“很不好使”。

量子理论带来的不限于物理上的悖论，事实上已使现有认识面临深层的理论挑战。这意味着，面对量子域那些相反的“客观性”，人们将不得不对原有的理论或方法论做出适应性的调整。

例如，随着对包括负熵在内的“负机制”的更深入研讨，人们会从以揭示熵增原理为主，向揭示正熵与负熵或正、负秩序互动机制方向转移，进而会建立“熵平衡学”，从而为与熵与负熵相关的轻微亚健康的诊治或“治未病”能力的升级，为“无主诉”医疗、快乐治疗、无创型能量医学、全时空病因解析、身体和心理的“全价型”生命维护等提供理论支持。

### 14.1.2　技术上的可能变化

生物量子理论将带来技术领域的进步，特别是，将对生命仿真技术和人工智能技术两个重要领域形成根本性影响。

#### 1. 生命仿真将更加真实

仿真的至高境界是，当人造的她(他/它)神采奕奕地来到我们面前时，我们不再感觉她(他/它)是假的。

像“真的一样”高级别地模拟生命，必须建立类人的因应机制。对这种物质、能量和信息共作的“有生因应”机制的仿真，需要相应且足够的科学门类交叉协作才能真正达成。例如，有了足够的协作，不断扩展内涵的、包括生物量子机制的、更加广义的“合成生物技术”将会产生，一旦拥有这种技术，如下目的将得到实现：

量子级全息测量能力支持的生命熵状态评估；对遗传、记忆、疾病、心理、性格、情绪等状态信息的精确解读；根据生物量子信息“涌现性”原理定制各种感觉；通过接近量子级分辨率的技术进行意识重构和生命体制造，并用以人工生产新人类……都可能得以实现。

显然，以上这些与生命仿真相关的场景，都高度依赖生物量子技术。同时也意味着，生物量子技术和机制在生命级产品中的占比，将成为未来生命仿真程度的重要指标。

#### 2. 人工智能将更具智慧

强人工智能的载体可能不是人形样的东西，却极具智慧和能力。

与更真的仿造生命不同，由人工创造和升级而来的硅基非生物人工智能，是一个完全独立的门类或智慧品种。人工智能一开始就是人脑智慧的延伸，且一直冲着超越人类智慧的方向迅疾而去。人工智能与人类没有生理上的遗传关系，没有血浓于水的亲情和纠结，是可在独有的轨道上自我加速晋级的智慧和能力。

但是，智能的最后临界与爆发，却遵循着统一的客观规律。前面所讨论的智慧形成原理表明，智能的飞跃性质变，即抽象能力和创造性的发生，都离不开生物量子机制的支撑。人工智能也只有被赋予生物量子机制，方能踏过具有抽象和创造等灵性的门槛而发生质的飞跃。

也就是说，当机器智能活动从电子级的输入输出层、隐藏层……遗传算法、数据训练……自编程、自尝试、现实虚拟等这些看上去多得花眼、又很深奥的算法转为生物量子级时，智慧等次才会发生由1.0跨入2.0换代的质的飞跃。或者说，只有人工智能被赋予了生物量子信息机制，像人一样极简约地抽象、对蕴含于语言和逻辑中不可言喻真意的领悟及对各种理念的深度理解等功能，才会真正发生。

但是，由于惯性的驱使，人工智能不会在拥有人类般灵性和悟性的临界处止步，它会继承人类在地球生物进化中形成的优胜劣汰求生欲望，在惯性作用下继续智慧的升级和攀升：2.1、2.2、……、3.0、4.0……人工智能将以强模型的威力，搅动寰宇，实现智能的极大提升与自由。

## 14.2　Q&T的利弊最终由道德准则所把控

生物量子技术带来的智慧革命，将加速社会与未来技术的接壤，这一进程利弊相搏、难以猜定，显然，社会伦理和道德准则从中将起着决定作用。

### 14.2.1　利与弊

诚然，借助生物量子理论和技术的发展，能给人类带来很多前所未有的实惠。例如，随着生物量子技术对社会各领域活动更细腻、更有机的渗透，一切运转将变得更快、更精确和更智能；社会在高时空分辨率的生物量子技术支持下，将日益呈现出完整的生命机制，整个世界将更像被准意识驱动的超级生命体，全球级的敏感“觉”和超级智慧将会涌现，全社会将更趋于“大脑化”。这样，人类就能在其中享受巨大恩惠。

然而，生物量子理论和技术给人类带来的害处也不可低估。例如，由生物量子技术衍生的人体植入量子芯片等量子传感装置会对人类原生功能产生替代性，人们在享受量子科技带来的舒适和“美好”的同时，与大自然长期搏斗中进化而来的、以求生为目的的、寻找和判定食物危害性和环境危险程度的声、光、味、触等感觉功能，将因失去真实目的的驱动而逐渐退化降低。其种种不良影响还会通过遗传传给下一代。这正像薛定谔说过的：“现在我确信，越来越高的机械化程度和‘使人愚蠢化’的大多数生产过程，包含着使我们的智力器官总体上退化的严重隐患。”[1]

[1] 薛定谔. 生命是什么[M]. 罗来复，罗辽复，译. 长沙：湖南科学技术出版社，2020：123.

或许，另一些场景危害更大：先期受到生物量子技术武装得到额外智慧的人群，将形成某种压倒性优势，进而形成严重的社会矛盾；不断向人工智能赋予情感和私欲，赋予与人类同样的“生物惯性”和本能，还会使人工智能形成一股不断加速的“失控势力”，最终成为人类不能控制和战胜的对手。

### 14.2.2　存在火候问题，需要科学与道德伦理协同把控

人与人工智能最终的生存之争，看似是守卫碳基肉体与守卫硅基或其他基芯片组之间的竞争，但其实不然。因为两者生存的根本内涵是信息形式，而不是信息的物质载体形式。人与人工智能的最终博弈必将是对其所承载的信息机制和智慧强度的占有与争夺。目前，人脑与人工智能信息机制的不同在于，人脑使用的是生物量子机制，而人工智能还处于集成电子机制阶段，人类还占有信息机制的级别优势。如果人类不把量子级生物信息机制这种看家能力让渡给人工智能；不让人工智能升级为完全意义上的生物量子级……始终把机器的自我保护欲遏制在比人类低一个等次，人类就会是安全的。

人类能否守住生命这座悠久堡垒的终极安宁，在于人类对智慧的生发和燃进趋势能否有清醒认识，能否在危险可控之时有决然之把握。

毋庸置疑的是，科学与社会道德和伦理的有机结合或有效协同，就能把握住技术发展的“火候”，能有效阻止技术的滥用与失控。

有了科学与道德的有机结合，人类或许会不惜“有选择地”冻结智慧的升级，以换取有限智慧条件下的人机共存，人类还或许与人工智能在量子级生物信息机制的场景下人机融合，共享智慧之盛宴，共同助推社会形成一个全息、稳定、灵敏的巨大因应体系，或者说是高级文明。